우리 시대 커리어 우먼들의 진로 탐험기

알쏭달쏭 커리어

우리 시대 커리어 우먼들의 진로 탐험기
알록달록 커리어

지은이　　박경은 이정윤 임수정 안서은
펴낸이　　안지홍
초판 1쇄　2024년 10월 25일
펴낸곳　　렘넌트책톡
편집자　　이정란
일러스트　이혜란
표지 일러스트　어도비 파이어플라이
출판등록　제2019호-000032호
주소　서울시 강북구 오현로56 111-107
이메일　fevisra@daum.net
ISBN　979-11-91796-10-0　03810
값 19,500원

우리 시대 커리어 우먼들의 진로 탐험기

알록달록 커리어

박경은 이정윤 임수정 안서은 지음

소중한 _____ 님께 이 책을 드립니다.

차례

우당탕탕 커리어코치의 길 / 박경은
좋아하는 것도, 미래도 없는 학창시절 9
과탑을 찍다, 대학생활 16
이도 저도 아닌 밍밍한 인생 23
좌충우돌 대외활동 32
방송국이라고요? 39
재미있어 보이는 일 57
교육자의 길 69

전쟁터엔 사냥개가 필요하다고 생각한 착각 / 이정윤
실패와 좌절 비션의 연속인 삶의 나열 86
세상에서 가장 무서운 여자들 104
여군 최초 포병부대 근무 114
전역 그리고 두 번째 입대 129
두 개의 얼굴을 가진 사람들 143
두 마리 토끼를 잡으려는 욕심? 154
새로운 갑옷 입고 나아간다. 169

온라인 N잡러 임대표 / 임수정

열아홉. 어쩌다 직장인같은 게 되다　178
내 나이 스물. 벌써 두 번째 직장이라니　188
포기했던 꿈에 도전하다　197
결혼. 커리어가 휘청대다　209
포기금지! 방구석에서 사업을 시작하다　220
온라인 N삽질이 시작되다　226
번아웃. 반갑지 않은 손님이 찾아오다　234
다채로운 커리어. 직업의 모자이크　245
커리어. 한 치 앞도 알 수 없구나　253
여성들의 워너비 여성의류 쇼핑몰 대표가 되다　258

커리어의 다양성, 나를 이해하는 열쇠 / 안서은

10대, 꿈은 수시로 바뀌는 법　272
20대, 세상의 쓴 맛을 보다　279
31살, 이 나이에 또 시작이라니　292
35살, 돌고 돌아 제자리　304
36살, 결혼에 쫓기지 말 것　312
41살, 질병의 근본은 결국 스트레스　323
43살, 나는 어떤 삶을 원하는 걸까　332
44살, 늦었지만 늦지 않았다　340

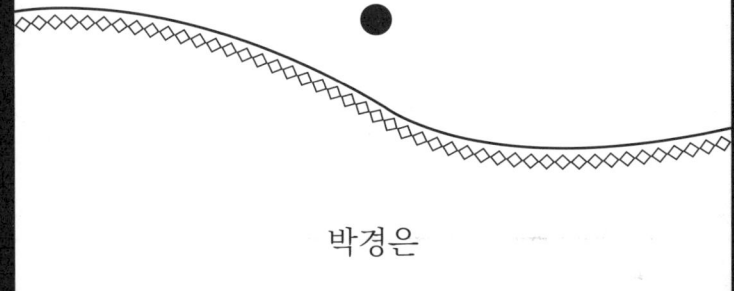

우당탕탕 커리어코치의 길

박경은

숭실대 교육대학원 커리어·학습코칭 전공 (대학원 석사과정)을 마치고 〈경력단절 청년층 여성의 셀프리더십 향상을 위한 FREEDOM 코칭 모델 개발〉 논문을 발행했다. 현재 나다움코칭 대표로 있으며 한국커리어·학습코칭연구소 연구원으로, 세명대학교 취업교과목 외래교수로 청년들과 지속적인 소통의 채널을 갖고 있다. 서울특별시 뉴딜일자리 강점 워크샵 및 청년 도전지원 사업 강점 워크샵 강의를 비롯한 네이버 커넥트재단(디자인씽킹), 삼성전자DS부문 LEAD교육 FT, 인터파크/야놀자 기업 디자인씽킹, 상공회의소 파주 미래경영포럼 및 커뮤니케이션 강의 등의 활발한 강연활동으로 약 5천명 이상의 수강생을 교육현장에서 만나온 박경은 코치는 진로를 설계하는 중요한 핵심 노하우를 좀 더 알기 쉽게 교육하는 데에 큰 가치를 두고 있다. 이랜드 교육회사인 BH성과관리센터에서 경영 컨설턴트로 재직하는 동안 교육공학의 원리에 입문하게 되면서 이후 다양한 레퍼런스를 만들고 있는 중이다.

● 첫번째 이야기 ●
좋아하는 것도, 미래도 없는 학창시절

적당히 평범한 나날들

학창 시절-하면 '적당히'라는 말이 가장 먼저 떠오른다. 이유는 이렇다. 그때 찍은 사진들을 보면 마냥 해맑게 웃는 사진은 없고 적당히 웃거나 적당히 무표정인 얼굴이 가득하기 때문이다. 학창 시절은 또래 집단 속에서 나름의 생존을 위한 전략(?)을 세우고 친구 관계 속에서 치열한 관계 연습을 하며 보냈다.

조용조용했던 초등 저학년과 다르게 고학년이 되면서 '7공주파' 친구들을 만나며 우정을 배웠다. 저학년 때 얼마나 조용하고 소심했냐면 어느 날 사물함 쪽에서 담임

선생님이 내 색연필과 싸인펜을 들면서 "이거 누구꺼니?"라고 하셨는데 주목 받는 것이 부끄러웠던 나는 손조차 들 수 없었다. 그러다 고학년이 되면서 밝은 친구들을 만나니 내 안의 밝음도 살아나기 시작한 것이다.

오늘은 너희 집, 내일은 우리 집. 서로 집을 바꿔가면서 놀러다니기 바빴고 하루가 금방 시작되고 금방 끝났다. 학교 축제에서 친했던 친구들끼리 모여 가수 핑클의 〈영원한 사랑〉을 선보일 정도로 사람들 앞에서 무언가를 표현하는 일이 즐거웠다.

친구들과 함께 국민 가수인 god에 빠졌던 적이 있는데 음악 방송들은 모조리 챙겨보며 각종 무대를 섭렵했고 god 굿즈와 스티커들, 이름표를 모으기 시작했다. 또 god 멤버들이 주인공으로 나오는 소설을 지어서 친구들 이메일 주소로 발송했던 기억이 있다.

지금으로 따지면 소설을 써서 뉴스레터를 발행한 것인데 아무도 시키지 않았지만, 글을 쓰는 게 좋았고 글을 통해 이야기를 만들어서 새로운 세계를 만드는 것이 즐거웠다. 그림에도 꽤 소질이 있어서 수채화로 꾸미는 미술 대회에서 수상을 많이 했고 글쓰기 대회에서도 늘 수상을 했다.

곧 죽어도 떡볶이

중학교 시절엔 해맑음이 증폭되었다. 활기찬 반 친구들을 만난 덕분이다. 학업적으로는 100% 영어회화로 수업을 하는 영어 선생님을 만나 언어에 흥미가 생겼다. 중학교 2학년, 3학년을 기억해보면 우리 반은 특이하게도 왕따가 없는 반이었다. 성격 좋은 반장 덕분에 단합이 무엇인지, 소통이 무엇인지 교실에서 배울 수 있었다. 꺄르르 웃는 나날들이 많았다. '1일 1떡볶이'를 먹으며 친구들과 수다를 떠는 시간이 가장 행복했다. 집 앞 상가에 있는 '짱구네 떡볶이 할머니'는 (왜 짱구네인지는 모르겠으나 그렇게 이름을 불렀다.) 넉넉한 인심으로 늘 차고 넘치는 떡볶이를 주셨다. "오늘 뭐 먹을래?" 라고 물어보면 늘 "떡볶이!"라고 대답할 정도로 떡볶이 사랑은 그때부터였다.

그 당시 나의 이상형이었던 첫 남자친구는 둘다 부끄러움을 많이 타는 바람에 인사도 제대로 못한채 이별통보도 '버디버디'로 했다. (독자들 중에도 분명 버디버디에 대한 잊지 못할 추억을 간직한 이가 있으리라 생각한다.) 중학교 시절, 좋았던 기억 중 하나로 남아있는 장면은 학교 도서관에 들러서 박경리 작가의 〈토지〉라는 책을 빌린 것인데 토지 전권을 새벽까지 감탄하며 읽었던 것이다. 박경리 작가의 스토리가 좋았고 당시 나로서는 파격적인 소재인 '여성 리더십'이 인상 깊었다. 조금씩 책의 맛을 본 그 시절, 청소년 추천 도서를 빠르게 읽어나갔고 학교 도서관은 나에게 힐링 장소였다.

베스트 프렌드

고등학교에서는 '베스트 프렌드'를 만났다. 베프 덕분에 고교 시절은 포근했다. 안정감을 느꼈다. 내내 붙어 다니며 친구 집에 가서 숙제하고, 시험 공부를 하다가 잠드는 날도 많았다. 친구와 나는 180도 다른 인생을 살아왔다. 친구는 4남매였고 할머니와 이모들까지 친밀하게 지내는 대가족이었다. 부모님, 언니와 나, 4명이 전부인 우리집과는 대조적이었다. 친구는 맏딸로 자라며 큰 관심을 받지 못했다고 했다. 과한 관심에 지친 나는 그게 참 부러웠다.

얼떨결에 고등학교 교지 편집부에 들어가서 회장으로 활동하기도 했다. 학교 내 각종 기사를 쓰고 선생님들 인터뷰를 했다. 리더십은 1도 없는 수줍은 회장이었으나 담당 선생님의 도움을 많이 받았다. 덕분에 매번 센

스있는 학보를 만들 수 있었다. 졸업할 무렵에는 반 친구들과 단체로 학교 축제에 참여해서 마음껏 춤을 추는 흑역사를 만들어내기도 했다. 베스트 프렌드와의 만남, 교지 편집부 회장, 학교 축제 댄스의 흑역사에 이르기까지… 돌아보면 학교 가는 길이 힘들거나 괴로웠던 적은 없었다. 나는 학교에 가면 에너지가 살아나고 밝아지는 아이였다. 어쩌면 집보다 밖이 좋았고 가족보다 친구가 좋았던 것 같다.

불안이라는 동력

인생의 첫 고비라고 할 수 있는 고등학교 3학년이 되자 불안과 두려움이 급습하기 시작했다. 억울했고 마냥 힘겨웠다. 나는 분명히 학창 시절 내내 어른들이 시키는 대로 살아오고 행동했는데, 짜여진 스케줄에 맞춰 정해주는 인생을 살았는데 갑자기 나보고 미래를 정하라고 하다니! 진로를 설계하고, 대학교와 전공을 정하라고 하는 것이 두려웠다. 단 한 번의 선택으로 나의 미래가 결정되는 것 같아서 극도로 불안했다.

그 시절 가장 부러웠던 친구는 '꿈이 있는 친구들'이었다.

자신의 미래가 명확히 정해진 친구들, 자신의 진로 설계가 잘 되어서 어느 학교를 갈지, 어느 전공을 갈지 이미 정한 친구들이었다.

 학창 시절에 형식적으로 장래 희망 칸에 적던 직업은 〈선생님〉이었다. 부모님은 내가 은연중에 〈선생님〉이라는 직업을 갖길 바라셨고 그 사실을 알아차린 후로는 적당히 묻어갈 수 있는 직업인 선생님으로 적기 시작했지만 꿈에 대해 진지하게 생각한 적은 없었다.

 나에게는 나의 미래를 함께 만들어가고 상의할 어른이 필요했다. '내가 누구인지', '내가 어떤 것을 좋아하는지', '어떤 것을 잘하는지', 진짜 나에 대해 함께 알아갈 어른이 필요했다. 내가 가진 꿈에 대해 진지하게 들여다보고 물어봐 줄 사람이 필요했다. 하지만 현실은, 지독하고도 고독하게 스스로 모든 걸 결정할 수밖에 없었다.

'인생은 스스로 모든 걸 결정할 수 밖에 없구나.'
청소년과 청년의 시기 사이에서 반환점을 돌 그 무렵, 어른이 되는 법을 배우게 되었다. 어른이라는 것은 외로운 일이라는 것을 그 때 알게 되었다.

 대학교는 당시 성적으로 수시 입학할 수 있는 곳으로

골랐고, 전공은 가장 재미있어 보이고 내가 할 수 있을 것 같은 것으로 골랐다. 그렇게 '문예창작학과'에 수시로 입학하게 되었다.

• 두번째 이야기 •
과탑을 찍다, 대학생활

과탑을 찍다

대학교에 입학하고 첫 수업이 있는 날이었다.

동기들은 일렬로 쭉 서서 선배들과 교수님들에게 인사를 했고 형식적인 대학교와 학과 소개가 이어졌다. 사회에서 정식으로 처음 만난 사람들이 같은 전공이라는 이름으로 모인 자리는 숨 막히는 어색함과 설렘이 공존했다. 그곳에서 살아남아야 한다는 생각에 나는 애써 씁쓸한 미소를 지었다.

대학교 1학년들은 전공 필수과목을 들어야 하기 때문에 학교에서 추천해준 대로 과목을 신청한다. 대부분은 동기들이 함께 어울려서 수업을 들었고 군대를 제대해서 학교에 돌아온 몇몇 선배들도 보였다.

〈서정시〉 수업 첫 시간에 교수님께서는 칠판에 지금까지 배워왔던 문학 작품들을 나열하시더니 사정없이 X표를 치기 시작했다. 고등학교 때까지 주입식으로 해석했던 모든 문학 작품들은 지금부터 기억에서 지워버리고 문학을 문학답게 다시 새롭게 느끼고 배워보자고 하셨다.
자유롭고 평화로운 학과 특성 상, 어느 날은 학교 뒷산에 모두 올라가서 자연을 마음껏 느끼고 자유시 한 편을 짓는 과제가 주어지기도 했다. 나무에 올라타도 되고, 물구나무를 서도 되고, 멍하니 꽃을 바라봐도 되고, 하늘과 바람을 느껴도 된다고 하셨다. 말도 안되는 시들이 많이 탄생 되었지만, 나는 그런 수업방식이 꽤나 마음에 들었다.
〈비평론〉 수업 교수님께서는 우리가 당연하게 받아들인 모든 것들을 당연하게 생각하지 말고 꼬리에 꼬리를 물고 질문하고 다른 각도로 생각해보자고 제안하셨다. 픽션과 팩트의 결합을 팩션으로 바라보는 세상에 대해 이야기하는 시간은 특히나 흥미로웠다.
〈연극〉 수업 교수님께서는 글을 각본으로 표현하고 그걸 연극으로 표현하는 활동까지 이어서 수업을 하셨다. 글이라는 게 이렇게 생동감있고 아름다운 학문이라는 것에 감탄하고 또 감탄했다.
 모든 수업 시간에 자발적으로 앞자리에 앉기 시작했고 늘 빽빽이 적은 노트가 가득했다. 실은 교수님들의 수업 내용보다는 농담조로 던진 말들, 사소한 예시들, 쓸데없는 이야기들을 더 많이 기록했는데 누군가의 경험담이 그렇게 흥미로울 수가 없었다. 첫 학기, 과탑을 찍고 처음으로 공부하는 것이 재밌다는 생각도 하게 되었고 이 전공에 오길 잘했다는 생각이 들었다.

글이란 것은 자유인데

문제는 첫 학기가 지난 이후였다. 나는 방황했다. 전공이 싫어졌고 흥미가 뚝 떨어져 글쓰는 일이 힘겨웠고 점점 혐오스럽게 느껴지기 시작했다. 학창 시절 나름대로 글을 잘 써왔고 각종 문예상을 휩쓸며 인정받던 나에게 〈문예창작학과〉는 어쩌면 당연히 와야 하는 곳이었다. 글을 제대로 배운 적은 없으나 글쓰는 일은 나에게 쉬웠고 당연했다. 그러나 〈문예창작학과〉에 입학한 이후, 글에 대한 나의 열등감은 날로 커져만 갔고 낮아진 자존감은 붙잡기가 힘들 지경이었다.

글쓰기 과제가 주어지거나 실습 활동을 하면 나보다 글을 잘 쓰는 학우들이 그렇게 많았고 그들의 글을 읽을수록 질투가 나서 견딜 수가 없었다. 특히 시 수업에서는 모두가 시 한편을 쓰고 그 시를 평가하고 피드백하는 것을 반복했는데 매주 새로운 시를 제출하는 것도 괴로웠고 누군가의 작품을 함부로 평가하는 것이 마음에 불편하게 남았다. 누군가 나의 글에 대해 나의 작품에 대해 지적하는 것이 그렇게 창피할 수가 없었다. 호흡이 긴 소설을 쓰는 시간에서는 교실 밖을 뛰쳐나가고 싶을 만큼 괴로웠다.

글이란 것은 자유인데 왜 자유를 서로가 평가하는 걸까, 이해하기가 힘들었다. 우리 전공에서는 글을 잘 쓰는 학우들의 등용문인 〈등단〉이 있었는데 시인, 소설가, 비평가 등 다양한 영역에서 선배들은 등단에서의 성공을 이어갔다. 나는 등단까지는 꿈도 꾸지 못했고 그저 하루하루 글을 쓰는 일부터가 고민이 되었다.

복수전공

전공 안에서 방황을 하면서 다른 전공에 자연스레 눈을 돌리기 시작했다. 우연히 한 과목만 수강했던 〈신문방송학과〉 수업이 재미있게 느껴졌고 바로 부전공으로 바꾸었다. 다음 학기부터는 본격적으로 복수전공을 시작했다. 문학이라는 한 가지의 길만 있는 줄 알았던 나에게 신문방송학과가 가진 콘텐츠는 훨씬 매력적으로 느껴졌다. 당시 타과생이 와서 기웃기웃거리며 부전공에서 복수전공까지 하는 것을 보자 기특하게 여긴 교수님들은 편견 없이 많은 것을 알려주셨다. 특히 예술이라는 장르에 대해 깊게 다루었고 무성영화와 유성영화의 차이점, 사진을 찍을 때 피사체의 움직임과 관찰, 영상 매체에서 영상이 가진 역사 등을 배워가기 시작했다. 지금 생각해보면 콘텐츠를 보는 눈, 수많은 콘텐츠를 바라보고 나에게 맞는 콘텐츠를 구분하는 법을 배웠던 것 같다.

나는 작은 예술가였고 자유가였다.

문예창작학과와 신문방송학과 복수 전공을 병행하는 일은 생각보다 쉽지 않았다. 우선 들어야 하는 학점만

두 배가 넘었기 때문에 공강의 자유 없이 후다닥 수업에 들어가기 바빴고 해내야만 하는 과제도 상상 이상이었다. 그러나 인생에서 내가 처음으로 자발적으로 선택한 길이었고 스스로 나의 길을 개척했다는 생각에 바쁜 것보다는 즐겁다는 생각이 압도적이었다. 거기다 대학 생활의 한 축을 담당했던 기독교 동아리 활동까지 겹쳐져 시간을 분 단위로 쪼개며 살아갈 수 밖에 없었지만 다양하고 새로운 사람들을 만나는 일이 많아지기 시작했다.

나에게 대학 생활은 자유였고 꿈이었다. 직감만을 믿고 대학에 오고 전공에 온 나에게 명확한 미래라는 것은 없었지만 조금씩 조금씩 거북이처럼 나만의 길을 걸어가고 있다는 것이 좋았다. 간혹 수업에서 일찍 마치는 날이나 주말이면 〈부산 시립미술관〉에서 갤러리 작품을 보면서 그 작품이 가진 의미를 이해하려 노력했고 나만의 상상을 해보며 예술이라는 장르에 심취하기 시작했다. 한 번 마음에 든 현대 작품이 있다면 그 앞에서 30분이고 한 시간이고 멍하니 빠져들었다. 미술관은 나에게 또 다른 강의장이자 배움의 장이었다. 시립미술관 특유의 자유롭고 깨끗한 분위기가 좋았고 미술관 앞

뜰에 있는 드넓은 들판에서 샌드위치를 먹으며 시간을 보내는 나날들이 좋았다. 대학 시절, 나는 작은 예술가였고 자유가였다.

● 세번째 이야기 ●
이도 저도 아닌 멍멍한 인생

답이 없는 질문

호기롭게 복수 전공으로 신문방송학과를 선택 후, 미디어라는 새로운 영역에 도전해가고 있지만 마음 한켠에는 불안감이 지속되었다. 새로운 영역을 배우고는 있지만 과연 나에게 미디어 영역이 맞는 길일까, 원래 주전공인 문예창작학과를 살려서 신춘문예나 글로 먹고사는 직업에 도전하는 게 맞는 길일까, 혹은 또 다른 영역을 배워야 하는 것일까? 문예창작학과를 나와 전공을 살리는 선배들을 보면 신춘문예에 정식으로 글을 내고 당선되어서 작가라는 타이틀을 갖고 활동을 시작하는 게 정석이었다. 너무 불안해서 견딜 수가 없었다. 답 없는 질문들이 반복되고 알 수 없는 길을 그저 걸어갈 뿐이었다. 사실 20대 초반의 나이에 본인이 가는 길에 대한 자기 확신이 어떻게 있겠으며, 무엇을 하든 막막한 것은 당연한 일이지 않은가?

내가 갖는 불안함이 가장 커 보였고 나의 불안함에 대해 괜찮다고 말하는 사람들의 이야기는 그저 형식적인 위로로만 들렸다. 그 불안함을 잠재우려고 어떻게든 움직이려고 애를 쓰는 시기였다. 남들은 청춘의 시기가 빛나고 빛난다는데 빛은 무슨, 어둠속으로 기어들어가는 느낌이었다. 하루하루 대학 생활을 통해 무언가를 배워가며 사회를 알아가긴 하지만 그 어떤 것도 확신을 주지 않았다.

스스로 인생을 이도 저도 아닌 밍밍한 인생이라고 생각하게 되니 자기 연민에 빠지고 나를 사랑할 수 없는 말들을 나에게 내뱉기 시작했다.

코칭과의 만남 1

내 생애 가장 불안했던 그 시기, 새벽 기도를 나가기 시작했다. 분명 하나님이 나를 이 세상에 태어나게 하고, 보낸 것은 이유가 있을 것이다. 나에게 주어진 사명과 비전이 반드시 있을 텐데 그게 무엇인지 궁금해서 견딜 수가 없었다. 그냥 일을 찾는 게 아니라 가치 있는 일을 원했고 사회에 무언가 선한 영향력을 줄 수 있는 직업을 갖고 싶었다. 새벽 기도를 통해 속 시원한 답을 얻은 건 아니지만 마음이 평안해졌다.

새벽기도를 간 어느 날, 나의 간절한 마음이 통했는지 당시 대학부 담당 전도사님에게 코칭을 받게 되었다. 알고 보니 전도사님은 정식 코칭 인증 자격을 갖춘 분이었고, 그렇게 3개월 동안 비전을 찾기 위한 여정이 시작되었다. 전도사님과 이야기할 때마다 매번 울었다. 원래 울보는 아니었는데 눈물이 펑펑 쏟아졌다. 나를 알아가는 시간이 그렇게 따스하고 감사할 수가 없었다. 나의 강점이 무엇인지 키워드 분석을 하고 나를 소개할 수 있는 정의를 내려보고, 내가 누구인지, 어떤 영역에서 가장 즐거워하는지를 조금씩 깨닫게 되었다.
또 나의 사명, 비전, 핵심 가치 등 나를 정의할 수 있고 명료화할 수 있는 시간을 통해 스스로가 누구인지에 대한 힌트를 얻기 시작했다. 그렇게 내 인생 처음, 코칭을 받았고 코칭과 만나게 되었다.

스스로 돈을 번다는 것, 프로 아르바이터

스무 살이 되면서 결심한 것은 스스로 돈을 벌자는 것이었다. 내가 생각하는 진짜 어른은 스스로 돈을 버는 독립된 개체였다. 부모님이 주시는 용돈도 있었지만 내 힘으로 돈을 벌고, 내가 원하는 곳으로 돈을 사용한다는 사실이 너무 좋았다. 그게 나의 스웨그였다. 의존하는 것이 아닌 자신의 힘으로 독립적으로 살아가는 것이 짜릿하게 느껴졌다. 당시 나의 일정을 맞춰줄 수 있는 집 근처 베트남 쌀국수 가게에서 2년 간 일했고, 밀면 가게에서는 4년 간 일했다. 밀면 가게는 특제 소스와 레시피로 늘 손님들이 붐비던 곳이었다. 함께 일했던 친구들은 나에게 이렇게 말했다.
"너는 왜 아르바이트를 무슨 정직원처럼 해?"
"조금 적당히 해도 되는 거 아니야? 왜 이렇게 열심히 일을 해?"
"네가 너무 열심히 하니까 내가 비교되는 것 같아."
대학을 졸업할 무렵에는 주방장님께서 아르바이트생인 나에게 진지하게 밀면집을 운영해볼 의향이 없냐고 물어볼 정도로 책임감을 갖고 일했다. 손님을 응대하는 서비스업 아르바이트를 하는 특성이 나의 강점과 잘 맞기도 했지만 스스로 부끄러운 어른이 되고 싶지 않았다. 아르바이트라고 할지라도 정직원처럼 일하고 싶었고 주어진 일을 대충 해버리고 싶지 않았다. 그냥 열심히 눈 앞에 주어진 일을 하는 것에는 자신이 있었다. 아무도 시키지 않았지만 빠르게 움직였고 다른 일거리가 없는지 물어보고 손님이 먼저 요청하기 전에 필요한 것을 채워주었다. 실수하는 상황에서는 죄송하다고 말하는 게 전혀 자존심 상하는 일이 아니었고 정직하게 땀 흘려 일하는 것이 당연하다고 생각했다. 아르바이트를 통해 어렴풋이 느꼈던 것은 나는 사람을 대하는 일이 잘 맞고 서비스를 제공하는 것에 큰 흥미를 느낀다는 점이었다.

휴학계를 내다

대학교 3학년이 되자 미리 계획해두었던 휴학계를 제출했다. 휴학을 결정하기까지는 2년 동안 고민도 생각도 많았는데 막상 휴학을 하는 절차는 간단해서 놀랐다. 학교 행정팀에 서류 하나만 제출하면 끝나는 것이었다. 휴학계를 낸다는 것은 인생에서 무언가를 멈춘다는 뜻이었는데 나는 모든 것을 멈추고 싶었다. 아니, 그 시기에는 모든 것을 멈추어야만 했다. 복수전공으로 점심시간도 없이 수업을 듣는 날도 있었고 기독교 동아리 활동으로 나의 평일 일정은 대부분 반납을 한 상황이었다. 대학이라는 공간은 학문을 연구하고 학습하는 곳인데 학문적인 성장은 있었지만 '나'를 연구하고 학습하는 시간이 필요했다. 빠르게 돌아가는 학교 일정 속에서 '나'를 알아가는 일은 턱없이 부족하게 느껴졌고 스스로에게 시간을 주고 싶었다. 휴학 기간을 통해 나를 알아가는 일을 지속하고 싶었다. 그 당시 꿈에 대한 키워드로 유명한 작가인 〈김수영 씨〉의 버킷리스트가 유행이었던 시절이라 나도 20대 때 하고 싶은 일 50가지 버킷리스트를 작성해보았고 꿈이라는 단어를 생각하면 설레고 설레었다. 인생에서 처음으로 〈꿈〉이라는 단어가 나에게 왔고 나도 〈꿈〉을 꿀 수 있는 사람이라는 것을 깨달았다. 버킷리스트라는 건 죽기 전에 꼭 하고 싶은 일이기에 인생에서 버킷리스트를 하나, 둘 성취한다면 얼마나 행복한 인생이 되는 걸까, 생각했다.

휴학 기간에도 아르바이트를 해야 흐트러지지 않고 움직일 것 같아 학교 근처 액세서리 상점에서 주 6일 하루 9시간, 10시간 이상 근무를 했다. 내가 맡은 역할은 손님들이 오면 액세서리 종류에 대해 설명해주고 상품을 파는 일이었다. 가끔 귀를 뚫으러 오는 손님들에게 귀도 뚫어주는 역할도 맡았다. 아이러니하게도 당시 나는 귀를 뚫지 않았고 액세서리에 대해서도 잘 몰랐는데 상품 공부를 지속적으로 하고 베테랑 직원 언니 흉내를 내니 조금씩 직원다운 모습이 갖추어지기 시작했다. 나의 영업력으로 수많은 귀걸이와 목걸이 세트를 판매했고 단골 손님이 조금씩 늘어났다. 나는 생각보다 사람들에게 상품이나 필요한 것들을 소개하는 것을 좋아하고 즐긴다는 것을 알게 되었고, 손님들이 본인에게 꼭 맞는 상품을 사갈 때는 내가 사는 것처럼 기뻤다.

이스라엘로 떠나다

 휴학계를 내고 약 1,000만원이라는 금액이 모였다. 성실하고도 미련하게 일을 하고 놀고 사람들을 만난 것 치고는 금액이 차곡차곡 쌓였다. 나에게는 외국인들과 살아보는 게 버킷리스트 중 하나였기에 해외로 가는 루트를 알아보기 시작했다. 당시 유행하던 호주나 캐나다 워킹홀리데이를 알아보았으나 비자 발급까지 시간이 걸렸고 나에게 잘 맞고, 유니크하고, 빠르게 갈 수 있는 곳을 찾아보니 뜻밖에도 〈이스라엘〉이었다. 한국과 이스라엘은 당시 워킹홀리데이가 체결되지 않아서 워킹 홀리데이와 발런티어 성격이 혼합된 〈키부츠〉라는 프로그램을 알아보게 되었고 간단한 영어 인터뷰를 통해 에이전시에 합격하여 그렇게 나는 이스라엘로 떠나게 되었다. 내가 누구인지 너무나 알고 싶었기에 그 어떤 것도 나에게 방해되는 것이 없었다. 나는 그저 떠나야만 했고 이스라엘에 가면 무엇이든 나올 것 같았다. 당시 얼마나 무모했냐면 이스라엘에서 전쟁이 터지면 죽을 수도 있지만 한 번 사는 인생 도전해보자는 나름 비장한 각오로 이스라엘로 떠났다.

 처음 이스라엘에 도착했을 때, 텔아비브 공항을 빠져나와 바라본 텔아비브 비치는 미치도록 아름다웠다. 한국을 떠나 먼 땅, 이스라엘까지 왔다니 믿을 수가 없다. 이스라엘에서의 삶은 생각보다 평화로웠고 아름다웠다. 당시 10여 개국의 외국인들과 함께 쉐어하우스를 꾸리며 살았고 몇몇의 한국인들도 있었다. 이스라엘 가자 지구에 위치한 〈에인하샬로샤〉라는 키부츠로 가게 되었고, 내가 맡은 업무는 다양했다. 마을을 돌아다니며 잔디, 풀 같은 것을 제거하고 새로운 모종을 심는 가드닝을 했고, 키친 담당일 때는 식판 정리, 테이블 정리 등 청소를 했으며, 콜보라는 상점에서 물건 진열 및 계산을 맡기도 했다. 매니저는 소처럼 열심히 일하는 한국인들을 유독 좋아했다. 이스라엘 문화 안에서 다양한 외국인들과 어울려 지내는 시간들은 새로운 자극을 주었다. 이스라엘에서 생활은 아침에 일어나 5시간 정도 워킹을 하고 마을 안에 수영장으로 달려가 수영을 하고 따사로운 햇살을 맞으며 들판 위에 돗자리를 펼쳐 피크닉을 즐겼다. 아이리버 MP3 파일에 담겨진 몇 십 곡의 한국 노래를 듣고 책을 읽는 그 시간은 지금도 그리운 시간들이다. 열심히 일을 끝낸 후, 데이 오프 날에는 이스라엘 예루살렘이나 텔아비브에 가서 혼자만의 조용한 시간을 갖기도 했다. 한국에서 내가 보고, 듣고, 느끼던 세상들이 무너졌고 이렇게 다양한 삶이 존재할 수 있구나를 깨닫게 되었다.

● 네번째 이야기 ●
좌충우돌 대외활동

광고홍보 교수님을 만나다

휴학 기간을 끝내고 학교로 다시 돌아오게 되니 주전공에서 새로운 수업이 열렸다. 바로 광고홍보학이었다. 광고홍보 수업은 신문방송학과 전공과도 연관성이 있고 카피라이터의 가능성도 염두해두고 있어서 신청하게 되었다. 놀랍게도 첫 시간에 교수님이 하신 말씀은 〈나를 알아가는 법〉이었다. 스스로가 누구인지 알지 못하면 앞으로 나아갈 수 없음을 강조하시면서 광고홍보학에서 중요한 것은 마케팅인데 먼저 나부터 마케팅해야 한다는 것을 알려주셨다. 나를 상품으로 표현하거나 정의하는 법, 나를 표현할 수 있는 스토리를 연구하고 발표하는 일이 반복되었다. 매주 새로운 상품을 기획하고 그 상품을 어떻게 세일즈할지 조별끼리 토의하고 결과물을 이메일로 제출하는 방식에서 큰 흥미를 느꼈다. 무엇보다 광고홍보 수업이 좋았던 것은 스스로에 대해 더 알아가는 계기가 되었고 나를 표현하는 일에 자신감이 생겼다는 점이었다. '생각보다 나는 아이디어가 많은 사람이었네?' '톡톡 튀는 네이밍을 잘 짓는 사람이었네?' '조원들을 통솔하는 리더십까지 갖추었네?' 셀프 칭찬을 하면서 그 수업을 즐길 수 있었다.

광고홍보 교수님은 자택이 서울이어서 매주 KTX 기차를 타고 부산에 있는 대학교까지 넘어와서 수업을 해주셨는데 취업동아리까지 개설하셔서 전공 학생들이 자신의 진로를 실제 취업까지 연계하도록 도와주는 역할을 하셨다. 교수님의 권유로 취업동아리에 나도 들어가게 되었고 나의 진로를 점차 좁혀나가기 시작했다.

인생에 있어서 연결이 참 중요하고 누구를 만나느냐에 따라 또 다른 길이 열릴 수 있다는 것을 그 때부터 배우기 시작했다.

헌혈동아리 & 기독교 동아리

대학교 내에서 할 수 있는 활동이 무엇일까 살펴보다가 헌혈동아리가 있다는 것을 알게 되었다. 서류를 넣고 면접을 보면서 합격했다. 헌혈을 권장하는 캠페인 활동을 주로 했고 학교 내 행사들을 주도적으로 진행했다. 헌혈동아리는 봉사활동 실습시간을 다 채우면 해외봉사단으로도 나갈 수 있는 기회가 있었다. 다른 인턴 활동을 시작해서 해외봉사단까지는 못갔지만 헌혈동아리를 통해 대학교 내 다양한 전공의 사람들과 함께 모여서 서로의 생각을 공유하고 크고 작은 이벤트들을 할 수 있다는 것이 신선했다.

 나의 대학생활을 떠올려보면 기독교 동아리 활동을 활발하게 했던 것이 기억에 남는다. 동방(동아리방)에서 도란도란 모여서 함께 기도 모임을 하고 예배를 드리고 노방 전도를 하고 학교 캠퍼스를 거닐면서 학교를 위해 기도했던 것은 아직도 기억에 선하다.

대학교에서 평생 갈 친구들을 만날 수 있다는 것이 참 감사했다. 그 당시 기독교 동아리 선배들은 09학번 후배들을 위해 아르바이트를 하고 돈을 모아 밥을 사주었다. 동아리 회장이었던 한 선배는 집에 갈 차비도 없이 궁핍한 상태였음에도 불구하고 후배들에게는 내색 한 번 안하고 밥을 사주고 동아리 방에서 잠을 잤던 적도 있었다. 선배들은 만나기만 하면 후배들에게 밥을 사줬고 주머니 사정이 얇았던 학생 시절이었던 후배들은 선배들의 헌신을 마냥 받기만 했다.

선배들이 졸업하고 나니 그 빈자리가 너무나 컸다. 우린 모두 같은 대학생 신분이고 나이 차이도 크게 나지도 않았는데 너무나 헌신적으로 후배들을 챙겨주고 사랑해주었구나, 뒤늦게 깨닫게 되었다. 동아리 MT를 가서 다 함께 둘러앉아 먹었던 삼겹살, 학교 앞 뒷고기집에서 허겁지겁 먹었던 고기, 동아리방에서 종종 배달 시켜 먹었던 파닭...그 시절 함께 먹은 음식들은 단순한 음식이 아니었다. 우리들만의 세계였고 우리들만의 추억이었다.

대학교 시절 동아리 활동을 통해 가족처럼 여길 수 있는 사람들을 만나 지금까지도 연을 이어오는 걸 보면 인생의 계획된 우연과 우연은 언제 어디서 연결될지 모르는 것이다.

나의 첫 대외활동, 어학원 마케터

그 시절 나의 주된 관심사는 콘텐츠였다. 어떻게 하면 주전공인 문예창작학과와 복수 전공인 신문방송학과를 연결해서 직업으로 이어질 수 있을까라는 고민을 계속했다. 그러다 공통점은 콘텐츠라는 사실을 깨닫게 되었고 콘텐츠를 더 많이 접할 수 있는 환경을 찾아보기 시작했다. 본격적으로 시작된 나의 첫 대외활동은 모 어학원 마케터였다. 어학원 마케터 특성 상, 그 어학원의 특정 수업을 듣고 소개하는 일을 주로 진행했다. 네이버 블로그를 활용해서 포스팅을 하고 부산 지부 뿐 아니라 전국에 있는 어학원 지부 마케터들과 친구 추가를 하고 서로의 포스팅 글에 댓글도 남겨주었다.

 마케터가 무엇인지, 콘텐츠가 무엇인지, 지금 내가 하고 있는 SNS 활동이 무엇인지 깊게 알지는 못했지만 확실한 것은 유형의 상품이든 무형의 상품이든 상품은 반드시 알려야 한다는 것이었다. 상품을 만들기만 하고 가만히 둔다면 고객에게 알리지 않는다면 의미가 없다는 생각에 어떻게든 어학원 수업의 강점을 파악하고 블로그 마케팅으로 상품을 알리려고 노력했다.

 나의 첫 대외활동은 성공적으로 끝나게 되었고 콘텐츠

에 대한 관심은 조금씩 방송 영역으로 확장되는 계기가 되기도 했다.

부산콘텐츠 마켓 발런티어

부산콘텐츠 마켓이 부산 코엑스에서 열리게 되었고 자연스럽게 발런티어(자원봉사자)로 지원하게 되었다.
부산콘텐츠 마켓의 규모는 상상 이상이었고 한국에 있는 수많은 케이블 프로그램들, 드라마와 영화, 예능, 독립물 등 다양한 종류의 콘텐츠들을 선보이는 자리였다. 그 당시 명사 초청으로 일본에 유명한 애니메이션 감독, 드라마 작가들 등이 와서 강연을 하기도 했고 명사의 강의 중에서 가장 인상깊었던 문장들을 한 줄, 한 줄 받아적고 감탄했던 기억이 있다.
한국 뿐 아니라 다양한 국가 안에서 의미있는 콘텐츠들을 가져와서 상영하고 관객들로 하여금 콘텐츠의 한계를 깨고 더 넓고 깊게 콘텐츠를 접할 수 있는 기회를 제공해주었다. 사실 부산에서는 부산국제영화제가 매년 열리고 있었고 영화의 전당이라는 건물에서도 콘텐츠들을 접할 기회가 많았지만 발런티어로 콘텐츠를 접한 건 처음인지라 나에게 더 임팩트가 있었다.

부산콘텐츠 마켓에서 내가 맡았던 부스는 독립영화물이었는데 다양한 외국인들이 와서 문의하고 팜플렛을 전달해주고 독립영화물에 대한 소개를 하는 역할을 맡았다. 짧은 영어로 어떻게든 외국인들과 소통하려고 노력했고 K-CULTURE의 시작점이 될 수도 있다는 생각에 나름대로 책임감을 느끼면서 발런티어 활동을 했다. 당시 콘텐츠 마켓 발런티어 활동을 했던 사진이 남아있는데 화사한 미소는 지금 봐도 행복한 미소이다.

이전까지는 전공을 살리는 부분에 대해서 크게 자신이 없었는데 부산콘텐츠 마켓 발런티어 활동을 통해 콘텐츠 영역에 대한 호기심이 생기게 되었고 두 가지 전공을 살려서 진로를 확장시킬 수 있겠다는 자신감이 생기게 되었다. 무엇보다 나는 낯선 사람들과도 교류를 잘 하고 소통하는 일에 적합하다는 것, 새로운 콘텐츠를 접하고 소개하는 일을 좋아한다는 것을 깨닫게 되었다.

● 다섯번째 이야기 ●

방송국이라고요?

신문사에 들어가다

콘텐츠에 대한 관심이 높아질 무렵, 방송 콘텐츠에 도전하고 싶다는 생각이 들었다. 방송국? 방송일을 해 볼까? 방송국에서 어떤 포지션으로 어떤 직무로 일을 할까? 방송국에 대한 막연한 동경이 있었다. 방송이라는 가장 빛나는 스포트라이트를 받는 일에 그 중심에 서 있고 싶었다. 지금 떠올려보면 야망이 가득가득했던 시기였다. 후에 방송일을 그만뒀을 때는 가장 빛나는 방송국 일이 얼마나 초라하고 초라한지 깨달았다.

또 복수전공인 신문방송학과에 들어가게 되면서 방송

콘텐츠에서 일어나는 일에 대해 궁금해지기 시작했다. 나에게 부산이라는 도시에서 일어나고 있는 방송콘텐츠는 다소 좁게 느껴졌다. 지역 방송 특성 상, 이미 자리잡은 프로그램들을 시즌별로 진행하는게 대부분이었고 프로그램에 섭외되는 연예인이나 셀럽 등은 지방까지 오는게 쉽지 않기 때문에 방송 프로그램의 다양성이 약했기 때문이다. 서울로 가야겠다고 마음먹었을 때는 방송 콘텐츠의 다양성이라는 판단이 있었다.
 방송국에 당장 들어가기엔 루트를 전혀 모르는 상황이라서 우선 지금 당장 할 수 있는 일은 무엇일지 고민하기 시작했다. 미디어 일을 찾아보다 모 신문사 인턴 기자를 모집한다고 하여 대학생 신분에 도전하게 되었다. 그 신문사는 부산에서 꽤 유명한 곳이었고 홈페이지를 살펴보니 사회, 경제, 연예, 교양, 시사 등 다양한 영역의 기사들이 모여있었고 규모도 꽤 커서 지원하게 되었다. 그동안 대외활동과 아르바이트를 했던 경험을 살려서 미디어 콘텐츠와 내가 얼마나 잘 맞는 사람인지 나의 특성을 소개하는 문구들로 가득 채운 이력서와 자기소개서를 보냈다. 1차 서류는 바로 통과하게 되었고 2차 면접은 대표님과 다이렉트로 일대일로 진행한다는 이야기를 듣고 추운 겨울 날, 신문사 면접실로 들어가게 되었다. 신문사 면접을 보는데 다소 충격적이었다. 신문사 대표는 날 보더니 몸무게가 몇인지, 키가 몇인지 나의 개인적인 정보들에 대해 하나둘씩 묻기 시작했다. 그때부터 조금 이상하다는 생각을 했었는데 바보같고 순진했던 '20대 초반의 박경은'은 이상함을 감지하고 바로 현장을 뛰어나오지 못했다.

신문사 대표는 원래 인턴 기자 포지션으로 내가 들어올 상황이었는데 자신의 비서 업무도 같이 병행할 수 있냐고 물어보았다. 나는 의욕있게 두 가지 병행이 다 가능하다고 뽑아만 달라고 외쳤다. 면접을 본 지 20분쯤 흘렀을까, 갑자기 그 신문사 대표는 나의 허리를 한 손으로 감싸 안았다. 순식간에 일어난 일이라 나는 얼음이 되어 있었고 '이게 무슨 상황인가?' 얼떨떨하게 느껴졌다. 다행히 그 뒤로는 별다른 액션을 취하지 않고 면접을 이어갔고 그렇게 이상한 면접이 끝났다.

몇일 후, 신문사에서는 인턴기자와 비서 업무를 병행하는 조건으로 면접이 통과되었다는 연락이 왔다. 미디어 업무에 대한 호기심이 가득했던 나는 이상한 면접이라고 생각했음에도 불구하고 바로 회사로 출근이 가능하다고 이야기했다.

원래 비서 업무를 했던 한 언니에게 인수인계를 받았는데 업무 내용이 생각보다 광범위했다. 신문사 기사를 취합하고 서포트하는 역할도 해야했고 대표의 비서 역할로 일정 관리, 미팅 관리, 회사 비품 관리, 사무용품 구매 및 관리 등 다양한 업무가 주어졌다. 아마도 '신문사 인턴기자'는 현혹시키기 위한 문구였으리라. 실제 업무를 해 보니 인턴기자 업무보다는 대표의 개인비서 역할이 많았고 회사 총무가 해야 할 일까지 다 떠맡게 되었다. 나는 캔디 아니었나? 외로워도 슬퍼도 언제나 웃는 캔디 아니었나? '열심히'라는 무기를 갖고 비서 업무도 하나라도 더 배우려고 노력했다. 그 비서 언니는 인수인계 마지막 날, 의미심장한 웃음을 띠며 대표를 잘 모셔야 한다는 말을 남기고 신문사를 떠났.

문제는 그 비서언니가 떠난 이후였다. 인수인계 기간 동안 그 언니와 나름대로 정도 쌓였고 날 도와주는 사람이 있는 것과 아무도 없는 상황은 이야기가 달랐다. 어느 날 대표는 나에게 비서가 해야 할 역할에 대해 쭉 이야기를 해주는데 수요일, 금요일마다 퇴근 이후 개인 시간을 내서 대표를 만나야 하고 대표의 마음을 위로해

줘야 한다는 식의 이야기를 떠들어댔다. 또 신문사에서 근무하고 있는 기자들은 대표가 없는 틈을 타서 나에게 절대 대표와 일대일로 방에 들어가면 안된다는 조언을 해줬다.

나는 혼란스러웠다. 업무적으로 보면 멀쩡한 신문사 대표가 개인적인 영역에서는 비서에게 많은 걸 요구한다는 게 이상하게 느껴졌다. 바보같은 나는 울면서 어떻게 해야 할까 고민하다가 아는 언니의 도움을 받아 회사 이메일로 회사를 그만두겠다고 이야기를 하고 바로 그만두게 되었다. 지금 생각해보면 그 신문사는 말도 안되는 회사였고 그 대표는 성추행범으로 이미 감옥에 들어갔어야 하는 사람인데 모두가 묵인하고 있었다. 더구나 지역 신문이지만 꽤 이름이 있는 곳이었고 팩트를 전해야 하는 기자들이 모여 기사를 쓰는 곳이 아니었나? 아마도 기자라는 신분을 유지하고 싶었고 자신들의 밥벌이가 중요해서였으리라. 그들도 피해자였을 것이다. 겉보기에 화려한 회사일수록, 멀쩡해 보이는 회사일수록 의심해야 한다는 것을 그 때 깨달았다.

서울로 올라오다, 쉐어하우스 적응기

방송, 방송, 방송, 방송일에 대한 열망이 커져갈 무렵, 나에게도 기회가 찾아왔다. 우연히 동아리 선배 중에 방송국 PD로 활동하는 분이 있다는 이야기를 전해들었다. 선배의 선배, 선배의 선배로 연락을 해서 어렵게 방송국 PD인 선배와 연락하게 되었고 나는 철판을 깔고 씩씩하게 전화를 걸었다.

"안녕하세요, 선배님. OO대학교 OO동아리 후배입니다. 제가 방송국 일을 하고 싶어서 조언을 얻고자 연락드립니다."

"네, 안녕하세요, 후배님. 솔직히 말씀드릴게요. 방송국 일은 수많은 사람들이 호기심으로 들어왔다가 지쳐서 금방 나가는 곳입니다. 방송국 일은 직접 경험해보지 않으면 결코 알 수 없습니다. 반드시 방송 현장을 직접 경험해봐야 이 일이 나와 맞는지, 혹은 맞지 않은지 경험할 수 있습니다. 후배님이 방송국 일에 대해 정말 절실하다면... 서울로 한 번 올라와서 경험하셔야 해요."

"네, 저도 기회가 된다면 서울로 올라가 방송국 일을 경험하고 싶습니다."

"마침 이번주부터 새로운 예능 방송 프로그램에 들어가게 되는데 PD 서포터, 조연출 자리가 하나 비어요. 혹시 서울로 올라오실 수 있을까요?"

선배와의 전화를 끝내자마자 가슴이 두근두근대서 견딜 수가 없었다. 어떻게 이렇게 일이 연결되는 거지? 꿈에 그리던 방송국 일을 하게 되는 거야? 당장 서울로 올라가야 한다는 생각이 강하게 들었다. 가장 큰 문제는 부모님을 설득하는 일이었다. 20년이 넘는 시간 동안 부산에서 부모님과 함께 살았는데 다 키운 딸내미를 타지인 서울로 보낸다는 게 쉽지 않은 선택이었으리라. 나의 서울독립을 반대하는 부모님을 설득하기 위해 딱 3개월만 서울에서 방송국 활동을 하겠다고 기간을 정하고 앞으로의 꿈에 대한 이야기를 했고 결국 서울로 떠나게 되었다. 자식 이기는 부모 없다고 했는데 100% 부모님이 져주신 거였다. 이전에 휴학을 하고 이스라엘 가자 지구로 떠났던 전적(?)이 있어서 부모님은 서울 정도면 같은 한국 땅 안이니까 괜찮다고 마음을 다지셨다. 부모님의 허락이 떨어지자 후다닥 짐을 싸고 3개월 뒤에 돌아오겠다는 말만 남기고 서울로 떠났다. 3개월로 예상했던 서울 독립이 10년이 넘은 오늘까지 연장될 줄은 아무도 몰랐지만.

이스라엘에서 살았을 때 만났던 친구 중에 유일하게

서울에 사는 친구가 있었다. 그 친구를 통해 서울에 청년들이 모여 사는 쉐어하우스가 있다는 것을 알게 되었다. 보증금 없이 25만원 월세라는 소개에 한 번에 동의해서 그 곳에 살게 되었다. 신대방 삼거리역, 보라매 공원 부근에 위치한 쉐어하우스는 나의 서울생활 첫 보금자리가 되었다. 쉐어하우스는 약 12명의 청년들이 옹기종기 모여 사는 곳이었다. 그곳에서는 남자 방과 여자 방이 나뉘어져 있었고 층도 분리되어 있었다. 부엌과 화장실을 공유하고 있었고 거실처럼 쓰는 공간에서는 함께 옹기종기 모여 밥을 만들어 먹고 이야기도 나누는 시간이었다. 한 방에 룸메이트가 2명일 때도 있었고 3명을 넘어설 때도 있었다. 어떤 날은 한 방에 5명이 넘게 구겨 자는 일도 있었다. 쉐어하우스 거주민도 있었지만 게스트들이 워낙 많이 방문해서 함께 지냈다. 쉐어하우스에서는 다양한 규칙이 있었는데 그것을 잘 지키지만 한다면 문제 될 것이 없어 보였다. 그러나 함께 모여 사는 사람들이 많아질수록, 새로운 쉐어하우스 입주민들이 들어올수록 규칙은 깨지고 여러 갈등도 생겼다. 함께 공용 빨래를 하게 되면 나의 옷이 하나 둘 없어졌고 스타킹이나 양말은 본인의 것인 게 티가 안

나기 때문에 당연히 없어졌다. 또 방송 일을 하는 특성상, 새벽에 집에 들어올 때가 많았는데 여러 명이 한 방을 쓰게 되니 나는 자고 싶은데 누군가는 샤워를 하고 머리를 말려서 잠에서 깬 적도 많았다. 함께 사는 쉐어하우스는 나에게 가족이 되어주었다. 미운 정, 고운 정이 들었던 쉐어하우스 가족들은 나에게 좋은 추억으로 남아있다. 쉐어하우스에서 거주하던 한 선교사님은 일본, 이스라엘을 왔다갔다하는 분이었는데 생전 처음보는 일본 요리들을 현지 재료를 공수해서 청년들을 위해 기꺼이 만들어주었고 사회생활로 지쳐있을 때면 자신이 살아온 인생 경험을 통해 큰 위로를 남겨주었다. 나를 쉐어하우스로 소개해준 친구는 서울생활을 하며 고열로 가장 아팠던 시기, 죽을 직접 만들어주고 정성껏 간호해주기도 했다.

부모님 케어로 학창시절과 대학생 시절을 보내다가 처음 독립하게 되지만 나는 혼자가 아니었다. 외롭지 않았다. 아니 외로울 틈이 없었다. 쉐어하우스에서 함께 나누어 먹던 요리들, 밤새 이야기를 나누던 시간들, 진로에 대한 불안함이 가득할 때 서로를 다독이던 말들은 지금도 잊을 수 없는 감사함이다.

방송국 프로그램 폐지

선배가 추천해준 예능 프로그램은 놀랍게도 유명 연예인들이 출연하는 나름대로 예산이 빵빵해보이는 프로그램이었다. 선배는 예능국 프로그램 메인 PD로 진행하고 나는 서포트의 역할을 했다. 방송국에서 나오는 프로그램은 다 방송국에서 만드는 줄 알았는데 미디어 프로덕션이라는 곳이 존재하고 메인 방송국에서는 방송 편집 툴조차 다루지 못하는 PD들이 많다는 것도 알았다. 내가 속한 곳은 모 미디어 프로덕션이었고 케이블방송 예능 프로그램을 제작하게 되었다. 가장 막내로 들어간 상황이었지만 나름대로 해야 할 업무를 잘 배우고 열정적으로 일에 임하게 되었다. 나는 그저 열심히 하는 수밖에 없었다. 방송 일도 처음이었고 신문방송학과를 전공하긴 했지만 방송콘텐츠 경험은 아무것도 없는 상황이었다. 모르기 때문에 배울 수 밖에 없었고 모르기 때문에 그저 열심히 하는 수 밖에 없었다.

 예능 프로그램 현장에서 메인 PD의 지시에 맞춰 카메라 세팅부터 프로그램 대본 스크립트 파악하기, 예능 프로그램 촬영지에서 동선 파악, 출연자 파악, 패널들 인원수 체크, 소품 세팅 등 생각보다 챙겨야 할 일이 많았다. 그렇게 나름대로 방송국 일에 적응하려던 시기, 예능 프로그램이 폐지하게 되었다는 소식을 들었다. 이게 무슨 일인가? 나는 서울에 올라온 지 얼마 안되었는데, 아직 나의 날개를 펼쳐보기도 전에 나의 꿈을 펼쳐보기도 전에 프로그램 폐지라니...하늘이 무너지는 줄 알았다. 나를 연결해준 그 선배는 난처한 표정으로 나에게 프로그램 폐지가 되었다는 이야기를 해주었고 혹시 경남 창원에 내려가서 또 다른 예능 프로그램을 하지 않겠냐는 이야기를 했다. 나는 방송 콘텐츠가 다양한 서울에서, 꼭 서울에서 프로그램을 하고 싶은 마음에 지방에 지금 내려가는 건 의미가 없을 것 같다고 이야기했다.

마음이 참 공허했다. 마치 소개팅에서 거절당한 느낌이랄까, 하루아침에 직장을 잃는다는 건 이런 기분일까 싶었다. 방송국 일을 열정적으로 하던 시기에 예능 프로그램 폐지가 되자 서울에 올라온 것 자체가 굉장히 허무하게 느껴졌다.

서울로 올라오고 나니 나에게 남겨진 것은 매월 내야 하는 월세와 생활비였다. 꿈이라는 것이 이렇게 아프고 괴롭다는 것을 깨달았다. 꿈은 낭만이 아니라 현실이었고 현실은 피할 수 없는 상황이었다. 돈을 번다는 것이 얼마나 감사한 일인지 돈을 벌고 삶을 가꾼다는 것이 얼마나 소중한 일인지 그 때 알았다.

아직 대학교를 졸업하기도 전에 여름방학을 활용해서 서울로 올라온 상황이었기 때문에 나는 학생 신분이었고 모아둔 돈도, 버는 돈도 없는 상황이었다. 호기롭게 부모님을 설득해서 부산에서 서울로 올라오다 보니 부모님께 생활비를 달라는 말은 죽어도 나오지 않았.

그 시절 나에게 '반드시 부모님께 보증금이라도 받아서 서울에 정착할 수 있는 씨드 머니를 마련했어야 하는데'라고 말해도 소용없는 일이다. 자존심이라는 게 허락하지 않았고 내가 꿈꾸는 어른은 스스로의 일에 대해 독립적으로 처리해야 하고 부모님 손을 벌리지 않고 스스로 해결하는 사람이었다. 이대로 부모님 도움을 받거나 부산으로 내려가는 일은 자존심이 허락하지 않았다.

나는 절실했다. 방송국 일을 더 해보고 싶었고 방송 분야에서 나를 시험하고 싶었다. 서울 생활은 생존이었다. 생존하지 않으면 살아남을 수가 없었고 생존하기 위해 발버둥쳤다. 우선 대학교 취업교과목 교수님이 서울에서 마케팅 회사 이사님이라는 이야기가 기억이 나서 연락을 드렸다.

"교수님, 안녕하세요. 교수님 수업을 듣던 박경은 학생입니다. 제가 실은 서울로 올라왔는데 방송국 예능 프로그램이 폐지가 되어 하루 아침에 일자리를 잃었습니다."

지금 생각해도 너무나 짠한, 호소 비슷한 내용으로 교수님께 나의 상황을 말씀드리고 도움을 요청했다.

"경은아, 우선 너의 상황을 잘 들었다. 내가 아는 OO 미디어 엔터테인먼트 회사가 있는데 그 대표님께 이야기를 한 번 해볼게."

"교수님, 감사드립니다. 연락 기다릴게요."

교수님의 연락을 기다리는 며칠간, 불안한 마음으로 쉬어도 쉬는 것 같지 않은 생활을 반복했다.

"경은아, 당장 내일부터 출근할 수 있겠니? OO 미디어 엔터테인먼트 회사는 국내에서 큰 미디어 기업이고 연예인들 OOO, OOO도 속해있는 곳이래. 그만큼 방송국 현장에 대해서도 경험치가 많은 탄탄한 기업이니 가서 한 번 도전해보렴. 그리고 대학교 취업연계형 인턴으로 요청해서 학교 지원을 받아서 교통비라도 받는 게 어떠니?"

"교수님, 내일부터 출근 가능합니다. 대학교 취업연계형 인턴이라니 그런 제도가 있었어요? 바로 신청하겠습니다."

학생들의 성장과 취업을 진심으로 도와주던 광고홍보 과목 교수님 덕분에 새로운 미디어 엔터테인먼트 회사에 들어갈 수 있었다.

방송국 노예

OO미디어 엔터테인먼트 회사는 확실히 시스템이 잘 잡힌 곳이었고 회사 규모도 크고 프로그램 개수도 일하는 분들도 어마어마했다. 인턴 직으로 일하게 된 예능 프로그램은 시즌이 여러 개 있는 시청률도 나름 잘 나오던 프로그램이었다. PD님들이 여러 명 있고 각자 스튜디오 촬영, 현장 촬영과 편집을 맡아서 함께 협업을 하던 시스템이었다. 나의 역할은 PD님들을 서포트하는 것이었다. 정확하게는 예능 프로그램 가장 막내, 노예 비스무리한 역할이었다. 이 세상에 이렇게 행복한 노예가 있을까 싶을 정도로 즐거웠다.
새로운 방송국 현장에서 일할 수 있다는 게 기뻤고, 3~4시간 쪽잠을 자고 체력은 바닥이 났지만 방송국 일이라는 게 다 그런거지, 마인드를 다잡았다. 막내 주제에 반드시 회식까지 참여해서 PD님들에게 하나라도 더 배우려고 노력했다. 방송 현장의 찐 이야기는 프로그램이 끝난 이후 회식을 통해 들을 수 있으니 그 기회를 놓칠 수 없었다. 방송국 일에 대해 PD님들의 삶을 통해 조금씩 방향을 잡아갈 수 있었다.

방송국 업무는 크게 스튜디오와 현장 업무로 나뉘었다. 스튜디오 촬영을 하게 되면 장소 섭외부터 장소 현장점검을 했고 스튜디오 촬영 소품을 챙기고, 패널 게스트들 명단을 확인하고 방송이 원활하게 흐르도록 돕는 일을 했다, 스튜디오 촬영 시 필요한 음향 및 카메라 기기를 업체로부터 대여하고 확인하고 보급하고 방송 촬영이 끝나면 다시 반납하는 일을 반복했다. 만약 스튜디오 활영에서 변수가 생기거나 패널들이 없어지거나 문제가 발생하면 수습하는 일을 했다. 현장 촬영은 방송 출연자들이 어디에 사는지에 따라 매번 달랐다. 서울에서 남양주까지 넘어가서 직접 출연자들의 집에 방문해서 집에 카메라 수십대를 설치하고 관찰 예능 형식으로 VCR 촬영을 진행하는 경우도 있었고 출연자들의 자연스러운 대화를 카메라로 담기 위해서 현장을 여러 번 바꾸어서 촬영하는 경우도 있었다.

서울에 적응하기도 전에 지방을 돌면서 예능 프로그램을 하나 둘 완성해 나갔다. 현장 촬영에서는 대본에 맞추어진 스튜디오 촬영보다 훨씬 변수가 많았는데 예를 들면 날씨가 갑자기 바뀌어서 비가 오는 상황이 발생하거나 출연자들을 관찰해야 하는 컨셉인데 갑자기 출연자들의 마음이 바뀌어서 현장을 종료해야 하는 상황도 종종 발생했다. 한 번은 부산으로 촬영을 하러 내려간 적이 있었는데 담당 PD님의 배려로 시간을 내어 부모님 댁에 방문한 적이 있었다. 겉으로는 웃고 있지만 눈물을 삼키느라 참 힘든 시간이었다. 가장 가까운 가족에게는 나의 피곤하고 지친 모습을 보이는 게 싫었다. 부모님에게 나의 슬픔을 들킬까봐 더 크게 웃고 밝게 인사하고 현장으로 복귀했다.

PD님들은 이상했다. 꼭 담배를 태우면서 진솔한 대화들을 나누었고, 술이 없으면 안되는 사람들처럼 방송국 일이 새벽 2시에 끝나든 3시에 끝나든 회식을 했고 다음 날 아침에 국밥까지 먹고 헤어지는 일이 반복되었다.

PD님들은 이상했다. 가장 말단인 막내인 나를 인격적으로 대해주고 내 새끼처럼 챙겨주고 밥도 사주고 커피도 사주고 도움 되는 이야기들을 많이 해주었다. 담배도 못피고 술도 못하는 나에게는 그저 그 자리를 웃으며 지키는 게 다였지만 참 많이 배웠다. PD님들을 이끄는 리더 PD님이 계셨는데 진심으로 나의 진로에 대해 조언해주었고 방송국 일을 통해 무엇을 얻을 수 있는지, 배울 수 있는지 동시에 무엇을 잃을 수 있는지까지 이야기 해주었다. PD님들의 삶을 하나 둘 지켜보면서 미래의 나의 모습을 진심으로 그려볼 수 있었다.

방송국 인턴 종료 시기가 점점 다가왔고 나는 결정해야 했다. 앞으로 방송국 일을 계속 이어갈 것인가 아니면 새로운 커리어에 도전할 것인가.

방송국 일은 놀랍게도 나의 적성에도 잘 맞았다. 현장을 대하고 사람을 대하고 프로그램이라는 결과물까지 있어서 마음에 들었다. 방송국 일에서 PD 군은 분명 매력적인 직업이었다. 여러 방송국에 속해서 근무를 할 수도 있고 다양한 프로그램을 기획하고 적용하고 움직이는 일을 할 수도 있었다. 방송국 일을 통해 형성된 네트워킹을 통해 또 다른 프로젝트를 벌릴 수도 있고 크리에이터 라는 말이 막 나오기 시작한 그 때에는 충분히 유망한 직종이었다. 추후 경력을 쌓고 나서는 새로운 미디어 회사를 차려서 대표가 되는 길도 있었고 협업을 하는 경우도 있었다.

그러나 어리고 여린 나는 무서웠다. 방송국 일이 나의 최종 업인지에 대한 확신이 없었고 무엇인지는 모르겠지만 다른 일도 도전하고 싶었다. 예능 프로그램을 마무리하고 정들었던 PD님들과 한 분, 한 분 인사를 하고 씩씩하게 방송국을 떠났다.

● 여섯번째 이야기 ●
재미있어 보이는 일

백수가 되다

하루아침에 다시 백수가 되었다.
방송국 일을 마무리하는 시점에 대학교 졸업 작품과 졸업 시험을 준비해야 하는 시기가 겹쳐서 취업계를 내고 졸업을 했다. 주전공인 문예창작학과는 졸업 조건이 졸업 작품을 완성하는 일이라 전공 친구에게 부탁해서 이메일로 졸업작품을 작성해서 보냈고 프린트해서 제본 형태로 교수님께 전달했다. 복수전공인 신문방송학과는 졸업 조건이 오프라인 졸업 시험이었다. 방송국 일정 상, 부산까지 가기 힘든 상황이라 담당 교수님께 문의해서 이미 취업을 한 학생이라 졸업 시험을 치를 수 없다고 대체할 과제를 요청했고 대체 과제로 통과하게 되었다. 나는 더 이상 대학생도 아니었고 사회인도 아니었다. 이도 저도 아닌 상황에서 나를 규정지을 수 있는 포지션은 딱 하나 취업준비생이었다.

백수가 되고 나니 그제서야 서울에서 내가 누릴 수 있는 환경들이 눈에 보였다. 우선 서울에 있는 현대 전시관을 탐방하면서 전시를 들여다보기 시작했고 아카이빙 되어있는 전시물들을 보면서 새로운 아이디어를 얻어갔다. 가장 자주 인사이트를 얻었던 곳은 인사동, 삼청동이었다. 인사동 거리는 옛 것과 새 것이 공존하는 독특한 곳이었고 인사동 안에 있는 다양한 전시관에서는 작가들의 특색이 드러난 미술 작품이 가득했다. 아트센터를 소풍가듯 들러서 구경하고 떠올리는 생각들을 정리하고 콘텐츠에 대한 인풋을 쌓았다.

동시에 향수병이라는 것도 찾아왔다. 어느 날 서울의 하늘을 들여다보는데 답답하고 지긋지긋하게 느껴졌다. 나는 왜 이 곳에 있는가? 아무런 연고도 없는 서울 땅에 무슨 부귀영화를 누리겠다고 버티고 있는 것인가? 다시 부산에 내려가서 시작해볼까? 수많은 고민에 고민을 이어나갔다.

어쩌면 부산이라는 돌아갈 곳이 있기 때문에 겁도 없이 서울 생활을 해나갈 수 있었지 않았나, 언제든 내가 돌아갈 자리가 있고 가족들이 있고 친구들이 있고 익숙한 공간이 있다는 것이 든든했다. 정신없이 일을 할 때는 몰랐는데 시간이 남아 도니 내 처지가 처연해지기 시작했다. 스스로가 안타깝고 불쌍해서 참을 수 없었다. 매일밤 라면볶이를 후루룩 먹으며 뚝뚝 흐르는 눈물을 애써 감추었다.

코칭과의 만남2

코칭이 무엇인지에 대해서는 경험했지만 코칭을 학문적으로 더 넓고 깊게 배우고 싶다는 마음은 계속되었다. 당시 살던 쉐어하우스에서 코칭을 배우고 싶다는 이야기를 몇 번 했는데 아는 사람의 아는 사람으로 연결되어 우연히 한 코치님의 코칭 프로그램을 수강하고 워크샵에 참여하게 되었다. 그 뒤 다양한 코칭 펌에서 진행하는 코칭 프로그램 과정을 수강하면서 각 코칭 펌이 가지고 있는 색깔과 사례들이 다양하다는 것을 깨닫게 되었다. 무언가에 홀린 듯이 코칭의 매력에 푹 빠졌고 아무런 의심 없이 코칭의 철학과 태도를 흡수하기 시작했다. 지금까지 내가 살아온 패러다임과는 다른, 학교와 가정에서 학습하고 배워온 것과는 확연히 달랐다. 가능성은 커녕 눈 앞의 일도 해내지 못하는 것 같은 나에게 코칭은 무한한 가능성이 있다고 한다. 다른 사람에게 묻고 또 물어가며 더듬더듬 기어가고 있는 나에게 코칭은 해답은 내면에 있다고 한다. 외롭고 서럽고 불안한 나에게 코칭은 함께함이 있다고 한다. 코칭을 그냥 믿었다. 그냥 코칭이 좋고 사랑스럽고 신이 났다. 내 인생에도 가능성이 있다고 말해주는 것이 쭈굴이인 나에게는 큰 위로였다.
 코칭 자체가 주는 매력은 한 사람을 있는 그대로 바라봐주고 그 존재를 존중해 준다는 것이었다.
나는 늘 인정 욕구에 목마른 사람이었고 나를 인정해줄 다양한 환경들을 쫓아갔고 그들에게 사랑받고 싶어서 애쓰는 사람이었다. 그 당시에 나는 왜 그렇게 열심히 모든 것을 했을까? 물론 성실함이라는 강점이 있었지만 나의 에너지가 100이라면 늘 200을 썼던 것 같다. 타인에게 맞추고, 상황에 맞추고, 환경에 맞추고, 고객에게 맞추면서 그렇게 내가 소멸하는 듯한 느낌을 경험한 적도 있다.

신기했다. 나에게 있어 에너지는 하룻밤 자고 다음 날이 되면 다시 차오르는 늘 넉넉한 탱크였는데 그렇게 내가 없어지고 소멸되는 느낌을 받아가며 에너지는 점점 고갈되는 현상이 지속되었다. 그때 내 삶을 바꿔준 건 코칭이었다. 코칭이 나를 건강하게 만들어줬다. 어렴풋이 나는 평생 코칭을 하는 코치가 되고 싶다는 생각을 했다.

박과장과 박인턴

친구의 소개로 당시 우리나라 NO.1 잡지사에 들어가게 되었다. 내가 잡지사에 들어가게 된 이유는 단 하나였다. 재미있어 보여서! 아무런 기술도 역량도 없는 내게 딱 하나 있는 것은 흥미였다. 잡지라는 새로운 장르에 뛰어들 수 있다는 게 신선했다. CES 팀 인턴으로 일하게 되었는데 주로 잡지 콘텐츠를 다루는 일을 했다. 잡지라 함은 초등학교 때 유행하던 Ceci 정도 본 게 다였다. 잡지 콘텐츠에 관련된 지식은 제로 수준이었다. 전공은 문예창작, 신문방송을 전공했으나 잡지 콘텐츠라는 건 생소한 장르였고 업무를 하면서 배워가는 형식이었다. 당시 잡지사에서 인턴들을 관리하던 사수는 박

과장이었고 〈경은아!〉라고 자주 내 이름을 불렀다. 어떤 날은 낮은 톤으로, 어떤 날은 중저음의 목소리로, 어떤 날은 높은 톤으로 짜증 섞인 목소리를 낼 때가 많았다. 그러나 박인턴은 오히려 배울 수 있는 환경이 감사했고 내가 이곳에서 일할 수 있다니, 아무런 경력이 없는 내가 잡지 콘텐츠의 경력을 쌓을 수 있다니, 감사해하면서 회사를 다녔다. 그저 일이 있다는 것이 너무너무 좋았다. 선배의 피드백도 애정으로 느껴졌고 모를 땐 겸손히 물어보면서 업무를 익히는 태도를 길렀다. 내가 맡은 업무는 모 기업의 e-book 형태를 만드는 일이었는데 선배가 기사와 사진이 담긴 파일을 이메일로 포워딩해주면 그걸 복사-붙여넣기해서 오탈자를 검수하거나 사진 속 제품명과 기사 내용이 잘못된 것을 찾거나 흐름이 안 맞는 것을 찾는 일을 담당했다. 굉장히 꼼꼼히 작업해야 하는 업무이고 잡지 기사에 익숙한 사람이 유리한 일이었기에 도무지 감을 잡을 수 없었다. 또 다른 업무는 1달 1번 문화센터에 가서 티켓팅을 하는 일과 직원들에게 간식을 나눠주는 일을 맡았고 실제 문화센터 강의에도 참여해서 사진을 찍고 고객을 돕는 역할을 했다. 사무실에서 잡지 관련 업무를 하는 것보다 현장에 나가서 문화센터 직원들을 만나고 고객을 만나는 일이 더 즐거웠던 기억이 있다. 고객사와의 행사를 진행할 때는 준비물 세팅부터 포장, 소포로 선물을 보내는 일들도 많았고 행사 준비가 원활할 수 있게끔 작은 것부터 돕는 서포터의 역할을 했다. 그 때 처음으로 느꼈다. 세상에는 내가 아무리 노력해도 안되는 일이 있다는 것을...그동안 살아오면서 (어디서 올라온 자신감인지는 모르겠지만) 세상에는 노력으로 못할 일이 없고 반드시 결과가 나온다는 생각을 했다. 그러나 잡지 콘텐츠 업무는 잡지를 사랑하고 온라인 잡지에 대한 센스가 있는 사람이 하는 업무인데 꼼꼼하고 정교한 업무이다 보니 실수도 많았고 '업무에 대한 why'가 해결되지 않으니 그저 시키는 일만 반복할 뿐이었다. 계속 맞지 않은 옷을 입고 있다는 느낌이 들었다.

당시 나를 담당했던 사수인 박과장은 끝까지 나를 키워보려고 여러 업무를 시켜보면서 당근도 주고 채찍도 주었지만 에디터로 거듭나기는 힘들었다. 잡지사를 다니면서 혼난 기억이 가득하지만 주눅들진 않았다. 사람마다 맞는 일이 있고 맞지 않는 일이 있다는 것을 깨달았으니 그것으로 충분하지 않은가 라는 생각을 했다. 잘

하지는 못해도 열심히는 하는 게 주특기인지라 무식하게 묵묵히 그 자리를 지켰다. 커리어를 찾는 과정에서는 나와 맞는 커리어를 발견하기도 하고 나와 맞지 않는 커리어를 발견하기도 한다는 것을 배웠다.

 유일하게 칭찬받았던 일은 뜻밖에도 광주에서 있었던 일이다. 〈광주비엔날레〉 전시에 참관하면서 우리 팀은 다 같이 출장을 가게 되었는데 미리 광주 맛집이나 갈 만한 곳을 서칭하고 광주를 소개하는 여행 가이드처럼 꼼꼼하게 여러 경로를 검색하고 보고서를 만들었는데 그걸 보고 너무 좋아해 주셨고 광주에 가서도 사람들과 함께 시간을 보내고 관광을 하고 사진을 찍으면서 행복한 추억을 쌓았다. 선배는 나를 쭉 관찰하더니 무심코 한마디를 던졌다. "경은이는 사람을 대하는 일을 할 때 저렇게 빛나는구나." 그 말이 지금까지도 나에게 남아있는 말이다. 시간이 지나 인턴 기간이 종료되고 퇴사하는 날, 박 과장은 박인턴 집으로 〈미생〉 책 전 권을 선물해주면서 울었던 기억이 있다. 가장 잔소리를 많이 했던 인턴이 있는데 언제나 맑고 밝게 받아줘서 고마웠다고, 경은이 같은 인턴은 처음이었다고, 마음이 가고 애정이 가니 쓴소리를 했는데 그게 미안하고 고마웠다고 말씀하셨다. 선배가 나에게 건네준 〈미생〉은 어떤 의미였을까? 미생 속 각자의 캐릭터처럼 꿋꿋하게 씩씩하게 사회생활을 하라는 의미였을까?

회사를 떠나 퇴사하는 일이 이렇게 애틋하고 아름다워도 되는 것인가. TV 속 드라마나 영화를 보면 퇴사하는 날이 참 차갑고 쌀쌀맞고 서럽게 느껴지던데 현실은 달랐다. 나의 청춘의 한 시즌을 아름답게 포장하는 건지, 지쳐버린 사회생활 속 인턴이라는 가벼운 무게만 생각했던 건지 모르겠지만 잡지사는 나에게 소중한 시간들이었다.

NGO가 뭐야?

잡지사 인턴 기간이 종료되면서 자연스럽게 지인 소개를 받은 곳은 NGO 기관이었다. 당시 사회적기업, NGO에 관심이 많아질 때라 호기심에 간 곳이었다. NGO란 Non-Governmental Organization의 약자로 정부조직 또는 영리추구 목적 사기업 중 어느 곳에도 속하지 않는 비정부조직이다. 말 그대로 영리추구를 하는 일반 회사보다는 세상에서 선한 일들을 펼쳐나갈 수 있는 곳이었다. 기업의 목적이라 함은 이윤을 추구해야 하고 매출을 올려야 하는 것인데 기업의 색깔을 가지지 않는 NGO 기관이라는 것이 큰 매력으로 다가왔다. NGO 기관 사회공헌협력팀으로 첫 출근을 한 날, 깨달았다. 내가 생각했던 NGO는 환상이었고 꿈같은 일이었음을. 실제로 순수한 NGO 색깔을 유지하기 위한 단체도 많지만 규모는 크지 않고 자생하기 매우 어려운 구조이다. 그러다 보니 기업과 같은 이윤추구, 영리추구를 하게 되고 많은 기업이나 기관의 후원을 받기 위해 마케팅에 힘쓰게 된다. 다양한 사회적 기업, NGO 단체들이 기업화가 되는 것은 살아남기 위해, 끝까지 생존하기 위한 것이다.

 NGO 기관 사회공헌협력팀에서 내가 맡은 역할은 같은 팀에서 근무하고 있는 간사님들의 업무 서포터를 하는 것이었다. 후원하는 해외 아동들의 사진을 포토샵으로 작업해서 날개나 왕관을 달아주고 액자에 들어갈 크기로 만들어주고 그 사진을 프린트해서 후원 액자 키트 작업을 하는 업무를 맡기도 했고 주기적으로 기업, 기관들이 후원이나 기부를 했을 때 기부금 영수증을 발행해주는 업무를 하기도 했다.

NGO 기관에서 굿워터 프로젝트라는 1년에 2번 정도

열리는 큰 행사가 있는데 전 세계적으로 물 소비를 아끼는 환경운동으로 이어지면서 각종 굿즈 제작을 하고 프로그램으로 만들기도 했다. 굿워터 프로젝트에 참여한 자원봉사자들을 통솔하고 관리하는 역할을 맡기도 하고 행사가 원활히 진행할 수 있도록 현장에 참여해서 세팅을 돕는 업무를 했다. 한번은 사회공헌협력팀 팀장님께서 다른 업무를 잘 수행하는 걸 보시고 해외 아동들을 대상으로 스토리텔링을 해보자는 새로운 업무를 주어서 해외 아동들이 어떤 어려움에 처하고 있고 어떤 환경에서 살아오고 어떤 실질적인 도움이 필요한지 글이라는 콘텐츠로 발행하기도 했다. NGO 기관에서 근무했을 당시 찍었던 사진들을 보면 하나같이 해맑은 미소가 가득하다. NGO 기관의 특성 상, 내가 하는 일이 헛되지 않고 누군가를 실질적으로 돕는 일, 사회공헌으로 흘러간다는 것이 너무 감사했다. 방송국 일을 다시 할 기회가 와서 NGO 기관을 그만두게 되었을 때는 아쉬운 마음이 가득했다. 후임으로 들어올 사람을 위해 퇴사하는 마지막 날까지 야근을 하며 인수인계 보고서를 작성했고 사회공헌협력팀에서 했던 업무를 정리하고 프로세스까지 만들었다. 아무도 시키지 않았지만 마지막까지 나에게 주어진 업무에 최선을 다했다. 그것은 나를 위한 일이었고 스스로 떳떳해질 수 있는 방법이었다.

• 일곱번째 이야기 •
교육자의 길

선생님, 저 죽고 싶어요

사교육 회사로 출근하게 되었다.

누군가의 소개, 연결과 연결 없이 내가 직접 이력서를 넣고 일자리를 얻은 건 사교육 회사가 처음이었다. 이름만 들어도 알만한, 사교육 시장을 꽉 잡고 있던 M 회사는 스타 강사를 줄줄이 배출할 정도로 마케팅도 실력도 뛰어난 곳이었다. 이곳에서 중등 파트를 맡으면서 학생들을 대상으로 학습컨설턴트 역할을 했다. 주 1회 학생들과의 상담을 통해 학습 계획을 세워주고 학생들의 수준에 맞게 시기에 맞게 강의를 추천해주는 일을 했다. 또 하나의 중요한 업은 학부모 상담이었는데 학생 상담을 토대로 데이터를 분석해서 학부모들에게 온라인 강의를 수강하는 게 얼마나 큰 도움이 되었는지 학생이 지금 어떤 걸 잘하고 어떤 걸 중점적으로 성장해야 하는지 알려줬다. 학습컨설턴트 일은 생각보다 재미있었고 학생들과 학업 상담을 하고 도움이 될만한 콘텐츠를 전달하는 것은 분명 가치로운 일이었다. 생활기록부, 입시컨설팅, 자기소개서와 이력서와 같은 개념을 그 때 알게 되었고 학생들이 직면한 현실 고충을 더 알게 되었다. 입시 제도가 바뀌면서 어떤 성격의 학교들이 있고 수시와 정시 중 무엇이 유리한지, 특목고와 자사고의 특징 등을 분석하며 공부했다. 부족했지만 공부하면서 학생들에게 도움이 될만한 정보들을 모으고 자료를 모으는 것이 큰 도움이 되었다.

 어느 날, 한 학생과 학습 상담을 하는데 나에게 이 말을 던졌다. "선생님, 저 죽고 싶어요." 쭉 대화를 나누다 보니 이 친구는 학교에서 왕따를 당하는 친구였고 친구들과의 관계 속에서 어떻게 대처해야 할지 모르는 아이였다. 학업은 평범한 수준이라 큰 문제는 없었지만 학교 생활 자체가 너무 괴롭고 어떤 친구가 본인을 괴롭히는 것에 대해서도 어려움을 이야기했다. 학업 상담을 해야하는 시간이었지만 라이프 상담이 이어졌고 그 학생에게 대처할 수 있는 방안들을 이야기하고 같이 고민했다. 또 한 학생은 강남권에 사는데 부모님의 압박으로 인해 진심으로 죽고 싶다는 생각을 했다는 이야기도 했다. 무조건 반에서 1등을 원하고 성적이 우월해야 함을 강조해서 본인은 너무 힘들다며 이야기했다. 어쩌다보니 부모와 자녀 사이의 중재 역할을 하는 상담까지 진행했고 학생의 학업 뿐 아니라 정서와 감정이 얼마나 중요한지 깨닫게 되었다.

 회사 내 우리 팀은 유난히 끈끈하고 분위기가 좋기로 소문난 팀이었다. 당시 팀을 맡았던 파트장님도 사내 분위기를 밝게 만들어주었고 우리가 하는 일이 학생들에게 학부모들에게 얼마나 도움이 되는지 일깨워주는 분이었다. 파트장 밑에 각 조의 조장들은 팀원들을 맡았는데 체계적으로 진행되었고 팀원들의 이슈가 있을 때마다 조장들이 달려가 문제를 해결해주고 도움을 주었다. 중등 파트 선생님들끼리는 서로 〈선생님〉이라는 존칭을 사용했는데 살면서 이렇게 선생님이라는 소리를 많이 들을 수 있을까 싶을 정도로 서로를 존중하고 각자의 업무를 이해하는 분위기였다. 중등 파트 선생님들끼리 친해져서 쉬는 시간마다 간식을 나눠먹고 점심 시간에는 도시락을 먹고 카페에 가서 커피를 마시는 일이 직장인의 큰 행복이었다. 퇴근 이후에는 마음 맞는 선생님들끼리 치킨을 뜯으며 그 날 있었던 일들을 이야기하고 내일부터는 더 열심히 해보자고 서로를 다독이는 시간을 가졌다. 당시 우리 조를 맡았던 조장님은 사원의 시선으로 바라보면 일처리가 완벽한 분이었다. 어떻게 업무를 이렇게 꼼꼼하게 잘 분석하고 이끌어갈까, 감탄을 했던 분이었다. 나에게 일을 잘한다는 것은 상대가 두 번 일을 하지 않게끔 배려하는 것이었다. 조장님은 이메일 하나를 보내더라도 명확한 핵심 내용과 이유, 과정을 다 설명해줬고 첨부 자료도 상대가 이해하기 쉽도록 꼼꼼히 첨부해주었다. 입시 관련 트렌드, 흐름을 이해하도록 자료를 직접 만들었고 회사에서 이슈가 바뀔 때마다 빠르게 피드백하고 조원들에게 하나하나 알려주는 눈높이 선생님 같은 분이었다.

조장님처럼 일을 너무 잘하고 싶었던 나는 조장님이 쓰는 스프링 노트와 형광펜을 똑같이 구매해서 업무 내용을 쓰고 그날 마감한 업무는 형광펜으로 하나하나 지워가면서 업무를 배워나갔다. 사회생활을 하면서 일처리가 완벽한, 일을 잘하는 사수를 만나는 게 얼마나 행운이었는지 지나고 나니 알 수 있었다. 나는 행운아였다.

Business is love

"안녕하세요? 교수님."
"경은아...내가 너에게 추천해주고 싶은 좋은 회사가 있어서 연락했어. 이 회사는 대기업 E그룹에서 최초로 만든 교육회사인데 경영 컨설턴트를 모집한다고 하더라. 내가 너와 수업을 하면서 느낀 건데 경은이 너는 네가 어떤 사람인지 확신이 있는 사람이야. 네가 가진 강점을 잘 알고 있는 사람이야. 세상에는 많은 사람들이 있지만 스스로를 잘 알고 있는 사람은 많지 않아. 경영 컨설턴트 자리는 너같은 인재를 원하는 것 같더라. 내가 추천은 하지만 네가 5차 정도 되는 면접 프로세스는 스스로 다 통과해야 해."

서울에 올라오면서 방송국에 연결해주었던 광고홍보 과목 교수님의 갑작스런 연락에 또다시 내 마음은 쿵쾅쿵쾅 뛰었다. 현재 다니고 있는 직장을 계속 다닐 생각이었고 뭔가 불만이나 결핍이 없던 상황이라 더 고민이 되었다. 내가 경영 컨설턴트로 근무한다고? 기업을 상대로 교육을 하는 일을 한다고? 과연 내가 잘 할 수 있을까? 가보지 않은 길에 대한 두려움과 막연한 설렘이 공존했다. 고민 고민 끝에, 늘 그렇듯 미래의 나를 믿어보기로 결심했다. 사교육 시장을 경험하면서 교육의 맛, 누군가의 성장을 돕는 일에 큰 만족을 느끼고 있었던 터라 또 다른 기업 교육 현장이 궁금했다. 20대 청춘의 시기는 커리어를 찾아 나가는 시기이지 않은가. 나에게는 어떤 커리어가 잘 맞고 어떤 커리어가 잘 맞지 않은지 알아볼 수 있는 경험치의 시간이 필요했다. 용기를 내고 싶었다. 아니, 용기를 내야만 했다.

'Business is love 비즈니스는 사랑입니다.' 라는 슬로건을 내세운 경영 컨설팅 회사는 실제로 고객을 향한 사랑과 진정성으로 움직이는 곳이었다. 내 생애 가장 압축 성장을 했던 곳이었다. 영어 이름을 쓰는 수평적 조직문화였고 누구나 다양한 의견을 내고 그 의견을 받아들여주고 실행해주는 곳이었다. 리더인 '로빈'은 지식을 전하는 면에서나 고객사를 아우르거나 컨설턴트를 관리하는 면에서 탁월한 분이었다. 매주 전해주는 리더의 지식 전수는 내 안에 배움이 꿈틀거리는 달콤한 시간이었다. 당시 주니어 강사인 나의 강점을 믿어주었고 새로운 시도를 할 수 있도록 계속 도와주었다. 리더를 따라 나도 비즈니스 현장에서 탁월해지고 싶었고 어설프게 로빈을 따라하기도 했다. 경영 컨설턴트로서 수많은 기업 현장을 마주하며 압축 성장을 빠르게 했고, 지금도 고객사를 대하는 방법이나 지식산업을 어떻게 콘텐츠화시키는지 경영 현장에 사랑을 심는 방법이 무엇인지 심겨져 있다. 함께 일하는 경영 컨설턴트들은 각자 영역에서 최선을 다했고 일과 사람을 사랑하는 사람들이었다. 한 명, 한 명의 매력과 강점이 가득하고 그들과 함께 같은 곳을 바라보고 일을 할 수 있다는 게 감사했다. 경영 컨설턴트 선배 기수들을 따라 나도 신입 기간을 지나 고객사 상주 컨설팅을 담당했다. 월-목까지는 고객사 안에서 실제로 종일 출근을 하면서 경영 컨설팅 업무를 했고 매주 금요일에는 본사로 모여서 고객사에 대한 피드백을 나누고 문제점과 해결방안을 같이 고민했다. 개인이 독립적으로도 일할 수 있지만 함께 협업을 해서 문제를 해결하는 방식은 지금까지도 활용되고 있는 역량이다. 1달에 1번, 여의도 호텔에서는 경영자 조찬 모임이 진행되었고 경영자들이 피드백 미팅을 하고 여러 강의를 듣고 포럼을 하는 시간을 가졌고 퇴근 이후에는 여러 영역의 모임들이 열려서 그 모임 내용을 블로그에 올리는 업무를 하기도 했다. 성장에 목마르고 성장에 배고픈 나에게 이 곳은 천국과도 같았다. 가치, 인재, 지식 경영이 무엇인지에 대해 이론으로만 배우는 게 아니라 삶으로 흡수했고 비즈니스는 사랑이라는 슬로건이 경영을 대하는 하나의 철학이 되었다. 진심으로 비즈니스 기업 현장을 사랑했고 기업 고객사 대표와 직원들을 위해 마음을 다했고 문제를 문제로만 바라보는 게 아니라 숨겨진 희망을 바라보려 애썼다. 경영 컨설턴트로 달려나가던 그 시기, 누가 보면 기업 현장에 미친 사람처럼 일과 삶의 밸런스를 찾지 못하고 일만 하며 살았다. 일이라는 게 이렇게 즐거울 수 있다니, 일이 나에게 주는 행복이 너무 컸다. 몸과 마음이 돌이킬 수 없게 상하는 것을 알아차리지 못하고 그렇게 번아웃이 찾아왔다. 그 땐 나를 지키는 법을 몰랐다. 나보다 내 눈앞의 고객이 더 중요했고 나보다 나의 도움을 필요로 하는 사람들이 우선순위였다. 내 몸과 마음을 어떻게 지켜야 하는 것인지, 삶의 밸런스를 어떻게 맞추어야 하는 것인지 아무것도 몰랐다. 미숙했고 미련했다. 어느 날 맑은 하늘을 바라보는데 눈물이 뚝뚝 떨어졌다. 이렇게 아름다운 낮 하늘을 바라본 게 얼마만이던가?

야근으로 인해 캄캄한 하늘을 벗 삼아 퇴근하던 나에게 자유라는 것을 선물해주었다.

대학원생이 되다

대학원 공부를 하고 싶다고 막연히 생각했을 때는 정말로 '대학원'에 갈 자신이 없었다. 그저 미래에 대한 불투명함을 '공부'로 피하고 싶었던 것 같기도 하고, 자신감 없는 '커리어'를 화려하게 빛내줄 무언가로 기대했던 것 같다. 코칭을 처음 만난 것은 대학교 시절이었지만 코칭에 대해 전문가가 되리라 다짐한 것은 수많은 사회생활을 하면서 조금씩 결단하게 되었다. 내 인생의 '공부'는 '커리어 전환'을 통해 현장 중심의 배움이 가장 컸다. 이론보다는 현장 속의 해답을 좋아하고 적용이 없는 배움을 은근히 무시하기도, 스스로 현장 중심 사람이라는 자부심도 있었다. 그렇게 똥인지 된장인지 꼭 먹어봐야만 하는, 경험이 전부라 믿는 나에게 질문이 생겼다.

'지금 하고 있는 공부가 다인가?'
'지금 경험하고 있는 세계가 전부인가?'
'전문성이란 무엇일까?'

대학원 공부를 본격적으로 해야겠다고 마음먹었을 때는 이전의 마음과는 확연히 다른 '여유'가 생겼다. 뭐 하나 진득하게 하지 못하는 성향 덕분에 스스로를 이상한 사람이라 여길 때가 많았는데 이상한 김에 더 이상한 일들을 벌여도 되지 않을까, 여유가 생겼다. 대학원 공부를 시작하게 되면서 회사와 병행하는 인생을 사는 것은 결코 쉽지 않았다. 오전 9시부터 오후 6시까지 회사 근무를 하고 저녁 시간에 대학원 강의를 들었다. 다행히 코로나 시기에 공부를 했기 때문에 줌 수업과 오프라인 수업을 병행하게 되었다. 대학원에서는 내가 생각하고 기대했던 학문적인 소양, 연구자의 자질을 한 번에 길러주지 않았다. 다만 교수님들마다 대학원 과목마다 코칭에 대한 철학과 사상, 관점이 다르기 때문에 다양한 매력이 흐르고 있었다.

놀랍게도 대학원 '공부'는 내 삶에 큰 즐거움이 되었다. 이론을 갖춘 적용의 파워풀함을 경험했다. 학문을 연구한다는 건 너무나 거창해보여서 '나' 자신이라도 연구하자는 마음으로 '코칭'을 공부하고 있는데 배우면 배울수록 딱 맞는 옷이라는 생각이 든다. 졸업하는 학기에는 논문을 쓰기 시작했고 〈경력단절 청년층 여성의 셀프

리더십 향상을 위한 FREEDOM 코칭 모델 개발〉을 완성하게 되었다. 대학원 석사 논문을 쓰면서 깨달은 것은 내가 알고 있던 학문적 세계, 지식적 세계가 얼마나 좁았는지 한정적이었는지를 느꼈다. 내가 얼마나 아는 것이 없는 사람인지 스스로의 무지와 한계를 알게 되었다. 대학원 생활에서 전공 공부도 열심히 따라갔지만 기수 대표로 활동하면서 동기들을 만난 것은 큰 축복이었다. 손자에게 공부하는 멋있는 할아버지가 되고 싶어 왔다는 늘 과제를 1등으로 제출하는 70대 선생님, 코칭과 상담을 진심으로 사랑하는 여성 CEO 선생님, 학원 원장으로 이미 교육경력을 갖춘 선한 성품을 지닌 선생님, 아나운서 출신으로 또다른 커리어를 이어가려는 선생님과 함께 어벤져스 팀으로 기수들끼리 똘똘 뭉치며 끝까지 졸업할 수 있었다. 또 교육대학원 원우회 활동을 시작하면서 다양한 전공 대표들, 임원진들과 호흡을 맞춰서 학교 행사를 기획하고 진행하는 역할을 하기도 했다. 코로나로 인해 멈춰있던 〈대학원애 밤〉이라는 오프라인 행사를 몇 년 만에 처음으로 시작할 때는 학교 MC로 활약하기도 하며 웃음을 선사했다. 졸업할 때는 동문들 앞에서 학위수여식 대표로 인사말을 전하기도 하고 교육대학원을 대표하는 상을 받기도 했다. 대학원 생활의 또 다른 연결은 교수님이었다.

교수님들과 학기 중 수업을 하게 되면 방학 중에는 꼭 찾아뵙고 관심 있는 학문이나 연구에 대해 문의하기도 했고 대학원 생활에 대한 조언을 얻기도 했다. 〈경력개발론〉 수업을 진행하던 김병옥 교수님 덕분에 내 생애 경력개발을 진지하게 설계해보고 정리해볼 수 있는 시간을 가졌다. 늘 환한 미소로 수업을 이끌면서 대학원생들에게 하나라도 더 전달해주려고 매주 풍성한 콘텐츠를 가져오는 교수님의 정성을 지금도 잊을 수 없다. 〈커리어 코칭〉 수업을 진행하던 오정근 교수님은 내가 가진 교수님과 학생이라는 관계를 새롭게 인식시켜준 분이다. 대학원생들 한 명, 한 명이 함께 수업을 만들어간다는 생각이 들 정도로 무대를 채워주셨다. 코치로 살아내는 삶에 대해 새로운 인사이트와 통찰을 주셨다. '공부'라는 건 어쩌면 가장 순수한 이들이 하는 게 아닐까? 혹은 순수해지고픈 이들이 하는 게 아닐까?

커리어 코치의 길

회사와 조직을 떠나 프리랜서 강사이자 코치의 길에 들

어선 것은 작은 우연이었다. 아는 지인의 지인이 연결해준 지방 강의를 시작하게 되면서 기업 / 기관 / 학교 강의를 본격적으로 쭉 진행하게 된 것이다. 프리랜서 강사의 삶은 결코 프리하지 않았고 주7일 근무를 해야 하는 1인 기업의 형태였다. 머릿속에 일 생각으로 가득 찼고 어떻게 하면 이번 달 강의를 다 채울 수 있을까, 어떻게 하면 다음 달 강의와 코칭 일정을 채울 수 있을까라는 고민을 거듭하는 나날들이었다. 강의를 쉬는 날이면 불안해서 잠이 오지 않을 정도로 힘들었고 강사라는 화려한 타이틀 이면에는 힘겹게 발버둥치는 모습이 있었다. 일반 직장인이라면 한 달씩 회사를 다니면서 꼬박꼬박 월급을 받으며 안정적인 수입원이 있지만 프리랜서 강사는 스스로를 누군가에게 증명하지 않으면 아무도 찾아주지 않았다. 거짓말처럼 아무것도 하지 않으면 아무런 일도 일어나지 않았다. 강의 하나를 만들고 실행하기까지는 수많은 프로세스가 필요했다.

강의를 의뢰하는 기업이나 기관과 직접 컨택을 하고 프로필과 상세 이력서를 보내고 강의 계획서를 고객사의 니즈에 맞게 매번 편집해서 보내는 일을 반복했다. 또 강의 시 갑작스러운 돌발 상황, 문제 상황에 대해 유연하게 대처해야 하며 강의 이후 강사 만족도 검사, 피드백에 민감해질 수밖에 없었다. 나는 스스로를 도전하고 시도하는 것을 좋아하는 사람이라 여겼지만 프리랜서 생활을 하며 맨땅에 헤딩을 거듭하다 보니 살아가면서 안정성이 왜 중요한지 깨닫게 되었다. 프리랜서 생활 연차가 쌓일수록 안정성과 도전을 같이 병행하는 방법도 터득하게 되었다. 지금까지도 신기한 것은 단 한 번도 제대로 된 마케팅을 하거나 영업을 하지 않았다는 것이다. 그저 한 고객사와 연결된다면 계산하지 않고 진정성을 다해 수강생을 대했을 뿐이었다. 강의 현장이 경남 통영이든 거제든 가리지 않고 지방 강의를 다녔고 페이가 많든 적든 내 눈 앞의 고객의 만족을 위해 최선을 다했다. 한 기업과 연결되어 강의를 시작하니 다른 기업 강의 주제를 제안해주었고 기관 강의를 시작하게 되니 모 대학교 취업교과목 외래교수로 활동할 수 있는 기회를 주기도 했다. 대학원에서 수업 시간 발표하는 모습을 보고 한 선생님은 기관 강의를 의뢰해주기도 했다. 모 수강생이 기자단으로 활동해서 강의 기록을 했는데 검색을 통해 기업 강의 제안을 받기도 했다. 언제 어디서 어떻게 연결될지 모르는 게 프리랜서 강사의 세계였다. 스스로의 정체성에 대해 커리어 코치라고 정의를 내리기 시작하니 새로운 일들이 펼쳐지기 시작했다. 사회공헌프로젝트로 기아대책 진로 코칭과 연결되기도 하고 대학교 커리어코칭을 통해 수많은 대학생들을 만나기도 했다. 지금까지 코칭에 대한 이론, 철학과 사상들을 배워왔지만 현장 경험을 꾸준히 진행하게 되니 탁월한 코치가 무엇인지 조금씩 방향성을 찾게 되었다. 내가 커리어 코치의 길에 들어서기 시작한 것은 결핍과 불안 때문이었을지도 모른다.

나의 10대와 20대는 나는 어떤 존재인지, 어떤 것을 열망하고 몰입하는 사람인지, 좋아하고 관심있는 분야는 무엇인지, 강점이 무엇인지 아무것도 알지 못했다. 나를 찾기 위해 수많은 커리어 전환을 했고 수많은 여행지를 찾아다니며 방황을 했다. '나'를 발견하기 위해 애쓰는 인생을 살아오면서 그 과정이 너무 불안하고 힘겨웠다. 나 스스로도 나를 믿지 못해서 의심하고 좌절하는 순간들이 많았다.

커리어는 인생을 걸어온 여정이자 인생의 흔적이다. 커리어는 단순한 직업과 직무, 직종이 아니라 삶 전체를 의미한다. 커리어 코치가 되겠다고 결심하면서 한 사람

한 사람의 인생의 여정을 진심으로 응원하고 돕고 싶다고 다짐하게 되었다. 앞으로의 나의 모습이 어떻게 펼쳐질지, 스스로 프리워커스의 삶을 얼마나 지속할 수 있을지, 지금 하고 있는 업이 어떻게 변화할지 아무것도 알지 못한다. 나도 내가 무엇이 될지 아무것도 알지 못한다. 청소년 시기의 막연한 꿈을 이야기하는 것이 아니라 우리네 삶이 그렇다. 우리는 당장 내일의 일도 어떻게 펼쳐질지 알 수 없다. 한 가지 확실한 것은 과거와 현재가 버무려져 미래가 만들어질 것이며 나에게 주어진 일을 사랑하고 사람을 사랑할 때 다음 일이 펼쳐진다는 것이다.

전쟁터엔 사냥개가 필요하다고 생각한 착각

●

이정윤

유년 시절의 상처로 군을 선택했고, 남자와 동등한 입장에서 힘든 훈련을 하면 될 줄 알았지만, 어느 직업보다 차별이 있던 군에서 20여 년 시련과 실패를 겪었다. 스물 한 살 부사관으로 입대해 글을 쓰겠다는 무모함으로 전역을 선택한 저자는 그토록 원하던 문예창작과로 편입해서 전공을 했다. 졸업할 즈음에 좋아하는 것과 잘하는 것은 서로 같지 않을 수도 있음을 깨닫고 다시 서른 두 살에 장교로 입대했다. 현재는 전역을 준비 중이고, 덮어 두었던, 이룰 수 없다고 생각했던 별 같은 꿈을 이루기 위해 도전을 시작했다. 실패했던 이 페이지가 끝나야 인생의 진짜 페이지를 열게 될 거라는 확신을 갖고 이 책을 펴냈다. '파란만장 이하사'부터 시작해서 '다사다난한 장교'의 끝에 이르기까지의 작은 이야기가 단 한 사람이라도 위로할 수 있기를 바라면서 말이다. 저자는 인터넷 경영정보(전문학사), 문예 창작(학사), 교육상담 심리학(석사)까지 군 생활 중 학위를 마쳤다.

• 첫번째 이야기 •
실패와 좌절 비선의 연속인 삶의 나열

　

내 인생은 실패의 연속이었다. 아니 현재진행형으로, 계속된 실패와 시련의 연속이다. 유년 시절에는 그 시기가 지나면 나아질 줄 알았다. '가난한 건 당신의 잘못이 아니지만 죽을 때도 가난한 건 당신의 잘못이다.' 빌 게이츠의 유명한 명언이다. 아직도 가난한 건 정말 내 잘못이 맞다. 인정하기 싫지만 그렇다. 유년 시절부터 부유하지 않은 집에서 쉽지 않게 살았다. 부모님은 맞벌이로 늘 바쁘셨고, 서울이지만 오래된 한옥에서 다리가 불편한 할머니와 살았던 나는 믿기 힘들겠지만, 학교에 가기 전부터 석유곤로(풍로)에 밥을 해서 저녁상을 차리는 일이 일상이었다. 풍로에서 가스레인지로 바꾸던 날, 그 어떤 학용품을 선물 받은 것보다 더 행복할 정도였다. 풍로는 휴지에 불을 붙여 기름 냄새를 맡아야 하는데 가스는 쉽게 불이 붙었다. 중학교 질풍노도의 시기가 오기 전까지 단 한 번도 반항하지 않았던 것은 모두 나처럼 사는 줄 알았기 때문이었다.

 초등학교 4학년 때, 학교가 끝나고 집에 와서 라면을 끓여 먹고 있는데 3살 터울인 오빠가 집에 들어오면서 오빠 밥을 차려오라고 시켰다. 그 말을 들은 할머니는 당연하게 오빠가 배고플 테니 빨리 밥을 차려주라고 말씀하셨다. 다리는 조금 불편했지만 정정했던 할머니는 한 번도 내 편인 적이 없었다. 그때 나는 야심찬 반항을 했다. "싫어!"가 아니라 "라면은 지금 먹지 않으면 불어서 먹을 수 없으니 먹고 차려줄게."였다. 나로선 최대 반항이었다. 그렇게 말해놓고도 라면을 먹는 내내 눈치가 보였다. 라면 맛을 느끼기 힘들었던 기억이 지금도 선명하다. 단 한 사람이라도 내 편이었다면 내 결핍의 정도가 달랐을까? '남아선호사상'이 심한 집안 특성상 오빠는 고등학생 때까지 자기 손으로는 물 한 잔 떠먹을 필요가 없었다. 당연하게 했던 일들이 당연하지 않다는 것을 배우면서 속에서 무엇인가 끓어올랐다. 정확한 단어로는 표현이 어려웠다. 아마도 '화병'에 가깝지 않을까? 유년 시절의 추억은 상처로 가슴에 남았다. 여자인 내가 남자와 동등한 입장에서 똑같이 힘든 훈련을 받는 '군대'를 선택했던 계기가 되었을 것이라고 생각한다. 물론 공식적으로 '왜 군인이 되었냐'는 질문에는 '군복이 멋있어서'라는 그럴듯한 대답을 한 적이 많았다.

 내 유년 시절 모두가 나처럼 그렇게 살지 않는다는 걸 알려준 내 소중한 친구 윤정이와 미지는 나와 많이 닮았지만 다르게 사는 친구들이었다. 30년을 내 곁에서 늘 응원해 준 윤정이와 우리 곁을 조금 일찍 떠난 미지. 질풍노도의 시기에 나를 성장하게 해준 친구들아! 너희가 실패의 연속이었던 내 삶에 '성공'이라는 이름을 붙일 만한 반짝이는 한 조각이다. 앞으로 30년도 잘 부탁해.

스무 살, 개나리 피던 날 (부제: 훈련소 가는 길)

친구들은 모꼬지를 떠났다.
나는 혼자 긴 여행 떠날 준비를 한다.
부모님의 눈물 속 배웅이 낯설다.
오늘 하늘은 접시 속에 담아 놓은 바다.
여행에 맞는 옷으로 갈아입는다.
하이얀 플랫슈즈 벗고 시커먼 전투화로 갈아 신는다.
딱딱한 옷과 식판 속의 찐 밥

지금도 개나리 피는 날이 되면
짐을 싸서 집으로 돌아가는 꿈을 꾼다.

_이정윤

첫 번째 입대 - 여군학교

유년 시절 모든 시간이 불행했다고 할 수는 없지만, 하고 싶은 일들을 시켜주지 않은 집안 분위기와 늘 거부당했던 기억으로 군에 입대를 다짐하고, 1차 서류전형부터 필기시험, 체력 검정, 면접까지의 시험을 치렀다. 최종 합격 통보를 받는 5개월간 집에는 비밀로 했다. 합격한다는 보장도 없지만, 부모님의 반대는 더 이상 받아들일 수 없는 성인이기 때문이다. 5개월간의 전형을 모두 통과하고 마침내 최종 합격 통보를 우편으로 받았다. 뛸 듯이 기뻐해야 하지만 걱정이 앞섰다. 부모님께는 어떻게 말씀드려야 할지, 반대하면 난관을 어떻게 극복할지 고민이 되었다. 입교까지 시간은 일주일뿐이었다. 더 이상 지체할 수 없을 3일을 남겨두고 최종 합격 소식을 전했는데, 예상과는 달리 큰 반대 없이 허락받고 무난하게 입대했다. 군대를 쉽다고 생각하지는 않았지만 군사훈련은 생각보다 더 힘들고 지치는 일이었다. 그중에서 가장 참기 힘든 것은 숨이 턱까지 차오르는 뜀걸음(달리기)도 듣지도 보지도 못한 얼차려도 아닌 '잠'이었다. 06시 기상과 10시 취침. 숫자로만 본다면 8시간이나 자는 것 같지만 취침 시간 중 90분간 불침번 근무를 서야 해서 실제 취침 시간은 4~5시간에 불과했다. 그게 가장 힘들었다. 주중에 힘들면 주말에 하루라도 쉬게 해주면 좋을 텐데, 주말에도 07시 기상을 해서 일과를 해야 했다. 평생 잠이 부족한 채로 살 수 있는지를 생각해야 할 정도로 새벽 기상과 부족한 잠은 쉽게 적응이 되지 않았다. 입교식 전까지 3일간의 시간이 주어진다. 그동안 적응하지 못하면 스스로 나가도 되는 시간이라고 했다. 용산 여군학교에 누워 있으면 남산타워가 보였다. 반짝이는 네온사인을 보며 포기를 상상했다. 지금 포기하면 당장이라도 친구들과 만나서 낮보다 아름다운 밤을 즐길 수 있다. 생각만 해도 즐거웠다. 하지만 그것도 잠깐이겠지. 따뜻하게 반겨줄 가족이 없다는 생각이 금새 뒷따랐다. 참혹한 현실이 두려워 만성피로의 고통을 안고 입교식에 참석했다. 그렇게 '2번 이미양(개명전) 후보생'이 되었다.

여군학교의 첫날 밤

사람들에게는 어릴 적부터 '제복의 판타지'가 있다고 말했다. 이것이 군을 선택한 이유라고 답했지만, 실제로는 삶의 도피였다. 그랬기에 아무 준비 없이 입대했다.

'하후생 (하사관 후보생의 줄임말로 보고할때 쓰는 군대용어다. #162기) 하사'가 되기 위해 여군학교에서 20주간 우리는 기초군사훈련과 함께 행정(문서기안)을 배웠다. 지금은 여군학교와 함께 없어진 교육이며 교육 기간도 짧아졌다. (여군학교는 2002년에 없어졌다. 그 전까지는 이곳에서 모든 여군이 교육과 훈련을 받았다.) 여군에게 사격, 제식 등 기본적으로 남군과 같은 기초군사학과 동시에 문서기안 수업 시간이 매우 길었다. 그리고 임관하면 병과와는 상관없이 행정업무를 맡게 되었다. 한글 프로그램도 아니고 처음 경험한 아리랑이라는 프로그램을 써야 하는 행정 수업은 내가 군대에 입대한 게 맞는지 수없이 되뇌게 했다. 차별당하는 게 유년 시절 상처였고, 적어도 내 인생은 차별 없는 곳을 선택하겠다고 온 군대인데...남군들에게는 없는 문서 기안 수업 때문에 임관이 늦어지는 것이 합당한가. (그 당시 여군학교는 20주 교육, 부사관학교는 16주 교육으로 같이 입교해도 남군 동기들이 한 달을 먼저 임관하게 되었다.)

여군학교 입교 첫날 밤, 쉽사리 잠이 오질 않았다.
'여기서 포기하면 모두에게 비웃음이 될거야...'
씩씩하게 잘 지내겠다고 다짐할수록 혼돈으로 빠져들어갔다. 부모님이 보고픈 것인지, 버텨내야 한다는 부담감인지, 해낼수 없을지도 모른다는 두려움인지 모를 복잡한 심경에 잠이 오기는 커녕 더 또렷해졌다. 낯설고 차가운 어둠이 머리를 짓누르는 것만 같았다.

그때였다. 어디선가 부스럭거리는 소리가 났다. 소리가 나자 나는 소리가 나는 쪽을 향해 벌떡 일어나 외쳤다. "후보생, 후보생, 그게 뭡니까?" 기다렸다는 듯이 물어본 것은 나만이 아니었다. 모두 잠든 줄 알았는데 다들 나처럼 잠못드는 밤이었던 것이다. 입교식 날 우편으로 보낼 때까지 가입교(임시 입교) 기간 침대 밑 세숫대야에 입교 전 본인이 입고 왔던 옷과 짐을 보관했다. 한 동기생이 지방에서 기차를 타고 오는길에 먹으려 했던 빵이 기억나 가방을 뒤척인 소리였다. 군대 찐 밥이 입맛에 맞지 않아 동기들이 자는 시간 몰래 먹으려 꺼낸 빵 비닐 소리에 우리가 모두 화들짝 반응한 것이다. 어둠 속에서 상하지 않았는지 확인도 못 한 채 한 입 먹었던 그 빵의 맛은 결코 잊을 수 없다. 빵을 먹는데 눈물이 흘렀다. 맛있어서였는지, 이젠 (언제든 먹을 수 있었던) 흔한 빵조차 못 먹는 상황이 슬픈 건지 알 수는 없었다. 14명이 나누어 먹기엔 턱없이 부족했다. 하지만 양과는 반비례하듯 감동은 크게 느껴졌다. 달콤한 한 조각의 빵이 그렇게 위안이 되다니! 그렇게 복잡한 마음을 누르고 있는데 옆자리 '3번 이난영 후보생'과 눈이 마주쳤다. 말하지 않아도 수없이 많은 사연을 알 것만 같은 여유 있는 미소가 나를 붙잡아주었다. 우리는 그날 처음 웃었다. 그녀는 그날 밤 왜 그렇게 여유 있게 웃었을까? 24년이 지나도 내 옆자리엔 그녀가 있다.

다 나 까 (부제 : 군대 사투리)

희뿌연 하늘을 한 번도 벗어나 보지 못한 서울 촌년입니다.
여행에서 배우고 쓰는 사투리는
익숙하지도 재미있지도 않습니다.
인사법도 다르고 말투도 다른 곳
'안녕하세요?'라는 우리식 인사를 받으며
이 지방 어르신은 버럭 화를 내십니다.
'다나까'라는 이곳의 사투리만 써야 한다고 했습니다.
이제 막 학교에 들어간 초등학생처럼
혼이 날까 무서워 사투리가 익숙해지도록 노력합니다.

언니도 동생도 다 똑같은 사투리를 쓰는 친구가 되고
어느새, 힘들었던 사투리가 이젠 표준어보다 익숙합니다.
첫 면회,
두 달 만에 보는 어머니와
친구에게도 자연스레 사투리가 나옵니다.
"그동안 건강하셨습니까? 전 건강히 잘 지내고 있었습니다."
친구와 엄마는 처음 들어보는 내 사투리에 박장대소합니다.
바짝 얼어 각 잡고 있는 나는 웃지도 못하는 바보 인형.

그날 밤하늘은 별 하나 반짝이지 않는 칠흑 같은 어둠.
하지만 나는 낮에 실컷 웃으셨던 어머니에 대한 그리움.
아니 그보단 남겼던 닭강정 생각에 억울해서
잠 못 이루고 두 눈 환하게 반짝입니다.
점심에 사발면에 건빵까지 꺼내주셨던
중대장님 의도에 한없이 화가 납니다.

사투리가 익숙해지고 있는 나의 갑상샘 호르몬이
여성성의 탈피를 촉진하고 있습니다.

_이정윤

여군학교 추억 - 면회

20주의 훈련 기간 중 절반 정도의 시기에 첫 면회가 있었다. 군에 오기 전까지 단 한 번도 부모님과 떨어져 보지 않은 내가 두 달 동안 부모와 떨어져 있으니 없던 애정이 생길 만큼 부모님과 친구들이 너무나 보고 싶었다. 첫 면회 날을 모두 손꼽아 기다리고 있었다.

훈련 생활은 배고픔의 연속이었다. 일명 '군대 특식'이라 불리는 햄버거가 나오는 날이면, 한 사람당 두 개씩 나오는 빵을 한 개만 먹는 다른 동기들의 빵까지 7개의 군데리아(햄버거)를 먹는 동기를 보기도 했다. 밥을 적게 줘서라기보다는 (군에 다녀온 사람들은 알겠지만) 단 게 먹고 싶고, 내가 먹고 싶을 때 먹지 못하는 강제 절제가 힘들었다. 아주 가끔 식사 후 건빵이나 사발면을 보급받는 날이 있다. 보급되는 날은 미리 알려주지 않았다. 저녁 시간에 사발면이 보급되면 군대에서 쉽게 먹을 수 없는 사회의 맛이라 거부할 수가 없었다.

첫 면회는 토요일 13시였다. 다들 부모님이 맛있는 것을 가져오면 친한 동기들끼리 나누어 먹자고 한 달 전부터 계획을 짜고 설레발을 치며 생각만으로도 행복한 시간을 보냈다. 그토록 기다리던 첫 면회 날은 초등학교 소풍날처럼 들떠서 오전 교육에 집중할 수도 없었다. 보고 싶은 부모님과의 만남도 기대가 되고, 사회에서 먹던 치킨, 피자도 기다려졌다. 점심을 먹지 않고 오전 일과가 끝나는 12시에 면회하면 딱인데! 고지식한 군대에선 융통성이 없다. 운명의 장난은 그때부터였다. 오전 일과를 마치고 나니 점심을 안먹고 기다릴수가 없이 배가 고팠다. 그래도 한껏 기다려온 면회 시간이기에 야심차게 배식을 절반만 받았다. 면회 시간에 맛있는 음식들을 먹을 생각하니 저절로 흥이 났다. 그런데 갑자기 중대장님이 평소에는 구경도 하기 힘든 '사발면'과 '건빵'을 꺼내 오셨다. 들떠있는 우리를 비웃기라도 하는 것인가? 한시간 후에 맛있는 면회음식을 영접하게 될 것을 머리로는 알면서도 우리는 홀린듯이 라면을 받아왔다. 유혹을 참아야 한다. 참았어야 한다. 그러나 이성이 말릴새도 없이 우리는 후루룩 춥춥, 사발면에 이미 취해 있었다. 절반만 배식받은 것이 무색하게 우리는 배가 잔뜩 불렀다. 남은 것을 가져갈 수 없고 그 자리에서 다 먹거나 혹은 아예 먹지 않는 선택지 뿐이기에 이번에는 건빵을 먹을지 말지에 대한 깊은 고뇌에 빠졌다. 지금 충분히 배부르다. 사무치게 그리웠던 부모님과 친구를 만날 시간이 코앞에 다가왔다. 또한 그들의 손에 들려있을 맛있는 음식들도 눈에 아른거렸다. 그런데 우리는 왜 또다시 이걸 먹을지 말지 고민하고 있는 것인가? 이 심리에 대해 생각해본 결과, 20여년을 자유롭게 지내다가 어느날 갑자기 급격한 변화를 겪고 먹고 싶은 욕구를 타의로 억눌리게 되었을 때 생기게되는 심리현상, 그 이름도 유명한 식! 탐!

면회를 앞두고 있는 우리는 누가 먼저랄 것도 없이 식당에서 나가기를 주저했다. 건빵을 바라보며 모두가 한마음으로 고뇌했다. 동기들의 얼굴을 보니 다 나와 같은 마음이라는 것을 알수 있었다.

"건빵을 두고 나가는 것은 있을 수 없는 일이야."

"암만! 이건 건빵에 대한 예의가 아니지!"

"지금 아니면 또 언제 먹을수 있을지 알아?"

"그럼 우리 한봉지 뜯어서 나눠먹자."

한 봉지를 뜯자 여섯명이 달려들었.

순식간에 사라졌다.

"에? 너무 순식간에 없어져서 맛이 기억이 안나잖아. 한봉지만 더 먹자."

다른 동기가 일어나 건빵 한 봉지를 더 들고 왔다. 그

건빵도 금방 없어지고, 3봉지도 순식간, 4봉지도 삽시에 사라졌다. 건빵은 아주 팍팍하다. 몇 개 입에 넣고 씹고 있으면 물이 필요하다. 그렇지만 우리에게 주어진 시간이 많지 않아서 건빵 4봉을 물 없이 꾸역꾸역 먹었다. 문제는 지금부터다. 식탁에서 일어나 식판을 놓고 물을 한 잔 먹고 식당에서 나오자마자 점점 미친 듯이 배가 불러왔다. 10분 후엔 두 달 만에 부모님과 친구를 만나는데 라면과 건빵을 정신없이 먹은게 후회되었다. 미련함에 웃음이 났다. 옆에 있는 동기도 마찬가지처럼 보였다.

 점심시간이 지나고 면회가 시작되었다. 47명 동기의 부모, 친척, 친구들이 작은 여군학교를 꽉 채웠다. 국방부가 들썩일 만큼 서로의 안부를 묻느라 바빴다. 딸의 입대는 어느 집안에서도 흔하지 않은 상황이라 더더욱 아들의 입대와 면회보다 낯설고 수위가 높은 반응들이었다. 눈물을 흘리는 부모님들도 있었다. 각 잡은 딸의 어색함과 처음 들어보는 말투가 웃기면서도 눈물이 흐르는 감정이 들었던 것 같다. 그날의 용산은 이산가족 찾기 스튜디오 같은 웅성거림이 흘렀다. 30여 분이 지나고 나니 울다가 웃기도 하고, 웃다가 눈물을 닦기도 하던 지인들이 하나 둘 씩 싸 온 음식을 꺼내 놓았다. 엄마는 닭강정과 동기 47명이 다 같이 나누어 먹을 수 있는 떡을 해오셨다. 그렇지만 음식물 반입은 허락되지 않았다. 삼삼오오 친한 동기들과는 오가며 싸 온 음식을 나눠주고 나눠 받기도 했다. 먹을 건 점점 쌓여갔고, 8주 만에 처음 먹어본 튀긴 음식은 혀를 자극했지만, 많은 음식 앞에서도 너무 배가 불러 먹을 수가 없었다. 싸 온 음식을 먹지 않는 딸들을 보면서 부모님들은 섭섭해하셨고, 4분 같은 4시간의 면회가 끝났다.

 다시 혼자가 되고 밤이 왔다. 개인 정비시간에 전투화를 닦으며 우리는 남겨서 다시 돌려보낸 음식들 이야기로 바빴다. 한가지의 주제로 이렇게도 심각하게 이야기할 수 있을까 싶을 만큼 진지했다. 모두가 잠들었다고 생각한 어두운 생활관에서는 또 언제 볼지 모를 어머니에 대한 그리움에 서글펐고, 남겼던 닭강정 생각이 드니 중대장님의 의도에 화가 났다. 점호시간 사발면과 건빵이 나온 이유를 알려주셨다. 8주 만에 보는 딸들이 면회 시간 허겁지겁 먹는 모습을 보면, 아직도 군에서 배고픈 훈련을 받는다고 속상해하실 부모님들을 생각해서 미리부터 배고프지 않은 상태로 면회를 시키는 게 목표였다고 말씀해 주셨다. 알고 들어도 화가 났다. 남겨서 돌려보낸 닭강정이 아른거렸다.
 '건빵만 먹지 않았다면... 맛있는 음식을 조금 더 먹을 수 있었을 텐데...'
 중대장님의 의도와 나의 미련함에 분통이 터지는 밤을 지새우며, 조금씩 군인화 단계가 익숙해지고 있다는 것을 느꼈다. "백소영 중대장님, 보고 싶습니다."

여군학교 추억 - 면회2

첫 면회가 지나고 나서 주말 오후에는 언제나 면회할 수 있었다. 희소성의 문제인지 매주 면회할 수 있게 되니 첫 면회의 모습은 금새 사라졌다. 나도 면회 오는 횟수가 줄었다. 지금처럼 병사들도 핸드폰을 사용하던 시기가 아니었기에 누가 주말 면회할지 알 수 없었다.
처음엔 짧게만 느껴졌던 면회 시간도 나중엔 두어 시간 음식을 먹고는 개인 정비시간이 부족해서 금방 돌아오기도 했다. 친구를 면회하러 간 것인지 친구가 사 온 치킨을 먹으러 간 것인지 싶기도 했다. 그래도 매주 친구와 부모님이 찾아오는 동기들이 부러웠다. 우리는 먹지 못하는 맛있는 것을 먹고 있을 동기들이 궁금했다. 하루는 친한 제주도 동기가 언니가 사다 준 음식을 먹으면서 동기들을 위해 (부피가 큰 것은 안 되지만 사탕 정도는 가능할 것으로 생각했고, 아직도 생생하게 기억나는) 썬키스트 레몬 맛 사탕을 건빵 주머니에 숨겨 주고 갔다. 썬키스트는 깨물면 레몬 맛 상큼한 과즙이 나왔다. 무료한 토요일 낮 지루함이 톡 터지며 행복이 흘렀다. 사탕의 달콤함을 행복함으로 느끼던 중 TV연등실에 중대장님께서 순찰을 오셨다. 지휘관이 들어오면 가장 먼저 본 한 명이 일어나 "쉬어, 후보생 휴식 중!"이라고 외침으로 현재 하는 일을 보고한다. 그런데 사탕을 먹으면서 놀란 우리는 연등실에 앉아 있던 모두가 일어나서 "쉬어!"를 외쳤고, 평소와 다른 우리가 의심스러운 중대장님께서는 연등실을 수색해서 결국 사탕을 발견하셨다. 사탕을 먹은 동기들 모두 썬키스트를 입에 물고 연병장으로 집합했다. 좌로 굴러, 우로 굴러 등 여러 개의 얼차려를 받았다. 대략 7~8명 되는 동기들은 사탕을 주고 간 동기를 말하지 않았다. 그게 최소한의 예의라 생각했다. 그 이후 누가 받았는지 추궁하기 시작했다. 모두 아니라고 했다. 마지막에 서 있던 나는 용감하게 내가 받았다고 했고, 그 후엔 다른 동기들은 모두 들어갔다. 혼자 추가로 얼차려와 얼차려보다 무서운 '벌점'을 받았다. 난 그때도 여느 때처럼 앞뒤 안 가리고 무모했던 후보생이었다. 우리는 그날 사탕을 가져다준 동기를 원망하지 않았다. 사탕 하나에 벌점과 얼차려를 받았어도 사랑의 추억으로 남았기 때문이다. 썬키스트 사탕을 우연히 보면 사탕 하나에도 행복하게 웃던 일이 떠오른다. 아직도 때론 언니같이, 때론 친구같이, 동기들에게 무슨 일이 생기면 가장 빠르게 달려와 주는 '현금림 후보생'의 나를 안쓰럽게 바라보던 얼굴이 선명하게 기억난다.

● 두번째 이야기 ●
세상에서 가장 무서운 여자들

겁이 없던 나에게

여군대의 추억과 악몽

하후생 #162기

2000년 5월에 입대한 우리는 여군 최초로 병과를 미리 선택해서 입대한 기수였다. 우리보다 선배 여군들은 입대해서 교육 기간에 병과를 부여받았었다. 나는 군대에서 통신이 어떤 업무를 하는지도 몰랐다. 병무청 소개 병과란에 컴퓨터 관련이라는 글만 보고 선택했는데 훗날 그게 얼마나 후회할 일인지 알지도 못한 채 40:1의 경쟁률을 뚫고 입대했다. 병과는 정해졌지만 가야 하는 부대는 알지 못한 채 시간이 흘러 임관날짜가 다가왔고, 그 당시 여군들은 소수 병과를 제외하고는 병과와 상관없이 행정지원관으로 임무 수행했다. 나는 용인에 있는 3군사령부(현재 지상작전사령부)로 배치되었다. 47명의 동기 중 나를 포함한 4명의 동기가 같이 배치되었다. 정확하게 기억난다. 나는 2번, 같이 간 동기들은 30번대의 동기들이었다. 번호는 키순이다. 나는 덩치가 좋고 키도 컸다. 함께 간 동기들은 작고 귀여운 친구들이었다. 외모의 확연한 차이때문에 웃지 못할 일도 있었는데, 그건 3군사령부 여군대에 들어가는 첫날 벌어졌다. 낯선 곳에 들어가는 내가 안타까워 아빠는 자대까지 태워 주겠다고 하셨다. 그래서 나는 동기들과 같이 차를 타고 군사령부 '서문'에 내렸다. 나중에 알고보니 '정문'에 내렸어야 했고, 잠시 입차를 허락받으면 여군대 앞까지 차를 타고 갈수도 있는 것이었는데 그걸 몰랐다. 우리는 국방색 더블백(의류대)과 이불 보따리를 하나씩 들고 여군대까지 걸어갔다. 20킬로가 되는 무게를 이고 지고 1시간을 걸어갔다. 훈련 중 최대의 고비 중에 하나였던 40킬로 행군 같았다. 임관하면 힘든 일이 없을 줄 알았는데 착각이라는 생각이 스칠 즈음 여군대 정문에 도착했다. 여군대 선배들 40여 명이 모두 나와서 팔짱을 낀 채 우리를 기다리고 있었다. 어리바리한 이등병처럼 어리숙한 모습으로 경례만 40번을 했다. 선배들은 못마땅해 보였다. 영문을 몰랐지만 우리를 반겨주지 않는다는 것은 표정과 기운에서 역력했다. 마침내 그 이유는 밝혀졌는데 우리 동기들중 엄청난 미인이 있다는 소문이 퍼졌기 때문이었다. 실제로 동기중 한명의 언니는 미스 춘향 진으로써 동기 역시 빼어난 미모의 소유자여서 남자라면 누구나 관심을 보일만한 얼굴이었다. 선배들이 나와서 기다린 것은 어디 얼마나 예쁜지 보자며 도끼눈으로 노려보고 있었던 것이다. 그 중 누군가 꺼낸 한마디가 충격적이었다.

"야, 3달 준다. 쟤만 빼고 다 10킬로씩 찌워놔." 이건 도대체 무슨 말인가? 여기서 쟤는 바로 나다. 키가 172센치에 매우 건장한 나는 이 갈굼에서 어이없이 배제되었다. 그날부터 시작된 막내 생활은 이 글을 읽는 모든 사람이 무엇을 상상하든 그 이상이었다. 여군대 막내 생활은 이등병의 막내 생활과 아주 비슷했다. 가끔 병사들과 이야기하면 여군들이 더 무섭다고 말할 정도였다. 막내 생활은 마치 조선시대 시집살이하던 며느리의 그것이었다. 아침 6시 기상이 그토록 힘들었던 후보생은 임관하면 잠이라도 푹 잘수 있겠거니 했지만 막내는 평일 6시 기상나팔이 울리기 3분 전에 시끄럽지 않게 선배들을 깨워야 했다. "김 하사님, 기상 시간입니다."라고 막내에서 가까운 선배들부터 깨운다. 기상 점등과 취침 소등도 수많은 막내일 중의 하나였고, 그중에 깐깐한 선임과 같은 생활관을 쓰는 사람은 기상 점등 전 메이크업까지 하기도 했다. 알람 소리가 선배들에게 들리기 전에 깨서 미리미리 준비해야 하는 건 훈련받을 때 미처 생각하지 못한 긴장감이었다. 차라리 여군학교로 다시 돌아가고 싶은 마음이 하루에도 열두 번씩 들었다. 2000년 용인에는 '30년 만의 폭설'이라는 타이틀로 매일 뉴스가 나올 만큼 눈이 많이 왔다. 태어나서 처음 보는 양이었다. 무릎까지 오는 눈이 잠시 예쁘다고 생각했지만, 곧 예쁜 쓰레기라는 걸 알게 되었다. 제설 도구를 챙겨놓는 것도, 제설도, 막내의 일이었다. 분명 선배들도 제설에 참여했지만 조금 지나면 막내만 남아 있었다. 막내는 6개월간 외출 외박이 허락되지 않았다. 그래서 부대 업무와 여군대 생활이 전부였다. 3개월간 10킬로를 찌워놓으라는 최상급자의 지시가 빈말이 아니라는 것은 그날 밤 알게 됐다. 17시 일과가 끝나면 막

나를 제외한 (영내 생활 6개월 이후) 선배들은 22시까지 외출할 수 있었다. 21시 반부터 22시가 사이가 되면 선배들이 하나 둘 까만 비닐봉지를 들고왔다. 어떤 날은 떡볶이가, 어떤 날은 꽈배기가 들어있었다. 처음 며칠은 선배들이 들어오는 21시쯤 되면 메뉴가 기다려졌다. 매일 먹는 여군대 식당 밥이 아닌 외부 음식은 후보생 첫 면회때 사제음식을 맛본 것만큼 좋았다.

야식은 늘 같은 패턴이었다. 튀김, 떡볶이, 꽈배기를 벗어나지 않았다. 군사령부 근방에 용인시장이 있었고, 복귀시간과 시장이 끝나는 비슷한 시간에는 3개 천 원 하는 꽈배기를 2천 원에 10개씩도 주곤 했다. 선배들이 사주는 야식은 마치 규칙처럼 막내들이 그걸 다 먹어야 잠을 잘 수 있었다. 사 온 선배는 막상 한 입도 채 먹지 않고 중간 선배들에게 "야, 막내 다 먹는 거 보고 자라."하고 씻으러 갔다. 그렇게 3개월이 지나니 거짓말처럼 모두 10킬로씩 살이 쪘다. 전투복이 벌어져서 불편했다. 난 '쟤만 빼고'의 그 '쟤'였지만 남은 음식을 같이 해치우다 보니 나란히 살이 붙었다. 그 모습이 보기에 안좋았는지 어느 날 점호시간 이젠 '다시 살을 빼라.'고 지시했는데, 찌는 건 쉽지만 빼는 건 말처럼 되지도 않았고 꽈배기나 떡볶이 던져주듯 도와주는 사람도 없었다.

여군대에 온 첫날의 또 다른 에피소드가 있다. 점호시간 자기소개와 함께 여군 선배들 50여 명의 이름을 외우고 확인하는 시간이 있었다. 사진을 보고 기수와 이름을 외워야 통과다. 150기 선배부터 161기 상급자까지 외우는 것이 힘들다고 말하던 동기들과는 달리 이름을 잘 외우는 나는 쉽게 다 외웠다. 그런데 점호시간 150기 선배가 한 명씩 이름을 물어볼 때 종이에 있던 152기 선배 한 명이 없었다. 아무리 생각하려 해도 그런 사람은 없었다. 이유는 다음 날 알았다. 화장 전후가 많이 다른 선배여서 몰랐던 것이다. 이 실수는 '막내 갈굼의 정당화'로 이어졌다. 먼저 일어나야하고, 선배보다는 늦게 씻어야 하고, 선배들 취침 시간이 되면 "소등해도 되겠습니까?"라고 물어본 후에야 잠을 잘 수 있었다. 하루하루가 힘들고 부당한 시간이었다.

드디어 6개월 후 첫 외박 날이 되었다. 분대 선임들은 각자 5천 원씩 모아서 차비를 주었다. 불쑥 눈물이 났다. 고생스러웠던 6개월의 서러움과 어려움끝에 찾아온 진한 감동이 교차하며 가슴을 흔들었다.

감동의 눈물을 흘리는 나에게 선배는 머쓱해하며 '첫 외박 복귀 때는 떡을 해오라'고 농을 쳤다. 결국 받은 돈보다 떡값이 더 들었지만, 지금 생각해도 오천 원짜리 열 장 봉투를 받을 때의 뭉클함은 무엇과도 바꿀 수 없는 전율이다. 그것은 끈끈한 정이다. 마치 비유하자면 근현대사에 나오는 며느리들의 애환과도 같다. 말도 안 되는 이유로 갈구다가 단 한 번의 감동으로 우리는 그들과 동료애를 느끼며 스며들었다. 그렇다고 부당했던 그 일들이 좋아지는 건 아니지만 같이 막내 생활하며, 울다가 웃다가 표정 관리를 해야 했던 그 시절. 그때는 그랬다. 지금은 없어진 여군대의 추억이라고 할 수 있다. 좋았던 선배들은 너무나 그립고 보고 싶다. 3군사령부 여군대에서 온갖 어려움을 겪었던 나를 포함한 모든 여군들이 그 시간을 참 잘 버텼다. 글로는 다 표현할 수 없는 수많은 가혹행위를 버티며, 진짜 군인이 된 모든 여군을 작게나마 위로해 본다.

상급자의 갈굼

남자 동기들과 선배들은 왜 그렇게 같은 군번들끼리 군기가 빡세냐고 질문했다. 어느 부대나 자기 부대가 가장 힘들고, 자기가 받은 얼차려가 가장 강도가 세다고 한다. 그러다가 우리가 여군대의 가혹행위를 빙산의 일각 정도만 말해주어도 하나같이 "여군들이 진짜 더하다."라고 했다. 딸을 키워보니 조금은 알 것 같다. 같은 또래의 아들을 키우는 친구들과는 고민이 다르다. 아들이 체력적으로 육아하기 힘들다면, 여자 아이들은 그보다 훨씬 감성적이고, 항상 상처받는 아이들이 있다. 말로 표현할 수 없는 걸로 고민하고 상처받는 아이를 키우면서 여군대 선배들은 왜 그렇게도 말도 안 되는 이유로 사람을 갈구는지 조금은 이해할 수 있었다. '강철부대'라는 프로그램을 종종 본다. 체력의 한계를 극복하는 특수부대 출신들이 나와서 최고의 부대를 선정하는 프로그램이다. 하지만 내가 있던 여군대가 이들보다 월등히 힘들었다고 자부한다. 적어도 감정적 갈굼은 여군대를 따라갈 곳이 없다. 그리고 그 누구도 도와줄 수 없고, 갈구는 이유도 없다. 아니다. 이유는 있었다. 예쁘다는 이유, 날씬하다는 이유, 화장이 진하다는 아주 주관적인 이유라는 게 문제일 뿐이다.

여군대에 온 지 한 달 정도 되는 날이었다. 입대했을 때 지금은 본인 화장품을 가져오지만, 그때는 화장품도 보급해 주었다. 코리아나라는, 그 당시 젊은 층이 선호하는 화장품 브랜드는 아니었다. 살면서 처음 써보는 화장품이었다. 땡볕에 훈련받는 우리에게 그 흔한 선크림도 없이 스킨, 로션, 립스틱 딱 3가지만 보급해 주고 화장하는 것이 예의라고 했다. 피부에도 맞지 않는 스킨 로션과 립스틱만 바르면 화장이 끝이다.

나는 눈썹 정리를 너무 하고 싶었다. 주기적으로 하던 눈썹을 20주간 정리하지 않으면 어떻게 될지 상상에 맡기겠다. 매우 봐주기 힘들었다. 립스틱 색상도 당연히 선택은 없었다. 그냥 주는 거 받아서 써야 했다. 임관 후에는 몇 가지 기초와 파우더 아이브로우로 눈썹만 그리고 출근했다. 그런데 퇴근길에 잔뜩 화가 난 얼굴로 상급자가 따라오라고 했다. 상급자를 따라갔더니 술집 여자도 아니고 화장을 왜 진하게 하고 다니냐며 화를 냈다. 화장이라고는 눈썹과 립스틱만 발랐는데 억울했다. 섀도에 아이라인을 한 것도 아니고 이해할 수 없었다. 이해는 안 가지만 연대책임을 물어 동기들까지 불려 와 혼나는 게 싫어서 처음엔 죄송하다고 했다. 그리고 다음 날은 립스틱을 바르지 않고 출근했다. 그랬더니 다시 불러서 반항하는 거냐며 여군은 화장하고 다니는 게 예의라고 했다. 진짜 계급장 떼고 밖에서 만나고 싶었다. 대체 화장이 뭐가 문제냐고 했더니 화장이 야하다고, 야한 화장은 규정 위반이라고 했다. 말도 안 되지만 사실이었다. 2000년 그 당시에 여군은 규정에 야하지 않은 화장을 해야 한다고 되어있었다. 20여 년이 지난 지금 말하면 다들 놀라 자빠질 일이지만 20년 전에는 야한 화장을 하면 규정을 위반하는 것이고, 규정을 위반하면 처벌을 받는 게 규정이었다. 하지만, 난 늘 궁금했다. '대체 어떤 놈 기준으로 야하다는 것일까?' 같은 사람의 화장도 보는 사람에 따라 규정에 어긋나는 것도 이해되지 않았다. 단지 눈썹과 입술화장만 했는데도 야하다고 하면 뭘 바꿔야 하는지 이런 것으로 갈굴 때마다 군을 선택한 나 자신을 자책했다. 그 후에도 못생긴 상급자는 툭하면 내 화장을 탓했다. 어떤 날은 야하다고 화를 내고, 갈굼에 질려 화장하지 않으면 예의가 없다고 화를 냈다. 그냥 못생긴 상급자의 횡포 같았다. 군대는 매년 좋아지고 있다. 그 당시에도 한참 위 선배님들의 이야기를 들어보면 나는 좋은 때 군 생활한다고 했다. 점점 좋아지고 있고, 정확한 날짜를 기억할 수는 없지만 규정에 야하지 않은 화장이라는 단어가 없어진 것도 군이 발전하고 있는 단계가 아닐까.

● 세번째 이야기 ●
여군 최초 포병부대 근무

포병부대로 가는 길

창군 50년 만에 첫 여군이라고 했다. 2014년 여군도 탱크를 몬다는 기사가 쏟아졌고, 그동안 허락되지 않았던 병과인 포병, 기갑, 방공 병과도 여군에게 개방됐다. 내가 3군사령부에서 3년간 근무하고, 통신학교 초급반 교육을 마치고 야전으로 배치되었던 2003년 당시 포병부대는 여군이 가면 안 되는 곳이었다. 원래도 폐쇄적인 군 조직 중에도 더 폐쇄적인 병과 부대로 가게 되었다. 아니다. 명령 대기 중이라고 했다. 통신학교 초급반 교육 수료 후, 일산에 있는 9사단으로 명령이 났다. 본가가 서울에서 파주로 이사 간 터라 집에서 가까운 부대에서 군 생활한다는 게 내심 반가웠다. 9사단까지 명령이 나면 사단 내에서 다시 분류해야 하는데 계속 사단사령부 인사과에서 대기를 시켰다. 다른 동기들은 다 자대배치를 받아 업무 중인데 나는 일주일째 대기 중이었다. 아무 일도 안 하고 9시간을 보내는 일은 말처럼 쉽지 않았다. 내 존재감에 대한 회의가 들기도 했다. 내가 이렇게도 하찮은 사람인지 생각이 들어서 조심스럽게 인사담당관에게 여쭤봤다. "저는 언제쯤 부대로 가게 됩니까?" 언제 보내준다는 말도 없이 또 기다리라고 했다. 그렇게 시간은 10일이 지나고 3주 차가 되었다. 내가 갈 수 있는 공석 자리는 포병대대 통신 반장 자리밖에 없었다. 그런데 포병대대에서 여군은 받을 수 없다고 해서 초과 편제로 다른 부대를 보낼 수도 없고 대대장들은 완강하게 거부하고 있다고 했다. 한 달쯤 대기하던 어느 날, 대대장들이 사단으로 왔다. 어떤 부대에서 나를 데려갈지 회의에서 결정한다고 했다. 이런 회의를 하는 것도 기분이 나쁜데 회의에 참석해서 앉아있는 것이 자존심이 상하고 화가 났다. 가장 공정하고 공평하고 차별이 없는 직업으로 군을 선택했는데 왜 이런 일을 당해야 할까? 자괴감이 들어도 당장은 참아야 했다. 내가 여자인 것 외엔 아무 잘못이 없었다. 교육성적도 우수하고 군 생활 4년 차임에도, 같이 수료한 초임 남군들은 이미 부대 배치받아서 전후방 각지에서 임무 수행 중인데 나만 부대가 없이 한 달째 대기하다가 이젠 나를 어느 부대에서 데려갈지 회의한다는 게 이해되지 않았다. 회의는 시작되었다. 사단의 4개 포병대대 지휘관이 모였다. 저마다 지휘관들은 자신들이 나를 데려갈 수 없는 이유, 아니 변명을 시작했다. 자신들의 부대에는 여군 화장실도 없고, 병사들도 준비가 되지 않았다는 이유 등이 대부분이었다. 1시간가량 답이 없던 회의에서 나에겐 발언권조차 주어지지 않았다. 하지만 더 이상 참을 수 없었다. "대대장님, 제가 물건입니까? 군인은 명령에 살고 명령에 움직인다고 배웠습니다. 오늘이라도 명령이 나면 명령대로 움직이겠습니다. 제가 남자였어도 이렇게 모여 회의하고 남군 하사를 받아야 할지 고민하셨을지 생각해 보십시오. 공석을 채우고 차량 선탑이라도 시켰을 텐데, 제가 여자라는 이유로 한 달째 대기하다가 어느 부대로 보낼지를 회의하는 건 너무 부당하다고 생각합니다." 내 발언에 회의실 온도조차 기분 나빠진 듯했다. 회의실에서 쫓겨났다. 다행인지 불행인지 4개 부대 중 한 부대로 명령이 났고 다음 날부터 해당 부대로 출근하게 됐다. 속상한 마음에 친구들에게 넋두리하면 친구들은 일도 안 하고 봉급이 나오니 충분히 즐기라고 했다. 하지만 나는 즐길 수가 없었다. 우울감에 빠져 존재의 가치가 없다고 생각하면서 느끼는 절망감이었다. (이것은 나중에 대학원에서 매슬로우 욕구 이론을 배우며 깨달았다.) 자아실현의 욕구까지는 아니더라도 3단계 애정과 소속의 욕구나 안전의 욕구도 충족되지 않기 때문에 봉급을 받으면서 일하지 않는 것이 불편하거나 생리적 욕구에만 머무르며 갈망하게 되었던 것은 아닐까?

여자가 아닌 경우

기억을 더듬어 보니 20년 전 일도 엊그제처럼 선명하다. 포병부대에서 나를 물건 취급하던 20년 전엔 이상한 일들이 참 많았다. 그때는 부대 회식에 가족들이 동반하는 회식인 것도 당황스러운데, 하사부터 원사까지 현역만 1/N을 하다 보니, 회식 한번 하면 하사들은 봉급의 1/10 정도의 금액을 지급해야 했다. 내가 첫 회식을 하면서 느낀 감정은 내 돈으로 선배들 가족회식을 시켜주는 것 같았다. 그런 부당함에는 늘 불만 세력이 존재했다. 내 또래의 선후배들은 잘못된 관습이 불만이었고 우리들의 술자리의 단골 술안주가 되었지만, 다들 겁 없이 주임원사님께 불만을 표출할 용기가 없었다. 불의를 잘 못 참던 나도 쉽게 말이 떨어지지 않았다. 시간이 지나 부사관 전반기 성과분석에서 부당한 지시나 회식문화에 대한 의견을 내자고 1년 선배들과 경제적으로 힘든 후배들과 미리 계획했다. 그리고, 마지막 의견수렴 시간에 용기를 냈다. "주임원사님, 하사부터 원사까지 같은 금액을 내면서 가족들까지 오는 회식 자리와 비용은 우리에게 매우 부담이 됩니다. 특별한 일이 아니면 가족들까지 모이는 일은 없었으면 좋겠습니다." 그 당시에는 부사관활동비에서 자녀 대학 축하금을 주는 것도 단기자원들은 회비만 내고 받을 일 없는 결국 선배들을 위해 돈을 모아주는 것에 불과했다. "자녀 축하금을 주는 것보다는 업무와 학업을 병행하는 후배들에게 격려금으로 나가면 좋겠습니다."라고 의견을 냈다. 그리고 나의 의견에 지원해 주겠다던 후배들과 또래 선배들을 쳐다봤다. 모두가 눈을 피했다. 불만이 있어도 지금껏 한 번도 의견을 내지 않던 그 시대 배경에서 내 의견은 맞는 말 일이라도 주임원사나 선임 부사관들 처지에선 역린을 건드린 사건이었다. 불합리한 적폐를 수습하는 것은 재벌 2세가 해야 혁신이나 혁명처럼 보이지

인맥이 하나도 없는 여군이 떠드는 소리는 수습도 되지 않았고, 신에게 대항하는 힘없는 인간에 불과했다. 주임원사는 "내 가족이 와서 고기 몇 점 먹는 게 아깝냐? 불만이냐? 불만인 사람은 손을 들어봐?"라며 회의실이 떠나가게 소리쳤다. 나를 지원하고 지지해 줄 거라고 믿었던 선후배는 고개를 숙였다. 과반수가 바른길로 가는 의견에 지지해 준다면 목소리에 힘이 있을 줄 알았지만, 모두의 의견은 상급 부대에서 온 싹수없는 여군 혼자만의 반항으로 끝이 났고, 그 이후 더 힘난한 전방 군 생활이 시작되었다. 혼자의 힘으로는 세상을 바꿀 수 없었다는 걸 느끼고 어느 정도 타협할 수 있는 것에는 참고 넘어가는 일도 종종 있었다. 그런데 여름 부사관 단합대회를 떠난 날은 이성의 끈이 끊어지는 일이 발생했다. 1박으로 가는 단합대회에는 마치 대학 MT처럼 먹고 마시는 분위기였다. 그때 내 서열은 대대 부사관 50명 중 딱 중간 위치였다. 물론 위로는 차이가 크게 나는 선배들이 많았고, 아래로는 1~2년 후배들이 20명이 넘었다. 여군은 혼자였지만, 늘 있던 일이라 외롭다거나 특별하다는 생각이 없이 참석했다. 단합대회 장소에 선배 가족들이 먼저 도착해 있었다. 부대에서 가져온 짐들을 옮기는데 5년 선배인 행정보급관 가족이 나를 불렀다. 시간이 없으니 빨리 쌀을 씻어서 밥을 하라고 했다. 언짢았지만 1박 동안 얼굴 붉히는 게 싫어서 참고 후배들에게 짐 나르고 밥을 같이하자고 했더니 그 말을 듣고 있던 그 사람이 다시 나를 불렀다. "남자들 시키지 말고, 네가 직접 해."라고 했다. 기분이 나빠도 참으려고도 했지만, 참을 이유가 없었다. 특히 내가 반말을 들어야 할 대상이 아니었다. 나이도 많지 않은 사람이었고, 내 선배는 군복을 입은 행정보급관이지 행정보급관의 가족은 아니었기에 하고 싶은 말을 했다. "내가 왜 행보관님 가족이 하는 말을 듣고 밥을 해야 하는지도 모르겠지만, 나는 당신 밑에 사람이 아니고 행보관님 후배니깐 나한테 지시하려면 내 선배로 와. 그리고 나한테도 후배만 스무 명이 넘는데, 굳이 나를 시키는 일을 할 이유가 없으니, 이제부터 나한테 지시하지 마." 시간이 지나 생각해도 난 착한 사람이거나 성격이 유들유들한 사람은 아니다. 전략과 지략으로 화내지 않고 사람을 잘 다루는 법이 더 현명하겠지만 그 순간은 참고 싶지 않았다. 여군은 군인 가족이 함부로 대하라고 군사훈련을 받고 온 게 아니라는 것을 그 상황에서 알려주고 싶었다. 그 이후로는 가족들과 하는 회식의 수가 현저하게 줄었고, 한

번에 없어지지는 않았지만 부당한 일도 조금은 줄어들기 시작했다. 모든 게 내 말 한마디에 바뀐 게 아니라는 것은 알지만, 받아주면 더 부당하고 불합리한 일들이 눈덩이처럼 커졌을 거라는 건 확실했다. 실력으로 인정받을 때까지 '싹수없는 여군'으로 불리고, 가족들은 만나도 인사조차 안 받아주었지만, 그 사람들이 내 선배는 아니기 때문에 괜찮았다. 선배들에게는 더 예의 있게 하려고 노력했다. 내가 해야 하는 일과 하지 말아야 하는 일을 극명하게 구분하고 싶었다. 군의 양성평등 수준이 좋아지고 있는 것에 나처럼 무모한 여군들의 기여만 있는 것은 아니지만 무모하고 용기 있는 여군들이 없었다면 양성평등 관련 사건으로 누군가를 잃고 나서야 뒤늦게 후속 조치하고 변화하리라는 것을 여러 번의 경험을 통해 배웠다. 2024년 8월 안세영 선수의 용기 있는 발언을 보면서 20년 전 무모했던 내가 떠올랐다. 안세영 선수가 용기를 내 말하기까지 얼마나 많은 아픔과 고통의 시간을 혼자 견뎠을까 싶고, 선수가 겪은 모든 일을 다 안다고 말할 수는 없지만, 조금은 이해가 가기도 한다. 뉴스를 통해 본 배드민턴협회에서 하는 일들은 20여 년 전 여군대 가혹행위와 닮기도 했고, 말도 안 되는 갑질이기도 했다. 그러면서 이런 파장을 일으키려면 안세영 선수의 말처럼 그 위치여야 하는 게 맞는 것 같다. 그때나 지금이나 인기가 없는 선수나, 인맥이 없는 여군의 이야기는 그게 정당한 불만과 논리 있는 이야기여도 귀를 닫아 버리는 게 현실이다. '목소리에 힘이 실리려면 금메달을 땄어야 했었다'는 선수의 말도 너무 공감된다. 배드민턴 동호인이자, 비슷한 아픔을 겪어본 나는 용기를 내어준 안세영 선수가 더는 상처받지 않길 바랄 뿐이다. 언제나 안세영 선수와 그의 용기를 응원한다.

포병부대에서 인정받을 때까지의 시기

인생에서 이렇게 열심히 살았던 적이 있나 싶은 시기가 바로 이 시기다. 누구에게 지는 것도 싫었지만, 내 잘못으로 여군 전체를 욕먹게 하는 것이 너무 싫었다. 이런 생각은 나와 같은 시기에 군 생활했던 여군들은 모두 느꼈을 것이다. 그래서 더더욱 열심히 했다. 열심히는 당연하다고 생각하겠지만 난 남들보다 더 잘해야 하는 이유가 있었다. 그게 처음엔 욕먹기 싫었던 것으로 시작했지만, 시간이 지날수록 책임감이 더 무거워졌다. 3년간 행정지원관으로 근무하다가 포병대대 유선반장

임무 수행을 하면서 통신망이 개통이 안 되면 포병훈련을 망치게 되고 그 탓은 모두 다 나에게로 돌아왔다. 성별의 문제는 아니었음에도 늘 여자가, 여자라서의 탓을 들어야 했다. 그래서 이를 악물고 버티고 잘하려고 노력했다. 포병은 훈련도 많았지만, 경연대회도 많았다. 주특기경연대회를 병사들은 분기 1회, 간부들은 연 1회 했다. 병사들은 연대에서 1등부터 4등까지 순위가 정해졌다. 부대에서 전입해 와서 첫 경연대회에서 4개 부대 중 3등을 했다. 부대 지휘관이 연병장에 텐트를 치고 숙박하면서 주특기 교육을 지시했다. 농담인 줄 알았지만, 4등을 하고 온 다른 주특기 선후배들은 정말로 연병장에 분대형 텐트를 쳤고, 집에도 가지 못하고 병력 주특기 교육했다. 포술 경연대회가 끝나는 날 다음 분기 포술 경연대회를 준비하는 것이었다. 병과마다의 특색이 있다. 포병 병과 부지런하고 성실하지만, 사람들이 참 잘다고 들었다. 포병은 숫자에 지나치게 민감하다. 포병은 360도로 세는 숫자를 3,600밀(Mils)로 셀만큼 숫자와 정확도에 예민하다. 그만큼 1등이 아닌 것에도 날카롭게 반응하고, 포병들이 들으면 기분이 나쁘겠지만 타 병과에서 보면 속이 좁아 보였다. 그날부터 나는 유선 병들과 '먹고 자고'에서 '자고'만 빼고 새벽부터 새벽까지 자는 시간을 제외하고 최선을 다했다. 결과는 멀지 않아 나오기 시작했다. 타 대대 유선 반장들은 전부 선배였고, 훨씬 오랜 시간 보직되어 임무 수행하고 있었다. 똑같이 해서 그들보다 교육을 더 잘할 수는 없었다. 다른 전략이 필요했다. 나는 병사들에게 매일 같이 말했다. "우리에게 주어진 시간은 다른 부대와 같다. 대충해도 열심히 해도 어차피 매일 연습하고 경연대회를 해서 등수가 매겨진다. 1등은 포상 휴가를 가고, 4등은 3개월간 개인 정비시간도 없이 연습해야 한다. 이왕이면 1등을 해보자. 대충 시간 때우는 식 말고 다른 부대보다 한 시간 더 연습하는 날이 한 달이 되고 100일이 되면 100시간만큼의 차이가 나는 것이다. 반장은 너희들을 믿는다." 이 말을 매일 매일 해줬고, 결과는 3등 1번, 2등 1번, 그리고 바로 1등이었다. 전역할 때까지 1등을 놓치지 않기 위해 노력했고, 9사단에서는 독한 X으로 유명해졌다. 그 시간이 내 인생에서 가장 열심히 살았던 시간이다. 지휘관의 격려와 주위에 시기도 있었지만, 상관없었다. 누구의 칭찬보다 스스로가 뿌듯했다. 병사들과 불과 1~2살 차이 나는 또래 여군 유선반장을 믿고 따라주던 유선병들의 눈빛으로 세상에서 가장 프라이드가 높은 사람이 되었다. 부대에서는 인정받기 시작했다. 그때 유선병들은 아직도 나를 유선반장이라 부르며 종종 연락한다. 내가 교육 시켰던 유선병이 하사로 임관하는 일도 있었다. 20년 동안 사부님이라 부르는 구영광 상사는 지금 나보다 훌륭하게 군 생활하는 게 내 군 생활보다 뿌듯하다. 서로에게 애정이 참 각별했다. 어딘가에서 잘살고 있을 나의 유선병들에게 우리가 함께 흘린 땀방울만큼 더할 수 없이 소중했고 고마웠다고 전하고 싶다.

원푸드 다이어트를 해야 했던 이유

포병부대는 특성상 광활한 야지에서 대부분 훈련이 이루어졌다. 문제는 야지였다. 부대에 여군 화장실은 없었다. 여군을 위한 배려를 할 수 있는 여건이 안 되었다. 나는 다른 동기들보다 어렵게 자대에 왔기 때문에 더 잘해야 한다는 압박감이 있었고, 차마 당연한 생리욕구 해결조차도 요구할 수가 없었다. 그래서 나는 부대훈련이 아닌 야외훈련을 받을 때는 쓰러지지 않을 만큼 최소한의 음식만 먹었다. 물도 거의 먹지 않았다. 물과 화장실은 직결되어 있기 때문이다. 그런데 아무리 먹지 않아도 하루 한두 번은 화장실에 가야 했다. 최대한 참았다가 밤에 산으로 올라갔다. 어느 정도 올라가서 전후좌우를 살피고 군장을 풀고 바지를 벗으려는 순간 "손들어! 움직이면 쏜다. 담배(암구호)"가 들렸다. 피아식별하고 다시 조금 더 올라간다. 이제 훈련장에서는 완벽하게 멀어졌다고 생각한 순간 또다시 암구호가 날아와 가슴에 박혔다. "에이, 진짜" 너무 급하지만, 다시 옷을 추스르고 조금 더 조금 더 올라가는데 초병이 말한다. "산꼭대기까지 초병들이 다 있습니다." 생리현상도 해결할 수 없는 상황이 웃기지만 너무나 급했다. 칠흑 같은 어두움에도 누군가 지켜볼지도 모른다는 두려움에 또다시 참고 내려왔다. 지휘관에게 보고하고 1호차(지휘관)를 타고 20분 걸리는 부대로 가서 그날의 첫 생리현상을 해결했다. 생리현상 해결이 이만큼 행복감을 주는지 감사하면서도 일주일 훈련 동안 어떻게 해결할지 걱정스러웠다. 이후 훈련 때부터 초코바를 한 상자씩 사서 하루 초코바 한 개로 배고픔을 해결하고 열량을 내면서 버텼다. 바쁘게 훈련이 진행되면 배고프다는 것도 잊을 수 있어서 바쁜 훈련이 오히려 좋았다. 못 먹는 게 서럽지도 않았다. 여름엔 견디기가 비교적 수월한데, 겨울 훈련은 여름 훈련보다는 버티기가 고통스러웠다. 체력적으로 힘들다기보다 추위를 이겨야 하는 것과 야간에 김이 모락모락 나는 사발면이 보급되면 다른 무엇보다 냄새부터 참기가 어려웠다. 추운 겨울 야외에서 먹는 라면은 따뜻한 집에서 먹는 라면의 맛과는 차원이 다르다. 아는 맛이 더 무섭다. 꽁꽁 언 몸도 한방에 녹여줄 거 같은 라면이 눈앞에 있는데 화장실에 가고 싶을까 봐 먹지 못하는 건 너무나 서러웠다. 다들 먹으라고 했다. 누구 하나 못 먹게 하는 사람도 없었는데도 화장실을 고민하니 먹을 수가 없었다. 지휘관들에게 큰소리치고 우겨서 오지 않았다면 나았을까? 여군이라고 조금 어려운 환경에 화장실 가는 거라도 보장해달라고 건의할 수 있었을까? 내 훈련은 매번 고난이었다. 첫 훈련에는 여군이 혼자라고 배려해 준다며 나에게 텐트를 따로 치고 자라고 했다. 모르는 사람들은 당연한 소리라고 생각하겠지만, 전혀 그렇지 않다. 남군들은 많은 사람이 텐트를 치기도 하고, 훈련지원 임무를 수행하는 간부와 용사가 텐트를 미리 쳐두고 세팅이 완성된 다음 훈련하다 밤에 들어가 자면 된다. 한겨울 훈련장에서 유선 업무를 수행하고 오면 늦은 밤이었다. 그 밤에 내가 잘 텐트를 혼자 치면 된다는 것이다. 땅은 얼어있고, 팩하나 박히지 않는다. 나는 그냥 같은 과 간부들 텐트에서 자겠다고 했다. 지휘부에선 혹시나 성 관련사고 위험성이 있으니 혼자 텐트를 치고 자는 것이 좋겠다고 나를 설득했지만, 불가능에 가깝기도 하고 자는 동안 혼자 텐트에 있는 게 더 위험하다고 생각했다. 간부 텐트에서 룸침대를 깔고 침낭에 들어가서 자면 누가 자고 있는지 알 수도 없다. 혼자 텐트에 있는 것보다 여러 명이 함께 있는 게 따뜻하고 안전하다. 이런 말을 들어주고 이해해 주는 데는 딱 일 년이 걸렸다. 아마도 여군을 받아들이는 시간과 나의 능력을 인정받는 시간이 포함되었던 거 같다. 그런 시간이 모이고 전후방 각지에서 고생했던 여군들의 노고가 쌓여 지금은 여군 편의시설(화장실과 휴게실)이 없는 부대가 없다. 내 노력으로 이룬 것은 아니지만, 여군들의 노력이 모여 일구어낸 변화다. 참고 견디고 임무 수행하는 선배 여군들의 노력으로 현재에도 발전하고 있다. 훈련 때 끼니를 때우던 생각이 나서 아직도 초코바는 먹기 싫다.

• 네번째 이야기 •
전역 그리고 두 번째 입대

스무 살에 못 이룬 꿈을 위해

스무 살에 대학이 아닌 군을 선택할 때, 문학소녀가 꿈이었다. 부모님은 집에 돈이 없어 대학은 포기하라고 하셨다. 실패해보면서 느낀 게 있다. 누굴 탓하기 전에 내가 압도적으로 원하는 걸 잘했어야 한다는 것이다. 환경 탓이나 부모 탓을 하지 않고 내가 원하는 걸 할 수 있었을 텐데 나는 그만큼 공부를 잘 하지 않았다. 부모님이 보내줄 수 없다면 내가 원하는 대학에서 4년 장학금을 받고 학교에 다니는 방법도 있었을 텐데 그 정도의 성적이 되지 못했다. 누구 탓을 하는 것은 결국 내 실패를 인정하는 것이다. 그래서 난 도피하듯 군을 선택했다. 어릴 때부터 책을 좋아했던 건 아니었지만 중학교 때 읽었던 김정현 작가님의 '아버지'와 김진명 작가님의 '무궁화꽃이 피었습니다'가 가슴을 울렸고, 그때부터 책의 재미를 알게 되었다. 책은 변함없이 나에게 메시지를 주었다. 공평과 평등이 뇌에 박힌 나에게 책은 아주 평등하다고 느껴졌다. 책을 읽는 동안은 어떤 차별도 느끼지 못했다. 그러면서 죽기 전 내 이름으로 된 책을 내는 것 그리고 문학을 제대로 공부해 보는 꿈을 꾸게 되었다. 글을 쓰는 일은 어쩌면 언제든 나이가 들어서도 가능한 일이지만 대학이 아닌 군을 선택한 나에게는 문학을 공부하지 못한 것과 스무 살 캠퍼스의 낭만이 지속해서 가슴 한쪽에 남아 내 삶을 흔들었다. 군 생활에 적응도 잘하고 나의 임무 수행을 인정받으면서도 공부에 대한 열망 때문에 결국 공부를 선택했다. 물론 1차 장기 심사에 비선 되면서 마음속 파장이 더 커지게 된 계기가 되었다. 한 살이라도 어릴 때 내 꿈을 이뤄보자는 생각이었다. 2006년 10월 6일 모든 선후배가 만류하는 전역을 하고, 민간인이 되었다. 창창하게 앞길이 열릴 것 같은 나의 이십 대는 후반으로 지나고 있고, 전역하면서 공부를 시작하려니 기대감보다 두려움이 앞섰다. 당장 생활고를 겪지 않기 위해서는 일과 학업을 병행해야 했다. 온갖 아르바이트를 섭렵하며 (부사관 시절 야간 전문대에서 인터넷 경영정보과를 전공했다. 야간대학에는 문예창작학과가 없었다.) 편입을 준비하고, 그토록 원하던 문예창작과에 편입했다. 학업에 대한 설렘은 잠시다. 공부를 시작하니 좋아하는 것과 잘하는 것이 매우 다르고, 전공이 달랐던 편입생이라 문학의 배움이 짧다 보니 매번 막히는 부분이 생겼다. 아무것도 모를 땐 글쓰기가 좋았다. 글을 쓰다 보면 뿌듯했다. 한두 시간 글을 쓰고 퇴고하려고 읽으면 매번 쓰기를 잘했다고 생각했다. 그렇지만 학업으로 교수님들께 문학을 배우고 합평하면서 성장을 하는 과정에는 두려움이 앞섰다.

'이 상황에 이 조사는 틀린 것 같은데, 반복어가 들어가면 안 된다고 했는데…' 이런 피드백이 생각나는 순간 글은 막혔다. 나는 글을 쓰는 것을 좋아하는 사람이지 잘하는 사람이 아니라는 것을 알았다. 가끔은 후회했다. '취미로 글을 쓰고 군 생활을 계속할걸….' 좋아하는 것에 재능이 없다는 것은 불행한 일이다. 그전에는 환경 탓이지 언제든 좋은 작가가 될 수 있을 거라는 착각이라도 하고 살았는데, 공부할수록 열심히 해도 안 된다는 현실을 받아들여야 하는 것은 너무 슬픈 일이었다. 노력해도 안 된다는 게, 마치 사형선고 같았다.

고학생이 되니 배고프고 우울했다. 희망과 미래라는 말은 내게 사치였다. 이런 나에게 20년 아낌없이 응원과 힘을 주었던 내 친구 진주에게 감사를 표한다. 가난한 현실에 몸과 마음이 황폐했던, 나조차 나를 못 믿고 자신을 잃었던 나를 먼저 믿어준 네 사랑이 정말 고맙고 너무 넘치게 받아서 그 힘으로 살아올 수 있었어. 많이 늦었지만, 네가 있어서 버틸 수 있었다. 그날의 약속을 지킬 수 있었다면 나는 좀 더 행복하게 살고 있을까?

서른둘, 다시 꿈을 미루고

대학 입학이 늦었으니, 졸업이 늦는 건 당연한 일이었다. 그런데도 졸업하는 시간이 다가오니 다시 초조해졌다. 꿈을 위해 직업을 포기했지만, 막상 글을 쓰는 일을 직업으로 하기에 내가 재능이 없다는 걸 느끼는 데는 그리 오랜 시간이 걸리지 않았다. 졸업하는 해에 나는 서른두 살이 되는데, 다시 시작해야 한다. 다들 말렸고, 나도 천직이라고 생각했던 군을 내 손으로 포기했다. 그런데도 글을 쓰겠다고 나왔던 겁 없는 도전을 후회하기 싫었지만, 글을 쓰는 일로 언제 돈을 벌 수 있을지 모를 현실에 벽이 두렵고 무서웠다. 아무리 고민해 봐도 글을 쓰는 일 말고 하고 싶은 일을 다시 찾는 건 어려웠다. 기어이 내가 가장 잘할 수 있는 군 생활을 조금만 더 하기로 결심했다. 이렇게 현실에 굴복할 거였으면 그냥 참고 군 생활을 더 열심히 할 걸 하는 생각으로 눈물이 나기도 했다. 하지만 나에게 몇 년 또는 몇 개월을 성공할 때까지 기다려주고 뒷바라지해 줄 사람이 없었다. 당장 돈을 벌지 않으면 삶은 점점 힘들어질 거고, 그동안 벌었던 돈은 본가가 크게 기울었을 때 다 쓰고 아무것도 없었다. 결국 장교의 길을 선택하고 입대 지원서를 작성했다. 붙는다는 보장은 없었지만, 떨어질 거라는 초조함도 없었다. 내 생일은 11월 4일이었고, 임관 일자는 10월 1일이었다. 군대는 만 27세까지만 들어올 수 있다. 군대를 2년 이상 복무한 사람은 3년의 유예기간을 준다. 복무했던 인원은 만 30세까지 입대할 수 있다. 나는 당시 32세로 만 30세였다. 그것도 생일이 지나면 안 되는 나이었다.

조금의 고민도 할 여유가 없었다. 졸업하면서 바로 입대 신청하고 체력 검정과 면접 준비를 시작하니 내 꿈이 작가였던 적이 있었나 싶었다. 그때부턴 꼭 합격하기만을 바라게 되었다. 나에게 두 번의 기회는 없으니, 잠시 나의 꿈은 접어 두었다. 결국 나는 합격해서 두 번째 군복을 입게 되었다. 입대하면서부터는 책을 읽을 수 없었다. 무슨 마음이었을까? 재능이 없는 영역이라는 것에 대한 비관, 다시 그에 대한 반항, 군 생활을 다시금 흔들수도 있다는 불안함, 다시 사랑에 빠지지 않으려는 몸부림 정도였으려나. 책은 죄가 없다.

20대의 그래프와 30대 그래프

체력엔 늘 자신이 있었다. 어릴 적 운동선수가 될 거로 생각했다. 운동을 해본 적이 없지만 소위 말하는 신체 조건이 좋았기 때문에 운동을 좋아했고, 무슨 운동이든 잘하는 편이었다. 초등학교 4학년 키가 크다는 이유로 운동회 당일 높이뛰기 반대표로 선발됐다. 처음엔 아무 생각이 없었지만, 대표로 운동을 나가는 게 좋아서 열심히 뛰었고, 1등을 했다. 상장 받고 기분 좋은 나를 육상부 선생님이 부르셨다. 운동회 날 내가 우리 학교 육상부 선수를 이겼다는 말씀과 지금 전국체전을 준비 중이라고 했다. 그런데 경험도 준비도 없던 내가 그 친구를 제치고 1등을 했으니, 전국체전을 나가보라는 권유를 받았다. 비로소 나는 운동을 잘하는 것도 대표로 나가는 것도 좋아한다는 걸 알았다. 그전까지 공부가 뛰어난 편이 아니었고, 예체능은 배워본 경험이 없으니 어떤 분야에 재능이 있다는 말은 기분이 좋았고 꼭 나가고 싶었다. 방과 후에 육상부와 훈련도 시작했다.

훈련이 시작되고 며칠이 지나 선생님은 전국체전 지원서를 주시면서 부모님 서명받아 오라고 하셨다. 난 이미 올림픽 금메달을 딴것처럼 들떠서 맞벌이하는 어머니가 오길 기다렸다가 지원서를 내밀고 그동안의 상황을 설명해 드렸다. 그동안 내가 잘하는 것을 찾아본 적이 없어서 난 그 어느 때보다 신난 상황이었지만, 운동으로는 먹고살기가 어려우니 운동은 시작하지도 말라고 반대하셨고 끝까지 서명받지 못했다. 칭찬까지는 아니라도 돈 드는 일도 아닌데 거부당하는 게 서글펐다. 다음날 선생님께 부모님 반대로 서명받지 못했다고 말씀드렸을 때, 어머니를 설득해 주시겠다면서 직접 연락까지 해주셨으나, 부모님 반대로 전국체전을 나가는 기회를 잃었다. 그 이후 나는 부모님께 어떤 허락도 받을 생각을 하지 않았고, 성인이 되어 군대에 올 때도 허락보다는 통보하고 오게 된 것이다. 운동을 좋아했지만, 그 흔한 태권도조차 보내주지 않았던 부모님이 원망스러웠다. 해보지 않아서 모르지만, 잘할 자신도 있었다. 후천적인 노력을 따라갈 수는 없지만, 성인이 되어 경험해 본 모든 운동은 시작하면서부터 잘한다는 칭찬을 받기 일쑤였다. 그때 부모님이 허락해서 전국체전을 나갔다면 나의 꿈은 달라지지 않았을까?

어쩌면 오른쪽 팔에 20년 달았던 태극기가 왼쪽 가슴에 달리지 않았을까? 어릴 적 운동을 못한 게 늘 아쉽고 목마른 상태로 살았다. 그렇게 스물한 살에 입대했을 때 자신 있었던 체력 생각만 했던 나와 체대까지 나온 동기와의 차이를 몸소 느꼈고, 잘했던 기억과 욕심만으로는 안 된다는 것도 알았다. 그래도 매년 실시하는 체력 검정에선 늘 특급이었다. 연습하지 않아도 그 정도는 자신이 있었다. 시간이 흘러 서른두 살에도 자신감은 넘쳤다.

동기들은 스물네 살이었다. 아침 점호 후엔 2킬로미터를 저녁 체력단련 시간에는 3킬로미터를 매일 달렸다. 운동을 잘한다는 생각이 큰 오만이었다는 걸 느꼈다. 그래도 매일 매일 체력단련을 하니 조금씩 체력이 좋아지고 있음이 스스로 느껴지는데, 문제는 나는 서른둘이고 동기들은 스물넷이라는 것이다. 스물넷 동기들의 그래프와 내 그래프는 그 곡선의 깊이가 달랐다. 나도 점점 잘 뛰고, 매일 매일 군인화가 되어가고 있음에도 전력 질주하는 동기들을 따라잡기에는 항상 부족했다. 한번은 대열에서 뒤처져서 뛰고 있는데 쌀쌀맞기로는 역대급이던 여군 훈육관이 옆에 와서 물었다.

"야! 이럴 거면서 늙어서 왜 다시 기어들어 왔냐? 빨리 뛰어."

심장이 터질 것처럼 숨이 차고 그만두고 싶었지만, 차마 현실에 굴복하고 잠시 돈 벌러 왔다고 할 수 없었기에 16주 교육 기간 내내 훈육관의 미움을 받으며 계속 달려야만 했다. 그래프가 우상향하면 되는 줄 알았지만 우상향하고 있음에도 상대적으로 높게 치닫고 있는 동기들의 그래프로 인해 박탈감을 느낄 줄은 몰랐다.

박탈감과 외로움에 눈시울이 붉어져도 누군가에게 들키기 싫었다. 2011년, 뜨거웠던 영천의 밤을 함께 보냈던 추억으로 살아갈 아름다운 청년 학사·여군 56기 4중대 모두가 전후방 각지에서 또는 사회 곳곳에서 행복하길 바란다.

대한민국 육군 최고령 소위

서른두 살 국군의 날, 나는 대한민국 최고령 소위로 임관했다. 엄마가 조금만 빨리 낳았어도 두 번째 임관은 할 수 없었을 텐데 우여곡절 끝에 결국 임관했다. 임관하면 고생끝이 아니란 것을 이제 알지만, 임관만을 기다렸다. 훈련 중엔 아무리 노력해도 어린 친구들의 체력을 따라잡기 역부족이고 배웠던 걸 다시 배워도 훈련은 늘 힘들다. 군대는 매년 변화한다. 20년 전의 부당함을 지금 생각해 보거나, 대입해 보면 구속될 사람도 여럿이라 생각할 만큼 매년 달라진다. 훈련도 그랬다. 3사관학교 학사 교육이 얼마나 힘들지 싶어도 11년 전 여군학교의 훈련 강도가 훨씬 강했고 말도 안 되는 얼차려도 많았다. 여군학교의 부심이 있을 만큼이다. 하지만 나이 때문에 3사관학교의 훈련이 더 힘들었고, 외로웠다. 아무리 이해한다고 해도 나를 이해할 수 있는 사람은 없었다. 스물네 살의 그녀도 서른두 살에 나도 힘들기에 조금 더 힘든 날 이해할 수는 없다는 걸 잘 알지만 가끔은 참 외로움에 몸서리치는 밤을 보냈다. 같은 공간에서 다른 고민하는 어린 동기들과 마찰은 없었지만, 그 힘든 시간 남자친구 때문에 견뎠다. 많이 닮

앉던 그와는 고등학생 때 성당에서 처음 만났다. 호감을 느끼고 있던 우리는 내가 군대에 가면서 연락이 끊겼다. 잊고 살았던 그를 장교 입대 두 달 전 후배 결혼식장에서 우연히 만났다. 노력만 했으면 만날 수도 있는 사이였는데, 우리는 잊고 살았다. 그날 연락처를 주고 받았다. 그 친구가 주말에 밥을 먹자고 연락이 왔다. 설레고 좋았지만, 다시 군대에 가게 된다고 말해야 하는 게 맞는지 고민이 되었다. 몇 개월 만날 수 없는 곳을 가야 하는데 그래도 괜찮으면 주말에 만나자고 했다. 일주일을 어떻게 말을 꺼내야 할지 고민했고, 그 친구는 대학을 졸업하고 잠시 어학연수라도 가는 거로 생각했다면서 기다릴 수 있다고 했다. 벚꽃이 만개하던 2011년 봄, 일산 호수공원의 공기와 온도 습도까지 기억이 난다. 산책 후 식당에서 두 번째 입대를 말했다. 조심스럽지만 담담했다. 알 수 없는 남자친구의 표정과 잠시 짧은 침묵이 흘렀다. 1분도 채 안 되는 시간이 아주 오랜 시간 같았다. 결심한 듯 "기다릴게, 다녀와. 근데 내가 누나를 두 번씩이나 군대에 보낼지 진짜 몰랐다. 누나 만나러 오는 일주일 동안 어디를 가는지 백번도 넘게 생각했는데 그게 두 번째 입대라고는 생각도 못 했는데…."

그렇게 우리 연애는 시작됐다. 서른두 살, 남자친구 서른한 살이었다. 이 나이에 연애는 결혼까지 생각한다는 침묵의 동의가 있다는 걸 둘 다 알고 있었다. 두 달이 짧다고 생각할 수 있지만 입대하기 전까지 매일 만났다. 그리고 약속했다. 임관하고 딱 일 년 후에 중위 달 때 우리 결혼하자. 시간이 흐르는 게 야속하고 아쉬웠다. 남들처럼 평범한 연애가 아니라 미안하기도 했다. 그렇게 시간이 지나 입대했고, 너무 힘들어 지칠 때, 다들 힘들지만 내가 힘든 건 조금 다른 이야기 같을 때 그걸 털어놓을 수도 없이 서러운 순간 편지가 왔다. 남자친구가 보낸 편지는 일기장이었다. 내가 입대한 날부터 매일 매일 일기장에 편지를 써서 한 달 후 편지로 보냈다. 받아서 읽는데 한 장 한 장 읽어지는 일기가 아쉬웠다. 조금 더 천천히 읽을 걸 마지막은 내일 읽을 걸 하는 후회가 들 때 두 번째, 세 번째 일기장이 도착했다. 힘들 때마다 임관까지 수백 번을 읽으면서 힘든 훈련을 버텨왔다. 그리고 임관했다. 매일매일 통화할 수 있고 주말마다 만날 수 있는 것만으로 행복했다. 남자친구는 훈련 기간만 잘 기다리면 우리 연애에 문제가 없을 거로 생각했지만, 임관을 해도 4개월간 병과 교육을 받아야 했다. 일과시간 이후 휴대전화는 사용할 수 있지만, 교육받을 때는 연락이 안 되었고, 일과가 끝나도 교육생은 할 일이 많았다. 시험공부를 해야 했고, 영내 생활이라 점호도 받아야 했다. 동기들과 시간을 보내기도 했다. 4개월을 눈물로 기다려 준 남자친구는 매일매일 토라지고 삐졌다. 저녁 시간 남자친구에게 연락이 오면 시험공부 끝나고 연락하겠다고 했다가 시간을 보면 12시가 넘는 경우도 많았다. 특별한 이유가 아니었지만, 남자친구는 한계에 다다랐다. 재촉하는 남자친구보다 같이 공부하는 동기들과 같은 고민을 이야기하는 게 더 재밌었다. 임관 한 달 지났을 때 생일선물을 준비한 남자친구와 다퉜고, 남자친구의 이별 통보에 나는 고민 없이 동의했다. "서른 넘은 너와 내가 싸우는 시간도 너에게 매우 미안하고 나는 교육이 끝나 자대에 가서 소대장을 하면 더 바쁘고 시간이 없을 텐데 지금도 나를 기다리기 힘들면 우리는 헤어지는 게 맞는 것 같다."라고 했다. 헤어질 수 없을 것 같던 그 친구와 헤어지고, 의외로 괜찮았다. 어떨 땐 공부에 집중할 수 있어서 편했다고 생각했다. 교육이 수료 되고 부대로 와서 중대장보다 나이 많은 여군 소대장을 하면서 힘들 때마다 생각났다. 미안하다는 말도 못 하고 보낸 그날 그 친구가 받았을 상처는 시간이 지나 사무쳤다. 미안하다고 사과하고 싶어서 연락했지만, 사랑하고 상처받은 만큼 차가워진 목소리만 들을 수 있었다. 헤어지자는 친구의 말은 사실 화가 많이 났고, 잡아달라고 말하는 걸 너무나 잘 알면서도 모른척했던 벌은 헤어지면서 계속 받고 있다. 나랑 닮았던 네가 행복하길 늘 기도해. 이제는 찾을 수 없는 일기장과 그때 너의 진심 사실은 모두 알고 있었어. 그걸 회피했던 나는 지금 행복하지 않은 걸로 벌 받아. 스무 살에도 서른 살에도 마흔 살에도 온전하게 갈팡질팡하지 않고 늘 바른 판단만 하는 것은 아니라는 것을 이제는 알 수 있다. 사랑에도 일에도 완벽하지 않다고 속상해하지 않기를…. 대한민국 최고령 소위는 결혼을 약속한 남자친구와 헤어지고 사무치게 외롭지만, 온전히 군 생활에 집중했다.

• 다섯번째 이야기 •
두 개의 얼굴을 가진 사람들

어이없이 빼앗긴 명예와 표창

2019년도 원주에서 군수과장을 할 때였다. 군수과장은 통신병과 장교한테 좋은 보직이 아니다. 한 번의 군수과장 보직 경험이 있었기에 다시 할 필요가 없는 보직이었지만, 육군본부의 실수로 보직을 누락시키면서 갈 곳이 없게 되었고, 결과가 늦어지면서 하지 않아도 되는 보직을 한 번 더 하게 되었다. 경험이 있어서인지 업무는 수월하게 할 수 있었다. 군수는 군대에서 먹고 자고 입는 모든 일에 대해 업무를 한다. 임무 수행한 지 2개월 차가 되는 날 상급 부대 업무 담당자한테 온 메모 보고(업무)를 확인했다. 전달 사용한 전기세를 예하 부대 군수 담당자에게 모두 보내줬다. 우리 부대는 용사들이 생활하고 있는 막사를 제외하고도 20개가 넘는 외부 통신소를 가지고 있었고 그 통신소 전기요금도 있었다. 메모 보고(업무) 내용을 확인하고 직접 전기요금을 내는 것은 아니지만 상급 부대인 사령부 담당자가 요금을 징수하고 우리는 확인 차원에서 보내주는 거라 어려운 업무는 아니었다. 그런데 확인 도중에 무인 통신소 말 그대로 사람이 없는 통신소의 전기요금이 한 달 100만 원이 징수된 것이 잘못됐음을 직감했다. 정확하게 확인할 필요가 있었다. 예전 군대에서는 간혹 전기를 도둑맞는 일이 있었다. 일명 남의 전기를 따서 쓰는 일이 있었고, 훈련장에서 목격한 적도 있었다. 잘못된 것은 바로잡아야 하기에 최근 3년 치 명세를 모두 확인했는데 계속 매번 같은 요금이 징수되고 있었다. 대대장님께 보고했고, 현장 확인을 위해 전기 담당 용사와 주임원사와 함께 무인 통신소로 갔다. 그러나 그곳은 다른 국가기관의 한 층을 사용하는 중으로 타인이 전기를 도용하고 있지 않았다. 그렇지만 사람이 상주하고 있지도 않은 곳에서 전기요금이 100만 원이 나오는 것이 이해되지 않았기 때문에 충청도 한국 전력 공사로 찾아가서 확인해 봤다. 한 건물에서 전기는 같은 곳으로 들어와서 나뉘진다. 모체부대에서 자부대로 나눠지는 개념과 같다고 생각하면 쉽다. 모체부대의 기본전기량이 1,000W라면 10개 부대에 100W씩 나눠지는데 우리 무인 통신소에도 100W의 기본요금(약80만 원)을 징수하고 있었다. 사람이 거주하고 있지 않은 곳에 너무 과도한 요금이 징수되고 있었기 때문에 자부대 기본요금을 낮추려고 한국 전력에 직접 요청했지만, 자부대에서는 모체부대의 허락 없이 불가능했다. 여러 과정을 거쳐 우리는 어렵게 한 달에 70만 원 가까이 전기요금을 아낄 수 있었고, 이런 식으로 기본요금이 잘못 책정된 곳이 많을 거라는 확신했다. 내가 관리하던 통신소만 찾아봐도 요금을 줄일 수 있는 2개 통신소가 더 있었다. 이렇게 국가 예산이 낭비되고 있는 것을 보고서로 작성했다. 대대장님께 보고하고 사령부로 문서를 발송했다. 우리 부대만 연 1,000만 원 정도를 아끼는 상황이고, 사령부 차원에서 찾아본다면 적지 않은 국가 예산을 줄이는 방법이었다. 사령부 담당자와 통화를 하고 결재를 올렸다. 담당자는 오랜 시간 같은 전기요금업무를 담당하고 있었지만, 너무 많은 부대를 담당하다 보니 잘못된 줄은 몰랐다고 한다. 보고서를 보내고 특별한 피드백은 없었지만, 대대장님도 과장님도, 주임원사님도 몇 년 동안 아무도 잘못된 상황을 찾아내지 못한 것을 의심하고 찾아냈다는 게 매우 훌륭하다고 해주셔서 기분이 좋았다. 그러다가 1년 후 사령부로 발령이 났다. 사령부 본청 정문에 들어가니 사령부를 빛낸 인물이 몇 명이 사진으로 붙어있었다. 그중 한 명이 사령부 전기요금담당자였고, 전기요금 예산 절약이라는 부분으로 올라가 있었다. 내용은 내가 올렸던 바로 그 내용이었다. 그 담당자는 그 보고서로 합참에서 표창도 받았다. 너무 억울했다. 표창을 받기 위해 한 일은 아니었어도, 예하 부대의 공을 가로채서 마치 자기가 한 일이 되어버리고 내 명예와 표창을 빼앗겼다고 생각하니, 이렇게 열심히 하지 않은 선후배들의 마음을 알 것도 같았다. 내가 알기 전 몇 년 동안이나 잘못된 요금을 징수하고 있던 선후배들을 속으로 욕했던 나 자신이 조금은 비참해지기도 했다. 내가 할 수 있는 일은 없었고, 빼앗긴 표창은 돌아올 수 없었다. 그저 그 후에 담당자를 마주칠 때마다 뻔뻔하고 두꺼운 얼굴을 보면 화가 나기만 했다.

숨어버린 성폭력 피해자와 혼자만의 싸움

통신사에서 진급에 비선(진급이나 장기선발에 떨어진 것을 일컫는 말)된 것은 그럴 수 있는 일이었다. 진짜 내가 가장 마음이 힘들었던 일은 진급 비선이 아닌 성폭력 피해자가 있다는 걸 인지하고도 아무 조치도 하지 않았던 지휘관과의 싸움이었다. 21년 6월 공군 성추행 피해 여군 자살 사건이 있었다. 1년이 넘도록 TV에서 보도되어 전 국민이 아는 그 뉴스였다. 너무나 안타까운 일이고 억울함을 들어주는 한 사람만 있었다면 그런 선택은 하지 않았을 일이다. 그 일이 일어난 시기 나는 안전 업무를 하고 있었다. 매월 안전사고 예방을 위한 업무를 추진했기에 뉴스가 보도된 다음 6월에는 내가 소속된 부대에 여군, 여군무원 14명을 대상으로 무기명 설문조사와 간담회를 실시했다. 계획부터 진행까지 지휘관의 허락을 받기는 했지만, 담당자였던 내 인사업무의 선제적 조치로 우리 부대에 조금이나마 성 관련 불편 사항이 있다면 큰 사고가 되기 전 조치해 주고 싶었던 마음이었다. 설문지도 직접 만들고 즐거운 분위기에서 다과와 간담회도 했다. 간담회가 끝나고 성추행 피해자를 목격한 사람의 설문이 나왔다. 바로 지휘관과 면담을 시작했다. 어제 당한 일도 아니고 당사자가 쓴 것은 아니지만 성추행이 있었고 그걸 목격한 사람도 있었다. 가해자와 피해자가 같은 부대에 있다는 것은 2차 피해로 이어질 수 있는 일이었다. 지휘관 면담에 차후 피해에 대해 보고했음에도 불구하고 지휘관은 소수인 여군들의 말이 마치 진실인 것처럼 이야기하지 말라고 했다. 예상과는 너무 다른 반응에 당황했지만, 이번만큼은 절대 질 수 없었다. 지휘관은 의견을 굽히지 않는 담당 장교에게 소리치고 화를 냈다. 가부장적인 아버지를 보는 기분이었다. 계급과 지위로 우겨봐도 나는 절대 질 수도 없고 지고 싶지도 않았다. 그 상황에 내 처신은 분명 옳은 방법은 아닐 것이다. 위험성이 너무 큰 행동이었고, 누구도 도움을 주지 않는 외로운 싸움이 시작된 것이다. 성추행 피해 사실조차 부정하는 지휘관에게 사실을 인지시키는 것까지만 해도 임무는 끝날 수 있지만 2차 피해로 이어질 수 있는 상황과 환경을 그대로 두고 싶지 않았다. 지휘관이 소리를 치고 협박하면 같이 목소리를 크게 내서 조사를 시작해야 한다고 말했다. 지휘관실에서 큰 소리가 나니까 간부들이 나와서 구경하기도 했다. 설득은 생각보다 더 쉽지 않았고, 꽤 오랜 시간 동안 설득과 욕먹기를 반복하던 때였다. 합참에서 공군 여군 자살 사건에 대한 실태조사를 나왔다. 수검을 받던 중 현재까지의 일을 보고했다. 합참에서는 실무자가 선제적으로 조치했던 부대가 처음이라고 나에게는 표창을 주고, 지휘관에 대한 처벌이 있을 거라고 했다. 한 달 만에 내 업무가 옳은 일이라는 인정을 받은 것이다. 이렇게 잘 처리가 될 줄 알았다. 그런데 합참에서 조사가 끝나고 우리 부대 특별조사가 시작되는 단계에서 감찰 조사를 합참이 아닌 우리 부대로 위임했다. 그 시간부터 나는 감찰실에 가서 몇 차례 자정까지 조사받았다. 따지자면 나는 가해자도 피해자도 상황을 방관했던 지휘관도 아니었는데, 내가 왜 그렇게 강도 높은 조사를 받아야 하는지도 알 수 없었다. 조사 마무리 단계에서 감찰실장이 지금 가장 문제가 뭐냐고 물었다. 나는 '성 관련 피해'보다도 지휘관의 '성 인지 감수성'이 문제라고 답변했다. 다음 날 출근하니 지휘관이 호출했다. "야, 성 인지 감수성이 높은 네가 한 번 해결 방법을 말해봐."라고 말했다. 내가 조사받으면서 했던 이야기가 그대로 전달되고 있다는 사실을 알았다. 화가 치밀어 올랐다. 우리 부대로 위임된 감찰 조사가 시작되었다. 여군과 여군무원을 모두 한자리에 모아 앉혀놓고 감찰실장이 들어왔다. 피해자는 피해 사실을 쓰라고 설문지를 나눠주었다. 아무도 설문지에 작성하지 않았다. 우리를 앉혀놓고 감찰실장이 서서 누가 쓰는지 지켜보는 상황에서 아무도 쓸 수가 없었다는 게 더 정확한 표현 같다. 그 이후로 피해자도 목격자도 숨어버렸다. 감찰실장의 설문에 아무것도 나오지 않자, 나를 향한 지휘관의 미움은 최고조가 되어 심적 고통이 이어졌다. 한 달이 넘는 싸움에서 결국 혼자 남았다.

처음엔 피해자가 수면 위로 나오면 내가 적극적으로 싸워주고 도와주면 상황이 나아지고 쉽게 변할 거로 생각했다. 하지만 내가 받는 고통을 지켜보면서도 피해자와 피해자를 목격한 사람은 숨어버렸다. 그동안의 상황에 대한 피해는 내가 감당해야 했다. 지금은 그런 마음이 없지만, 혼자 남았던 그 상황에서 잠깐은 피해자가 원망스럽기도 했다. 피해자가 용기를 내고, 내가 도와주면 분명 해결 방법을 찾아줄 수 있다고 생각했지만, 나는 언젠가 보직이 끝나면 갈 사람이고 차라리 지금처럼 참는 게 추가 피해가 없다고 생각하는 것 같았다. 당시에는 열정만큼 서운함이 컸다. 일이 완료되기 전에 그

부대에 나는 오롯이 혼자 같았고 외로움에 소름이 끼치다가 우울해지기까지 했다. 공군 여군을 자살로 내몰았던 것은 그저 성 관련 사건이 아니었다는 걸 알았다. 피해를 당한 그 여군의 마음을 내가 다 안다는 것은 오만이겠지만, 여군은 혼자 남아 싸우는 외로움이 몸서리치게 힘들었을 거라는 생각이 들었다. 잘못한 사람은 자살한 여군도, 나도 아닌데 내가 얼굴을 들기 부끄러운 상황으로 시간이 흘렀고, 나는 애를 낳고 80여 일 만에 출근하면서도 지켰던 부대를 한 달간 육아휴직으로 도망갔다. 내가 살고 싶었기 때문이었을까? 한 번도 생각해 보지 않은 결정을 하고 부대를 벗어나서야 겨우 숨이 쉬어졌다. 그 일이 있었던 후 나는 당연하게 진급에 비선이 되었다. 그 부대에는 전쟁에 필요한 사냥개보다는 꼬리치는 강아지가 필요하다는 선배의 말을 이해하는 날에 나는 진급을 포기했다. 1차 진급에 떨어지고 나면 가장 중요한 것은 진급이 되는 보직에 들어가는 것이다. 이미 언급한 바 있지만 나는 단 한 번도 원하는 보직에서 근무해 본 경험이 없다. 2차에 진급자리라는 보직을 모두 원하지만 내가 원하는 대로 결과가 나오지 않았고, 나는 또 원치 않는 보직을 하게 되었다. 그때였다. 성폭력 피해자를 도우려던 내 열정이 오히려 나를 망쳤던 그 시기가 진급 비선과 차후 보직에 들어가야 하는 중요한 시기였다. 나를 안타깝게 생각했던 선배가 네가 진급할 수 있는 유일한 방법은 사냥개 같은 전투력을 숨기고 침 흘리고 꼬리치는 개가 되는 것이라 했다. 그렇지만 나는 그냥 군복을 입고 있는 한 언제든 전쟁에서 싸워 이길 수 있는 전투력 있는 나로 살다가 죽겠다고 다짐했다. 1계급 진급보다 나 스스로 명예로우면 된 것이다. 물론 그동안 고생했던 수많은 시간에 서러움의 상처가 되었지만, 충분히 내가 필요한 곳에서 목소리를 내고 그로 인해 군에는 조금이나마 성 관련 사고가 줄어들고 있다는 자부심이 있다. 적어도 내가 근무하던 그 시기 부대에는 아무 사고 없이 지났다는 것을 위안 삼아본다. 꼬리치는 애완견으로 살지 않고 전쟁에 필요한 사냥개로 살면서 당했던 수많은 부당함에도 나는 군인이라면 꼬치 흔드는 애완견보다 사냥개가 어울린다는 생각에 변함없다.

"혼자만의 싸움으로 지쳐있던 순간에도, 피해자가 숨어버려 모든 질타를 받을 때도 누구보다 열심히 뛰고 있을 때도, 비선이 되어서도 일하고 있던 날 찾아와 위로해 주셨던 순간에도 비선이 너의 잘못이 아니라고 해주셨던 정성미 소령님. 원주부터 과천까지 과장님으로 모실 수 있어 영광이었습니다. 늙은 대위의 마음을 본인이 잘 안다던 아픔이 닮은 장은미 주무관님께서 보내주셨던 위로와 관심으로 잠시 지옥 같은 시간 웃으며 보냈습니다. 같이 했던 수많은 점심시간과 수다가 아직도 그립습니다. 피해자는 수면 위로 나오지 못했지만, 외로운 저를 끝까지 응원해 주었던 김주영 주무관님과 여군/여군무원분들께 진심으로 감사를 표합니다."

● 여섯번째 이야기 ●
두 마리 토끼를 잡으려는 욕심?

엄마가 된 여군의 죄책감 - 엄마가 군인이라 미안해.

천직이라고 생각했던 군에서 전역도 해봤고, 청춘을 갈아 넣으며 밤샘 훈련과 당직으로 병도 얻으면서 일했지만, 결혼 전까지는 그 어떤 고충도 괜찮았다. 부당한 지시가 있어도 내 관념상 불법적이지 않다면 수용할 수 있는 유연성도 있었다. 먹고 살아야 하는 이유도 있었지만, 잘 참는 편이기도 했다. 군복을 입게 된 지 16년차, 나이 서른여섯에 결혼을 했다. 소위 때 남자친구와 헤어지고 나서 결혼을 안 하게 될 줄 알았다. 그냥 군생활 열심히 하고 취미로 운동도 하면서 크게 만족하지도 불만족하지도 않은 삶을 살아가고 있었다. 볼링, 축구, 족구 클라이밍동호회 등, 군 생활 이외에는 좋아하는 운동으로 시간을 보냈다. 이런 세상도 있나 싶을 정도로 즐겁고 재밌었다. 늦게 온다고 잔소리할 부모님 집도 아니라 금요일이면 볼링장이 끝나는 새벽 3시까지 동호회 친구들과 볼링을 치고 시간을 보냈다. 집에 가서 겨우 몇 시간을 자고 오전 8시면 다시 볼링장에서 만났다. 오전에 가면 저렴하다는 이유였지만, 그 당시에는 볼링에 또, 볼링을 치던 사람에 미쳐있었기 때문이다. '돈 오백 원이 어디냐고 난 고집을 피웠지만, 사실은 좀 더 일찍 그대를 보고파. 하지만 우리 함께한 순간 이젠 주말의 명화 됐지만, 가끔씩 나는 그리워져요.' 조조할인의 가사처럼 이벤트 가격이라는 명목하에 매일매일 만나는 게 그저 좋았다. 볼링에 미쳤다고 할 만큼 좋아했지만, 볼링은 근력운동도 유산소운동도 안 되니 운동량이 부족해서 다이어트가 필요했다. 친한 여군 후배 3명과 클라이밍장을 방문했지만, 각자의 사연으로 혼자 운동하게 되었다. 등산에 취미가 있어서 관심이 갔던 클라이밍을 시작하며 지금의 남편을 만났다. 그때는 결혼 할 지는 몰랐다. 사실 그동안 만났던 남자친구보다 더 좋은 사람을 만나길 바란다면서 만남을 허락하지 않았던 부모님이 아이러니하게도 지금의 남편은 지금까지의 남자친구 중 가장 자격조건이 부족했기에 허락하지 않으실 거로 생각했다. 여태까지는 그리도 반대만 하시던 부모님이 내가 30대 중반에도 결혼 소식이 없자 아무런 호구조사 없이 쉽게 허락하셨다. 아마도 그게 인연이었나보다. 서른여섯 결혼을 하고 서른일곱 세상에서 가장 소중한 첫째를 낳았다. 아기를 낳고 보니 세상이 불합리한 것들이 더 많이 보였다. 결혼은 도피처럼 하고 싶지 않았는데, 도망치듯 한 게 아닌데도 삶은 더 힘들어졌다. 노산이었던 나는 쉴 수 없었다. 임신하고 출산 전까지 남편은 여러 번 이직하면서 중간에 일을 쉬기도 했다. 배가 불러오고 숨이 차서 부대에서 화장실까지 가는 일도 쉽지 않아도 휴직도 할 수 없었다. 만삭이 가까워져 오니 여군 선배들과 여군무원분들이 빨리 휴가를 가라고 걱정해 주었다. 하지만 출산하고 아이와 더 많이 있어 주려면 낳기 전날까지 출근해야 했다. 실질적인 가장이었던 나는 다른 선택지가 없었다. 배 속 아이가 아니라면 우유부단한 저 남자와 계속 살고 싶지 않다는 생각에 밤마다 울었다. 지금이라도 그만해야 한다고 생각했다. 하지만 태동이 느껴질 때 아이가 나에게 참으라고 말하는 것 같았다. 늦게 결혼할 거면 경제적 여유만 보고 하라는 친한 선배의 조언 따위 듣지 않았는데, 비웃기라도 하듯 그때가 인생에서 가장 힘든 시기가 되었다. 아이는 건강하게 태어났고, 89일이 되는 날 등원 시켰다. 적응이라고 할 무엇도 없었다. 부모에 대한 애착이 생기기도 전에 보냈고 다행히도 아이는 어린이집을 집처럼 좋아했다. 누가 뭐라고 하지도 않는데 아이를 7시 50분에 어린이집에 데려다주고 복직하는 날, 앞이 안 보일 정도로 흐르는 눈물을 닦으며 운전했다. '엄마가 군인이라 미안해. 이렇게 널 힘들게 하는 일이었다면 엄마가 다시 생각해 봤어야 했는데.' 괜찮을 줄 알았지만 마음이 아팠다. 등원하면서 방긋 웃던 얼굴이 아른했다. 새근거리는 숨소리가 내내 따라왔다. 어린이집에서 가장 먼저 등원하고 가장 늦게 하원하는 아이로 만든것이 너무 미안했다. 출근이 진급이나 평정의 문제가 아닌 생활비 문제인 것이 비참했다. 다들 1년 만이라도 휴직하고 나오라고 했지만, 중요한 시기를 놓치고 싶지 않다는 핑계로 매일 출근했다. 군인 자녀는 누군가의 희생으로 키워진다고 했던 직장동료의 말을 들었다. 조모의 희생, 엄마나 아빠의 희생, 그것도 아니면 아이의 희생으로 키워진다고 했다. 경제적 여유가 없던 우리 아이는 결국 아이의 희생으로 키워지고 있었다.

허울뿐인 일, 가정 양립 제도

첫 아이를 낳고, 대대급(중령 지휘관) 부대에서 근무하게 되었다. 단 한 번도 내가 원하는 보직에서 근무해 본 적이 없다. 연줄도 인맥도 없었기에 상급 부대에서 보내주는 대로 근무해야 했다. 대대급으로 옮기기 전에 현재 보직에서 일 년 더 근무하고 싶다고 했다. 그러나 내가 원하지 않아도 명령이 났고, 대대 군수과장으로 보직이 정해져 있었다. 보직을 이동했을 때는 세상에서 가장 좋은 지휘관과 근무했다. 내 능력도 인정해 주고 일을 더 열심히 하게 만들어 주는 좋은 분과 만나게 되었지만, 그것도 잠시 군수과장 보직 3개월 만에 대대장님 이취임식이 있었다. 대대로 이동하던 당시 아이가 겨우 6개월 되던 때였다. 돌도 지나지 않은 아이를 키우는 일은 경험해 본 모든 부모가 알겠지만 쉬운 일이 아니다. 특히 우리 첫째는 까다로운 기질이었다. 처음엔 기질이 까다로운지도 모르고 밤마다 울고 먹지 않는 아이에게 화를 내기도 했다. 첫 아이는 작게 태어나기도 했지만, 먹는 양이 워낙 적었다. 160mL가 적정량일 때도 20mL를 먹으면 더 이상 먹지 않았기 때문에, 또래 아이들이 6시간 정도 잠을 자는 밤잠도 2시간 이상 연속으로 잠을 잔 적이 없었다. 정확하게 둘째가 태어나는 27개월까지 2시간마다 수유했다. 서른일곱이라는 늦은 나이에 아이를 낳았다고 아이를 잘 키울 수는 있는 것은 아니다. 아니 어쩌면 이십 대 엄마들보다 체력적 한계도 느끼기 때문에 어떤 것 하나 잘하기 어려운 게 현실이다. 그런 아이를 키우는데 적응되는 시기는 없었다. 모든 상황이 낯설었다. 그 이면엔 항상 미안한 마음이 존재했다. 아이를 어린이집에 보내고 온다는 것 자체가 미안했다. 아이가 투정 부리는 게 아니어도 그랬다. 아이가 첫 이유식을 할 때는 6시 퇴근길에 아이를 하원 시키면서 전투복에 아기 띠를 매고 마트에서 한우를 사서 갈고 끓여서 이유식을 만들었더니 8시가 넘었다. 힘들게 만들었지만 안 먹는 아이는 분유든 이유식이든 잘 먹는 법이 없다. 땀을 뻘뻘 흘리며 만든 이유식을 뱉어낼 때의 기분을 이해하는 사람이 있을까? 한 달을 만들고 버리고를 반복하다가 이유식을 배달시켰다. 조금 편하여지자는 마음이 아니고 업체에서 만든 거라도 잘 먹어주길 바르는 마음이었지만, 역시는 역시였다. 아이는 먹지 않았고, 버리는 음식은 쌓여갔다. 너무 아까워서 먹어보려 했지만, 도저히 입맛에 맞지 않아서 결국 버렸다.

 그렇게 24시간 중 단 한 시간도 편한 시간이 없었다. 부대 군수과에는 나와 담당관인 중사 한 명이 전부였다. 임신 중 또는 아이가 5살 전까지 육아시간이라는 제도로 2시간을 유동적으로 일찍 퇴근하거나 늦게 출근하는 게 가능했다. 2017년 전방부대에 군수과장은 작업을 하다가 용사들과 담당관만 두고 퇴근하는 것이 실제로 거의 불가능하다는 것을 알았다. 좋은 제도가 생기고 매년 군대는 좋아지고 있다. 나 또한 군대에 입대할 때와 비교하면 좋아졌지만 그렇다고 임신 여군이나, 육아하는 여군들이 편하게 눈치 보지 않고 생활할 만큼의 제도는 아니라는 게 문제다. 내가 육아시간을 쓸 수 있음에도 쓰지 않고 군 생활을 하는 것을 알아달라는 것은 아니지만 있는 제도도 활용할 수 없다면 그런 부대에서 고생하는 것을, 지휘관이 알아야 하는데 그땐 그 제도를 여군들만 안다는 것도 허울뿐인 일·가정 양립 제도이고 저출산의 문제라고 생각했다.

나쁜 지휘관의 슬픈 미래 예감

군대나 회사나 좋은 사람이 남는 건 아니다. 더구나 회사나 공무원은 정년이 길지만 군대는 전쟁을 위해 존재하기 때문에 정년이 매우 짧다. 그중에서도 장교는 더더욱 그렇다. 누군가는 장교를 비정규직 직업군인이라고 말하기도 했다. 본인이 원해도 일을 잘해도 적과 싸워 이길 수 있는 능력을 갖춰도 진급이 마음대로 되는 건 아니었다. 진급이 안 되면 나이 정년 또는 계급정년에 맞춰 전역을 해야 했다. 그 나이가 난 고작 만 43세이다. 특이케이스였던 나는 계급정년이 아닌 나이 정년에 전역한다. 공무원이나 공기업 회사원이 60세에 퇴직하는 것에 비해 빨라도 너무 빨리 직장을 잃어야 한다. 어떤 원대한 꿈을 가지고 군대에 들어왔던, 몸이 망가지는 줄도 모르고 일에 미쳐있던 그게 결과로 나타나면 좋겠지만, 인생에 인맥도 줄도 없었던 내가 군대에서 그런 게 있을 리 만무했다. 선생님들과 부모님 세대에서 열심히 하면 된다는 말을 듣고 자랐고, 그렇게 했다. 그런데 시간이 지나고 보니 열심히 하지 않아서 결과가 이런 것은 아니다. 억울해서 잠이 들지 않았던 때도 있었다. 억울했다는 것은 열심히 살았다는 증거라고 말한 김창옥 강사님의 강의가 생각났다. 현재 우리나라의 문제가 과연 열심히 살지 않았기 때문일까? 열심히 살지 않았던 사람들은 잘 안되어도 그렇게 억울하지 않다. 정말 진심으로 열심히 해봤으므로 억울한 것이다.

이 글을 어떤 사람들이 얼마나 많이 읽게 될지는 알 수 없지만, 비선을 겪어본 사람은 모두 공감할 거다. 열심히 살며 비선을 겪어본 분들에게 작은 위로가 되고 싶다. 장황하게 설명한 군대 이야기는 어떤 사람에게는 인생이 달린 문제다. 그래서 장교들은 평정권자가 자기의 목줄을 잡고 있다는 표현을 한다. 강아지 목줄을 잡은 주인과 강아지의 모습이랄까. 모든 장교는 진급을 위해 군 생활을 한다. 진급만을 위해 살지는 않지만, 정년이 줄어드는 만큼 장교는 더더욱 진급에 예민하다. 그렇지만 공정하지도 않고, 투명성은 더더욱 없는 군 조직의 진급에서 나는 결국 끝까지 실패했다. 일 가정 양립을 이루어 보려고 했던 때, 보직 심의 전 대대장과 중대장 보직에 관해 대화할 때다. 모든 결정을 대대장이 하는 것이 아님에도 여군인 것도 맘에 들지 않고 애도 어리고 중대장을 잘할지 알 수 없다는 이유로 내가 보직되는 것이 싫다고 했다. 남편과 분업하면서 부대에 문제없도록 중대장을 잘하겠다고 말씀을 드렸지만 "넌 애도 잘 키우고, 진급도 하려고 하냐? 너무 욕심이 과한 거 아니냐?"라는 답을 들었다. 열심히 하면 되는 줄 알았지만, 그저 열심히 하는 정도로는 출신이나 인맥 없는 내가 필수 보직에 들어갈 수 없다는 것이 속상했다. 그 이후에도 수많은 인격모독에 해당하는 말들을 들었지만 참아야만 진급을 기대할 수 있었다. 나쁜 지휘관의 예감은 슬프게도 정확하게 맞았다. 아래는 최근 신문의 내용의 발췌 부분이다. 군의 진급 제도를 바라보는 시선이 나 혼자만의 생각이 아니다.

『진급 대상에 오른 군인들은 지휘관 혹은 동료들과 술로 초조함을 달랜다. '초조'라는 단어의 부정적 뉘앙스 때문에 '격려주', '확신주'라는 용어도 파생됐다. 민간 조직에서도 승진이 중요하지만, 군에서의 진급은 모든 군인의 꿈이자 희망이다. 진급이 안 되면 조기에 강제 전역을 해야 하기 때문에 군인들은 장기복무 선발과 진급에 목을 맨다. 그러나 진급은 자기가 잘한다고 다 되는 게 아니다. 이른바 '자력'이 좋지 않더라도 지휘관 등 상급자 눈에만 들면 진급할 수 있는 게 군 인사시스템이기 때문이다. 부대에서는 실제로 장교 진급 심사 배점의 경우 100점 만점에 근무평정(고과표)이 70점, 교육 5점, 체력 5점, 지휘추천 10점, 자기개발(가첨) 0.4점 등으로 구성된다. 근무평정을 매기는 사람이 1·2차

상급자이기 때문에 '상급자 바라기'가 될 수밖에 없다. 게다가 진급 당해연도 지휘관이 부하들의 진급 서열을 매기는 지휘추천 배점이 상당해 진급 당락의 절대 요소로 작용하고 있다. 근무평정을 여러 번 좋게 받았더라도 진급 당해연도에 지휘관 추천 서열을 못 받으면 진급이 안 되고, 반대로 평정이 나빠도 지휘 추천을 잘 받으면 진급이 되는 경우가 다반사다. 그러다 보니 온갖 인맥을 동원해 지휘관과 친분이 있는 상급자 등을 찾아다니며 지휘추천 '청탁'을 하기도 한다. 게다가 지휘추천이 잘 되거나 숫자 자체가 많이 있는 보직에 있어야 진급 가능성이 높아진다. 이를 찾아다녀야 하기 때문에 힘들고 눈에 띄지 않는 보직은 가려 하지 않는 경향이 있다. 소위 '좋은 보직'에 가지 못한 인원은 애초부터 진급 경쟁에서 뒤처져 근무 의욕이 저하될 수밖에 없는 구조다. 장기복무 심의 배점은 더욱 심하다. 장교 중 장기복무 선발은 2~3년 차 때와 5년 차 때 등 두 번의 기회가 주어지는데 지휘추천 배점이 100점 만점 중 각각 30점·25점에 달한다. 이에 더해 부대추천 10점도 있는데 이 역시 지휘관이 부여하는 것이기 때문에 지휘관 마음에 들어야 사실상 장기복무자로 선발될 수 있다. 이렇다 보니 군이 본연의 임무와 무관한 지휘관의 성과 내기 이벤트에 매몰될 수밖에 없고, 그 시간에 해야 할 교육훈련이 이뤄지지 않는다는 지적이 제기된다. 특수전사령관을 지낸 전인범 예비역 중장은 "지휘 추천은 미군도 운용하는 제도인데 미군에선 참고 자료 중 하나에 불과하다"면서 "원래 취지는 지휘권을 확립하는 데 있었지만, 한국군에서는 진급에서 막판 뒤집기가 가능한 제도가 됐다"라고 지적했다.」【출처: 이데일리/ 軍 지휘관 확립을 위한 지휘추천, 진급 '막판뒤집기' 제도 전략 중에서】

1차 진급 시기에 전 세계가 코로나로 들썩였고, 군대는 다른 곳보다 더 심하게 타격을 받았다. 사람들이 밀집해 집단생활을 해야 하는 곳이다 보니 그랬다. 군대에서는 진급 발표 전 지휘관이나 선배들이 진급 대상자들에게 '초조주'를 사주는 문화가 있다. 1차 진급 대상자였을 때는 코로나로 초조주나 격려주는 생각도 못했다. 진급 발표 며칠전, 그냥 지나기 아쉬운지 통신 사령관님이 대상자들과 점심 식사 자리를 마련해주셨다. 자리에 앉아 사령관님이 오기를 기다리면서도, 도착해서 초밥을 먹는 순간에도, 평소 말이 없고 무뚝뚝한 사령관님과 대화를 한다는 게 낯설었다. 소소하게 초밥 도시락을 먹으며 지휘관의 지난 이야기를 모두 듣기만 했다. 대화보다는 강의에 가까운 시간이었다. 사령관님의 군 생활 중 진급 심사 경험에 관한 이야기를 꺼내기 시작했다. 사령부 영내 식사에 참석했던 진급 대상자 11명 중 남군이 5명 여군이 6명이었다. 그 자리에서 사령관님의 경험담을 요약하자면 '그럼에도 불구하고'였다.

"내가 첫 진급 심사에 갔을 때, 부부를 같이 대상자로 심사를 해야 했다. 자력이나 평정은 여군이 좋더라, 그런데 그럼에도 불구하고 내가 남군을 진급시켰어." 이 말을 듣고 맛있게 먹던 초밥을 체할 것 같았다. 어리둥절한 우리에게 "이런 상황에서 너희는 누구를 진급시킬 것 같냐?"라고 질문했다. 성별을 떠나, 거의 모든 대상자가 자력이 좋은 여군이 진급이 되는 게 맞다고 대답했지만, 사령관님은 그 대답이 틀렸다는 표정으로 말했다. "나는 그럼에도 불구하고 가정의 평화를 위해 남군을 진급시켰다"라고 말씀하셨다. 2020년에 저런 생각을 머릿속으로 하는 것도 소름이 끼치는데, 저런 말을 여군을 앞에 앉혀두고 한다는 게 도대체 이해할 수 없었다. 가슴 밑에서 끓어오르는 화를 주체할 수 없어서 적막함을 깨고 역으로 질문했다. "사령관님, 그래서 그 가정의 평화는 지켜졌습니까? 제 생각에 그 해 그 가정은 여군에게 선택과 집중을 했을 수도 있다고 생각합니다." 사령관님의 말씀에도 적막이 흘렀지만, 내 질문에 통신사 카페가 더 고요해졌다. "그때는 그런 생각을 못 했네…." 말끝을 흐리고 지나버렸다. 더 따져 묻고 싶은 게 수만 가지였지만 화를 삼키고 맛도 느껴지지 않는 초밥을 씹어 삼켰다. 자리가 끝나자 여군 선배들은 내가 하고 싶었던 말을 용기를 내서 해줘서 고맙다고 했다. 누구에게 고맙다는 말을 들으려고 한 것은 아니었다. 나처럼 무모한 용기를 내는 사람은 없었다. 그게 잘한 일이 아니라는 것을 모르는 것은 아니지만, 참아지지 않았다.

단지 여자라는 이유로 더 열심히 살았던 10년을 포기시킨 일화가 창피한 일인지도 모르고 자랑스럽게 말하는 지휘관을 내가 선택할 수 없었던 그 시기. 그렇게 나는 자의 반 타의 반으로 전역하기로 결심했다.

수의를 벗고 전쟁터로 떠난 여자 (부제 : 전역)

스무 살, 개나리 피던 날 단풍 하사가 되어
대한민국 육군 장교로 떠나는 날까지
여자는 매일 아침 수의를 입었다.

수의를 입는 순간 두 아이의 엄마도,
누군가의 아내도 아닌
진짜 군인이 되었다.
화장 대신 위장을 하는 손이 비장했다.
참혹했던 마지막 전투로 형체를 알아볼 수 없는 얼굴
다물지 못한 입엔 군번줄만 남겨졌다.
그 자리는 무덤이 되고 아침에 입었던
군복은 수의가 되었다.

조국의 부름에 주저 없이 뛰어가
마지막을 준비하는 여자는 매일 아침 수의를 입었다.

20년을 입었던, 명예로웠던 군복을 오늘 벗는다.
수의를 벗고 위장 대신 화장을 한다.
이제, 엄마 갑옷으로 환복하고 또 다른 전쟁터로 걸어 들어간다.

_이정윤

• 일곱번째 이야기 •
새로운 갑옷 입고 나아간다.

여군으로 살았던 20년. 이젠 예쁜 여자로 살고 싶다. 고등학교 졸업 후 한창 예쁠 나이에 전투복을 입고 20년을 넘게 살았다. 화장해도 욕먹고, 안 해도 욕먹고, 여자들만 아는 단발머리에서 긴 머리가 되는 과정을 '거지존'이라고 표현하는데 머리가 잘 묶이지 않는다. 전투복에는 단발머리가 조금만 길어도 불려 가는 일은 일상다반사였다. 염색, 네일아트는 다른 세상 이야기였다. 그래도 전투복을 선택한 일을 후회하지는 않았다. 막상 전역을 앞두고 마지막 전투복을 벗어 던진 날부터 나는 하고 싶은 것들을 생각해 봤다. 글을 쓰고 싶고 성공하고 싶고 돈을 많이 벌고 싶고 부자가 되고 싶었다. 그런데 시간이 걸리는 노력보다 먼저 한 것은 미용실에 가서 염색하고 네일을 받는 것이었다. 한 번도 못 해봤던 일을 해보고 싶었다. 푸릇했던 이십 대부터 통제된 생활만 하다가 이제 군복에 어울리는 화장과 머리를 하지 않아도 되는 자유를 얻고 나니, 나는 예뻐지고 싶었다. 예쁜 여자로 살고 싶었던 바람을 마흔 넘어 알게 되었지만 건강하고 예쁜 여자로 살고 싶다. 버킷리스트로 내년엔 머슬마니아에 도전하고, 배드민턴 대회에서 입상하겠다는 목표도 있다.

다시 문학상에 도전하기 위해 글을 쓰기 시작했다. 고등학교 때 아르바이트를 같이하면서 집안 분위기가 비슷해서 고민도 비슷했던 친구 선아가 요즘 아이들을 키우는 걸 보면서, 나는 아이를 키우면서도 힘들 때 내 상처와 결핍을 핑계 삼았다고 느꼈다. 나와 비슷한 결핍이 있던 선아는 환경을 탓하지 않고 아이를 너무나 바르고 사랑스럽게 잘 키웠다. 그렇게 사랑스러운 아이로 키우기 위해 얼마나 힘들게 노력했을지, 친구지만 늘 존경스럽다. 세상에서 가장 소중한 하린이와 보겸이가 행복하도록 좋은 엄마, 예쁜 엄마가 되는 것이 내 인생 가장 큰 목표다.

미뤄둔 꿈, 이제 다시 글을 쓴다

32살, '경제적 여유' 때문에 '꿈을 찾는 나'를 잠시 내려뒀다. 나의 인생 드라마 '9회 말 2아웃'에서 작가 지망생이었지만 작가 길은 안 열리고 책 근처에는 살고 싶어서 출판사에 근무하는 난희의 고백에 10번을 넘게 드라마를 보면서 매번 울었다. 아마도 나와 닮은 주인공의 고백이 내 마음 같아서였을까? 서른에 아무것도 이룬 것이 없다고 생각한 난희의 고민을 서른이 가까운 그 시기에 봤을 땐 서른은 참 아픈 나이 같았다. 이뤄둔 것이 없는 서른의 아픔이 엄청나게 크게 느껴졌는데, 마흔이 지나고 나니 서른에는 조금 아프고 미숙해도 된다는 걸 이제 알았다. 10번째 신춘문예에 떨어진 난희가 말했다. "사실 나는 재주가 없어. 그걸 내가 알아. 근데 쓰는 게 너무 좋고, 자꾸 쓰게 돼. 그냥 앉아 있으면 생각이 나. 정말 노력만으로는 안 되는 걸까?" 드라마 속 난희처럼 실제를 살아가는 나도 아무것도 이뤄놓은 것이 없이 서른이 되는 현실이 무서웠다. 재주도 없는 내가 글로 성공한다는 보장도 없던 현실에서 그저 꿈을 이루기 위해 나아가는 게 맞는지 내가 나를 이해시킬 수 없었다. 친구들은 결혼하고 전세를 알아보는데 나는 월세를 걱정하고 열심히 살았던 시간이 지났지만, 잔액 없는 통장이 쓸쓸하고, 글을 써서 먹고 살 수 있을지 모를 불안한 미래가 가장 억울했다. 결국 나는 돈 없이 버틸 수 있는 시간에 굴복하고 다시 군에 들어갔다. 꿈을 접은 지 13년 만에 이젠 다시 꿈을 이루기 위해 문학의 길로 들어가려 한다. 세상 모두가 사랑하는 유명한 작가가 될 수 없어도 나는 문학을 꿈꾸고 행복했던 그때처럼 다시 살아보기로 했다. 모든 이야기에는 끝이 있지만 인생에서의 모든 끝은 새로운 시작을 의미한다고 비선과 전역은 작가의 길의 시작을 의미하는 것이 아니었을까?

나다움을 찾는다

글을 쓰고 싶다고 생각하면서도 막연했다. 재주는 없고 좋아하기만 했던 글쓰기는 언제나 꿈이었다. 이룰 수 없는 꿈이라고 생각했다. 그저 만질 수 없고, 가질 수도 없는, 쳐다만 봐야 하는 별 같은 꿈이었다. 언젠가는 내 이름으로 된 책을 내는 게 꿈이라고 말했다. 근데 진짜 그게 꿈일까? 뭘 쓰고 싶은지 모르고 대학교에서도 두각을 나타내는 장르가 없었다. 완벽하지 않아도 소설을 쓰고, 동시를 쓰는 동문을 보면서 부러웠다. 그랬던 내가 지금은 내 이야기를 담담하게 써 내려가고 있다. 나와 닮은 사람들과 나와 다른 삶을 살았던 이야기를 담아내고 있다. 같이 글을 써보면 좋겠다고 내가 말을 꺼냈다. 꺼낼 때도 하늘의 별처럼 먼 이야기일 줄 알았는데 나보다 훨씬 멋진 사람들이 날 이끌어 주고 난 지금도 책상에 앉아 있다. 내가 가장 하고 싶은 이야기와 내가 가장 꺼내기 어려운 이야기가 섞여 있는 이 페이지가 끝나야만 내 인생의 또 다른 페이지로 넘어갈 수 있다. 그동안은 매번 핑계만 대고 실패했던 일을 진심을 담아 쓰고 있는 지금이 소중하다. 열심히 해도 안 될 때 정말 열심히 했던가 스스로 질문해 보면 나를 포함한 몇몇은 돈이 없는 부모 탓, 과외를 못 해서 원하는 대학을 못 갔던 핑계를 댄 것은 아닐까? 한 번 실패했을 때 패배의 원인을 찾아서 이겨낼 방법으로 만드는 것과 패배의 원인을 핑계 대기 시작하면 똑같은 상황에서 또 패배하는 걸 조금은 늦게 깨달았다. 공평하지 않은 세상을 내가 바꿀 수 없다면 그 세상이 나를 내칠 수 없을 만큼 압도적으로 잘하면 된다. 부당한 지시라고 생각되면 저항하되 각오해야 했었다. 많은 것을 잃었다고 생각했지만 어쩌면 얻은 게 더 많은 것 같다.

나는 지금 꿈을 이룬 걸까? 아마도 우리는 모두 꿈을 이뤄나가는 중일 것이다. 내 인생은 꿈을 이루는 게 조금 늦고 성공하는 데 시간이 걸리는 것뿐이다. 내가 소위 임관을 남들보다 8년 늦게 서른두 살에 한 것처럼, 틀린 게 아니고 다른 것이다. 다른 걸 틀린 거로 생각하고 후회하고 보냈던 시간도 있다. 이제는 남들과 비교하지 않고 조금 늦은 나만의 삶을 사는 데 집중해 보려 한다. 얼마나 크고 멋지게 성장하고 성공할지 기대된다. 온전히 쉬는 법도 몰랐던 내 인생에 쉼도 여유도 알고 더 멋진 중년의 꿈을 이룰 작가로 가는 길. 인생에서 반드시 만나야 할 단 한 사람 인생에서 가장 중요한 나를 응원한다. 내 인생의 주사위를 던질 기회는 군 생활 중이 아니라 지금이라는 생각이 든다. 최소한 한 칸은 전진할 기회를 두려움 때문에 잃지 않고 가겠다. 재능의 부족이 아닌 결심의 부족으로 실패하는 사람으로 남고 싶지 않다. 돈이 전부는 아니지만, 경제적 여유를 포함해 성공하는 날까지 글을 써보기로 결심했다. 학연, 지연, 나이 등 인맥이 전혀 관련 없는 우리가 자기계발이라는 알고리즘을 통해 만나 같은 꿈을 향해 조금씩 나아가는 지금, 내 옆에 있는 사람들에게 감사하다.

이끌어 주고 응원해 주는 힘으로 포기하고 싶던 순간을 잘 견딜 수 있었다. 키보드 소리가 고요함을 깨우는 아이들이 자는 밤이 좋다. 아이가 깰지 가슴 조이며 시작한 우리의 글쓰기. 자는 시간을 제외하고 공저 책이 나오는 순간을 상상한다. 정말 잘하고 싶다. 누군가에게 위로이고 누군가에게 추억이 되었으면 좋겠다. 20년을 함축하다 보니 좋았던 기억보다는 안 좋은 일을 나열해 놓은 거 같아 걱정스럽다. 나에게 군 생활은 추억이 아닌 인생이었다. 후회되는 순간도 있지만 내 인생에서 군대 이야기를 뺄 수도 없을뿐더러, 인생은 원래 희로애락이 있는 것이다. 감사한 부분과 좋았던 일들도 이야기할 수 있는 날과 기회가 있기를 바란다. 상처받았던 순간들을 표현한 부분에서 읽는 분들의 오해가 있을 수 있지만, 최대한 조심하려 노력했고, 고민이 많았음을 알아주시기를 바란다. 이글을 끝까지 마무리하게 함께해 준 소중한 경은님, 서은님, 수정님께 감사를 표한다.

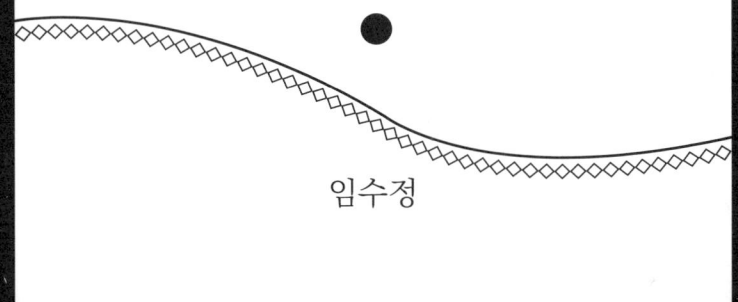

온라인 N잡러 임대표

임수정

타고난 '경청자(Listener)'이면서 동시에 '교육자(educator)'라 퍼스널 브랜딩 컨설팅을 통해 수익화 전략실행으로 많은 스타트업을 돕고 있다. 저자는 마음이 아픈 사람의 치유를 돕고 시간을 유의미하게 보내기위해 애쓴다. 사랑을 흘려보내는 것이야말로 인생의 존재이유라 믿고 있다. 강점 기반의 커리어 비즈니스 코치로 활동하는 저자는 클래식 피아노를 전공하였으며, '반주법 레슨'과 '피아노 레슨법' 교육가로 활동하기도 했다. 중학교때 시작한 교회 예배 반주는 벌써 30년의 관록을 자랑한다. 임수정 대표는 결국 다양한 N삽질을 통해 '프로 N잡러'로 자리잡았다. 브런치 작가로 글을 나누고 많은 이들의 온라인 생존을 응원하며 프로 N잡러의 노하우를 나누고 현재는 여성의류 온라인 쇼핑몰을 운영하는 7년차 법인 대표이며 프로 N잡러답게 온라인 수익화의 다양한 비즈니스 모델을 운영 중이다.

• 첫번째 이야기 •
열아홉, 어쩌다 직장인같은 게 되다

피아니스트를 꿈꾸는 소녀

어린 시절의 난 피아니스트를 꿈꾸었다. 크리스마스가 다가오던 어느 해 겨울. 성탄 발표회 준비를 위해 매일 교회에 갔다. 노래를 하고 율동을 하는데 나보다 한 살 많은 언니는 피아노를 쳤다. 어린 나이에 그 모습이 너무 부러웠다. 쉬는 시간이 되면 언니의 어깨너머로 피아노 치는 모습을 유심히 보면서 눈으로 익히고 또 익혔다. 언니가 잠시 자리를 비웠을 때 나는 잽싸게 앉아서 피아노 연주를 따라 해보았다. 단 한 번도 배우지 않았지만 열심히 눈으로 익히고 따라 했다. 서툴긴 했지만 제법 비슷하게 치는 나를 보며 친구들은 깜짝 놀랐다. 그랬다. 어린 시절의 난 피아노를 한 번도 배운 적 없었지만 어깨너머 눈으로 익힌 연주를 제법 비슷하게 재연해 낼 정도의 재능을 타고났다. 워낙 소심하고 말 수가 적었던 나였지만 피아노가 너무 배우고 싶어 용기 내어 부모님께 말씀드렸다. 부모님께서는 "꿍얼꿍얼 뭐라고 말하는지 제대로 알아들을 수도 없다."고 답답해하시더니 말을 그렇게 들리지도 않게 하면 아무도 못 알아듣는다며 웅변학원에 등록해 주셨다. 피아노 학원에 다니고 싶었는데 난데없이 웅변학원에 다니게 된 것이다. 그 덕분에 목청이 터졌는지 지금도 의사소통과 전달력에는 전혀 문제가 없긴 하다. 웅변소녀가 되어갈 때쯤 난 다시 한번 피아노 학원에 보내달라고 졸랐다. 근데 부모님께서는 가기 싫다는 오빠를 피아노 학원에 보내고 난 주산학원에 보내주셨다. 분명 부모님의 깊은 뜻이 있었겠지만 두 번째 거절에 난 크게 실망하고 낙심했다. 종종 오빠를 따라가 대신 피아노 연습을 하고 진도표 동그라미를 쳐준 기억이 있다. 오빠는 피아노에 별로 흥미도 없고 엄청 귀찮아했다. '나나 보내주지...' 다시 부탁을 드려봐도 늦게 배우기 시작하면 더 빨리 배운다며 보내주지 않으셨다. 그때 나는 초등 1학년이었다.

꿈은 꺾이고 좌절만 남다

초등학교 6학년 생일. 드디어 소원하고 소원하던 피아노 학원에 다니게 되었다. 부모님께서 6학년 생일선물로 집 앞에 있는 피아노 학원에 등록해 주신 것이다. 피아노 학원의 문턱을 넘기까지 6년이나 걸렸기에 세상을 다 얻은 듯 기뻤고 빠르게 진도를 빼기 시작했다. 등록한 지 한 달도 안 돼서 바이엘을 마스터하고 바로 체르니에 들어갔다. 학원 선생님들과 부모님께서는 평균보다 월등히 빠른 속도로 진도를 빼는 모습을 보며 놀라셨고 엄청 칭찬해 주셨다. 피아노 학원에서 살다시피 지냈다. 말수도 적은 아이가 내내 피아노만 열심히 쳐댔던 것이다. 중2 때부터는 교회에서 반주를 시작했고 피아노에 대한 열정은 계속 이어졌다.

중2 겨울 무렵 피아노 선생님께서 예고에 가려면 입시 레슨을 받아야 한다고 말씀 하셨다. 본격적으로 준비를 해야 하니 부모님께 말씀드리고 허락받아오라고 하셨다. 비록 늦게 시작해서 예중은 못 갔지만 예고에 갈 수 있다는 기대감과 들뜬 마음을 안고 부모님께 말씀드렸다. 하지만 돌아온 건 피아노는 이제 그만 배우는 게 좋겠다는 답변이었다. 조금 있으면 오빠가 대학교에 가야 하기 때문에 경제적 부담이 있으니 피아노는 여기까지만 하는 게 좋겠다고 말씀하셨다. 하늘이 무너지는 것 같았다. 피아노가 나의 전부라 생각했는데... 오빠는 어릴 때부터 공부를 잘했지만 나는 피아노를 잘 쳤는데 내가 희생해야 하는 상황이 억울했다. 공부는 따분하고 재미도 없는데 피아노를 안치니 하긴 해야 했다. 하지만 이제 와서 공부를 하려니 머리가 돌아가줄 리 없었고 하이틴 로맨스 소설만 주구장창 읽어댔다. 피아노가 아니면 그 무엇도 상관 없었고 '될 대로 되라'는 심정이었다.

밴드부 덕분에 공부란걸 하게 되다

공부엔 관심도 없었고 하지도 않았다. 공부하는 방법을 알고 모르고의 문제도 아니었다. 그냥 안 했다. 더 최악인 건 피아노 학원을 그만두면서는 피아노 뚜껑도 열지 않았다. 다 싫고 귀찮았다. 교회에서 반주만 유지하는 수준이었다. 그래도 고등학교엔 진학해야 하니 집 근처 인문계 고등학교에 원서를 썼다. 그때는 고입고사가 있던 시절이었고 시험을 보면 합격자 발표가 학교 정문에 붙었다. 여전히 공부는 뒷전이었고 고입고사는 준비도 하지 않고 그냥 가서 시험을 봤다. 합격자 발표일 학교 정문에서 열심히 내 이름을 찾았다. 아뿔싸! 근데 내 이름이 합격자 명단이 아닌 예비합격자에 있는 것이 아닌가? 예비합격 5명 중 1명이 나였다. 무슨 대입도 아닌 고입에 예비합격이라니… 전혀 준비하지 않고 탱자탱자 놀기만 했던 지난 시간을 후회해도 때는 이미 늦으리. 부끄러워서 쥐구멍에라도 숨고 싶었고 부모님께는 골칫덩어리 딸이 되었다. 그렇게 난 예고도 아닌 인문계 고등학교도 아닌 실업계 고등학교인 전산상업고등학교에 입학하게 되었다. 그리고 이때 깨달았다. 다른 말썽은 1도 부리지 않고 다만 공부 의욕이 없어서 하지 않았던 것뿐인데 문제아가 될 수 있다는 사실을…

교통편이 좋지 않아 통학이 2시간씩 걸렸지만 누굴 탓하리오. 다 내 탓이지. 새벽부터 일어나 등교준비를 했고 6시면 이미 스쿨버스에 몸을 실었다. 나중엔 장거리 통학에 파김치가 되어 다니는 모습이 안쓰러우셨는지 등교 때는 아빠가 학교까지 태워다 주셨다. 전산고등학교였기 때문에 프로그래밍과 전산 실무를 배웠다. 생각지 못하게 덕분에 이때부터 컴퓨터를 제대로 배우게 되었다.

학교 내에는 전국 고등부 부문 1, 2위 실력의 밴드부가 있었다. 피아노에 대한 아쉬움을 여전히 맘속에 품고 있었던지라 밴드부에 지원했다. 남은 악기 자리는 트럼펫뿐이었지만 음악을 계속하고 싶은 마음에 지원했다. 밴드부 담당 선생님은 무척 엄하셨고 음악 한다는 이유로 공부를 소홀히 하는 것을 용납하지 않으셨다. 시험 성적이 상위 20% 안에 들어가지 않으면 밴드부를 내려놓아야 한다는 약속의 조항이 있었다. 나는 밴드부 트럼펫 주자의 자리를 지키기 위해 공부를 시작했고 상위 20% 안에 안착했으며 뒤늦게나마 공부하는 방법도 알아가고 있었다. 여전히 피아노를 마음에 품고 있던 나는 합창대회 때마다 반주로 실력을 뽐냈다. 피아노 덕분에 추종하는 선후배에게 팬레터와 선물도 종종 받았다. 참고로 난 여고 출신이다.

남겨지고 싶지 않아 섣부른 결정을 하다

밴드부에서의 생존을 위해 시작했던 공부 덕분에 고등학교 성적은 늘 상위 20% 안쪽이었다. 뒤늦게 공부하는 맛을 알게 된 게 좀 후회스럽긴 했지만 늦게나마 안 게 어딘가 싶어 감사했다. 원하는 고등학교에 진학했던 건 아니지만 학업도 밴드부도 학교 생활도 다 열심히, 재미있게 즐겼다. 다행인 건 정보처리반이었는데 프로그래밍도 재미있었고 컴퓨터 다루는 것도 참 흥미롭고 좋았다.

고3 여름이 지나고 2학기가 되니 취업에 대한 이야기가 나왔다. 교무실에는 기업들의 채용공고가 붙기 시작했고 상위권 학생들은 대기업, 증권사, 은행 순으로 취업을 나가기 시작했다. 나도 담임선생님 추천서를 받아들고 여기저기 면접을 보러 다녔다. 지금 생각해 보면 아무것도 모르는 애기애기한 나이였는데... 엄청 커 보이는 회사들과 빌딩 문턱을 넘으며 얼마나 두렵고 떨렸을까... 스스로 짠한 마음이 든다.

나름 네임밸류 있는 회사 몇 군데 면접을 봤는데 실력 부족이었는지 운이 없었던 건지 떨어졌다. 같은 반 친구들이 하나 둘 취업이 되었고 출근을 하느라 학교에 나오지 않았다. 친구들의 빈자리가 늘어갈수록 점점 조바심이 났다. 나쁘지 않은 성적이었기에 조금 기다리면 조건이 더 좋은 회사들의 채용공고가 뜰 거라는 선생님의 조언을 뒤로한 채 이름도 들어본 적 없는 회사에 면접을 봤다. 마포에 있는 아웃소싱 회사였다. 지금은 아웃소싱 업체라고 하지만 그때 당시엔 그냥 인력하청업체라고 불렀다. 보통은 1차 서류전형에 합격하면 2차 면접을 보러 오라고 하는데 이곳은 서류전형과 면접을 한날 진행했다. 물론 면접자도 나 혼자였고 결론이 예측 가능하겠지만 OO시스템㈜라는 회사에 최종 합격하게 되었다.

열아홉. 어쩌다 직장인같은 게 되다

내 나이 열아홉. 난 그렇게 첫 직장을 얻게 되었다. 첫 출근을 해보니 전직원이 사장님, 과장님, 대리님, 비서 겸 경리를 맡고 있는 대리님 그리고 나 이렇게 5명이었다. 대기업까지 바란 건 아니었지만 이렇게 또 단출할 거라고는 생각지도 못했다. 아무튼 고3이었던 열아홉 10월 나의 첫 직장생활이 시작되었다.

그 당시 난 광명에 살고 있었고 마포까지 한 번에 가는 일반 버스 편이 없어서 주로 좌석버스를 타고 출퇴근을 했다. 여의도공원이 생기기 전 그곳에서 롤러스케이트도 타고 자전거도 타며 친구들과 놀았는데... 출퇴근 길 버스를 타고 그곳을 지날 때면 나는 아직 어린 것 같은데 왜 사회의 쓴맛을 보고 있나 싶은 게 괜스레 서글펐다. 10월에 취업을 나갔기 때문에 겨울을 지내면서 몸도 마음도 더 추웠던 모양이다. 버스가 여의도를 지나 마포대교를 건너면 나의 첫 직장이 있는 곳이었다. 셀수 없이 많은 높은 빌딩들. 그 속에선 칸칸이 크고 작은 회사들이 운영되고 있었다. 인력회사였기에 본사에는 5명이 근무하고 있었지만 우리 회사 소속 직원들을 다양한 곳으로 파견 보내는 일들이 주로 이루어졌다.

파견직원까지 합한 전 직원이 몇 명 정도였는지는 기억나지 않는다. 간간히 사무실로 걸려오는 전화로 목소리로만 인사하게 되는 경우가 대다수였다.

매달 급여일이 되면 직원 급여리스트를 뽑아 들고 은행에 가서 입금처리를 했다. 인력회사였기 때문에 4대 보험 취득, 상실 신고도 잦았다. 건강보험 공단을 엄청 드나들었던 기억이 있는데 꼴랑 고3이었던 내가 그게 뭔지 어떻게 알았겠는가. 지금 생각해 보니 취득, 상실 신고차 다녔던 것 같다.

총무팀 대리님(회사에서 유일한 여성동지 언니였다.)이 서류 준비해서 다녀오라고 하면 심부름 다니는 수준이었으니 무슨 일인지 알리가 없었다. 그래도 워낙 눈치도 있고 빠릿빠릿한 성향이라 시키는 건 그 누구보다도 잘했다. 뼛속까지 I (내향)인지라 애교 부리며 살갑게 대하지는 못했지만 그래도 눈치껏 분위기 맞추며 막내의 자리를 잘 지켜냈다.

열아홉. 난 그렇게 어쩌다 직장인같은 게 되어 있었다.

• 두번째 이야기 •

내 나이 스물, 벌써 두 번째 직장이라니

신기한 어른들의 세상에 일원이 되다

열아홉에 시작된 나의 첫 직장생활은 신기한 것 투성이었다. 또래 집단에서의 생활이 익숙했던 내가 어른들만의 리그에 들어와 있으니 어쩌면 당연한 일인지도 모른다. 다행인 건 전산 고등학교를 다녔기에 업무에 사용하는 컴퓨터 활용 능력은 제법 인정받았다. 밴드부 덕분에 고등학교 때 정신 차리고 공부도 하고 실습도 열심히 한 덕분이었다. 베테랑 선배들인 어른들께 칭찬받으니 괜스레 우쭐했다. 어쩌면 까마득히 어린 녀석이 아등바등 애쓰는 모습이 안쓰러워 격려의 멘트였는지도 모르겠다. 아무렴 어떤가? 서툴기 짝이 없던 사회 초년생 신분인 내가 기죽어 다니지 않을 수 있었으니 말이다. 마른 체형, 보통 키의 소유자 사장님은 말수가 워낙 적으셨다. 하지만 술이 들어가면 술술 말씀하셨고 그 덕분에 퇴근 후 저녁식사와 함께 반주를 즐기시는 일이 잦았다. 직원 모두가 함께할 때도 있었지만 보통은 사장님과 언니(대리님이지만 나는 언니라고 부를 수 있도록 허락되었다.)와 나 이렇게 셋이 식사하는 경우가 많았다. 회와 해산물을 좋아하셨던 사장님 덕분에 회를 먹을 때는 청주를 곁들이는 게 깔끔하고 뒤끝도 없다는 사실을 주입식으로 알게 되었다. 추운 날씨에는 마포 뒷골목에 있는 투다리에서 꼬치와 뜨끈한 정종을 한잔씩 마시고 헤어졌다. 기독교 집안에서 자랐고 모태신앙이었는데 이때 사장님 덕분에 뜨끈한 정종을 맛보게 되었다. 그 덕분에 집에 오는 좌석버스 안에서 깊이 잠들었다. 날씨는 춥지, 차 안은 따뜻하지, 정종은 온몸을 녹아내리게 하지… 술을 데워 먹으면 쉽게 맛이 간다는 사실을 이때 제대로 알아버렸다.

어린 나이였기에 회사 돌아가는 사정은 잘 몰랐지만 어느 날부턴가 사장님 신경이 늘 곤두서 있었다. 나를 제외한 상사들은 수시로 사장님의 화받이가 되곤 했다.

나는 그저 눈치만 볼뿐 할 수 있는 게 아무것도 없었다.

두 번째 직장에 입사하다

회사 사정이 점점 좋아지고 있는지 사장님은 다시 예전의 컨디션으로 돌아오셨고 그즈음 예전과는 다르게 사무실에 손님들이 자주 찾아오셨다. 우리 회사는 유형의 물건을 팔지 않았는데 찾아오는 손님들 모두 카드결제를 했다. 이상했다. 우연인지 그 무렵 난 은행 심부름을 자주가게 되었고 예전과는 다르게 항상 현금 인출이 주된 업무였다. 한 달여쯤 돌아가는 상황을 관찰해 보니 사무실에 찾아오는 손님이 카드 결제를 하면 언니는 현금봉투를 내밀었다. 말단 직원이었던 나에게는 그 누구도 설명해주지 않았지만 뭔가가 잘못 돌아가고 있다는 걸 직감적으로 깨달았다. 며칠 더 지켜보다가 상의할 곳이 없었던 난 퇴근 후 아빠께 회사 상황을 말씀드렸다. 아빠를 통해 우리 회사 내에서 벌어지고 있는 일들은 카드깡이라는 불법 행위라는 걸 듣게 되었다. 아무리 심부름이지만 크리스천으로서 불법 행위에 가담하고 싶지 않았고 미래가 보이지 않는 회사에 사표를 내고 나왔다. 스무 살 4월 무렵. 난 나의 첫 직장을 잃게 되었다. 어릴 때부터 친하게 지내던 베프가 안양에 있는 OOO페인트 본사에 다니고 있었다. 워낙 붙임성도 좋고 적응력 200%인 친구는 인사팀분들과도 잘 소통했던 모양이다. 마침 회사에 여직원 TO가 있다는걸 알게 되었고 친구의 소개로 면접을 보게 되었다. 그리고 비록 낙하산 느낌이긴 했지만 OOO페인트 정직원으로 입사하게 되었다. 제조업 특성상 남자 직원이 월등히 많았고 인사팀과 총무팀을 제외한 모든 팀들은 여직원이 1-2명 정도였다. 내가 근무했던 팀은 기술팀이었고 여직원은 나 혼자였다. 5명이 내근을 했던 첫 직장에 비해 우리 팀 인원만 10명이 넘었으니 회사 전체 규모는 비교도 안될 만큼 어마어마하게 컸다. 팀 내에 여직원이 혼자였기에 이쁨도 많이 받았고 일도 똑소리 나게 한다고 인정받고 다닐 수 있었다.

어른들이 대기업 대기업 하는 데는 이유가 있구나

팀 내 나의 포지션은 페인트 배합을 전산화시키는 작업이 주된 업무였다. 그리고 팀이 돌아가기 위한 회계업무와 거래처에 제출할 보고서 작성 등의 업무를 맡았다. 여직원이 혼자였기에 이쁨도 많이 받았지만 잔잔한

잡무도 솔찮게 있었다. 그래도 팀 내에 입사가 비슷한 남자 직원 2명이 있었는데 나이는 나보다 6살, 7살 더 많았지만 나를 동기처럼 대해주며 잘 챙겨주었고 힘든 업무도 많이 도와주었다. 남자들만 드글드글한 소굴에서 혼자 살아남으려면 얼마나 외롭고 힘들겠냐고 하시며 잘 챙겨주셨다. 물론 이분들 말고 팀 내 모든 남자직원들 모두 너무 잘해주셨다. 내 앞전 선임 언니는 10년 넘게 근무한 베테랑이었는데 아무래도 비위 맞추기가 쉽지 않았던 모양이다. 그에 비해 애송이였던 내가 후임으로 왔으니 그분들의 마음도 이해가 될 것 같다.
"실수만 빼고 하고 싶은 거 다 해!" 이런 분위기였으니 말이다. 지금 생각해 보면 배려받고 존중받으면서 일했던 기억이다.
회사의 규모가 크다 보니 직원 복지도 좋았고 여직원회 모임도 주기적으로 있었다. 맛있는 밥도 먹고 영화도 보고 명목상 회의도 하는 등 여러 가지 활동을 했다. 회사 내에는 다양한 동호회가 있었는데 나는 합창 동호회에 들어갔다. 당시 노조위원장님이 합창 동호회 회장이었고 우리는 매주 정해진 요일에 노조사무실에서 노래 연습을 하며 친목을 도모했다. 음악이 좋아서 찾은 동호회에서 나는 피아노 반주를 맡게 되었다. 비록 피아노 전공자의 길을 걷진 못했지만 고등학교 때도 직장에서도 피아노 반주를 하게 된 점이 참 신기하고 뿌듯했다. 동호회의 대표적 활동 중 하나는 주기적인 고아원 봉사였다. 확실하게 기억은 안 나지만 '사랑의 집'이었던 것 같고 우리는 주기적으로 그곳을 방문해 아이들과 함께 노래하고 놀기도 했고 환경미화도 도왔다. 사회 초년생이라는 어린 나이였지만 직장 생활을 하면서 뜻깊은 활동에 참여할 수 있다는 것이 내심 뿌듯했다. 2년 동안 힘든 점이 없었다고는 말 못 하겠지만 그래도 나름 재미있는 직장생활을 할 수 있었다.

내 나이 스물하나, 명퇴를 경험하다

2년 차 되던 해 어느 날 출근을 하는데 회사 분위기가 심상치 않음을 직감했다. 제조업 기반의 회사라 1, 2단지로 나뉘어져 있고 굉장히 넓었는데 사무실까지 걸어오는 내내 평소와 다른 기운이 느껴졌다. 긴장스러운 마음으로 사무실에 들어갔는데 나의 동기뻘 남자직원이 사내게시판을 확인해 보라고 살짝 귀띔해 주었다. 떨리는 마음으로 사내 게시판을 확인하니 명예퇴직자

신청을 받는다는 공지가 올라와 있었다. 신청자들은 퇴직금과 함께 몇 개월치(확실한 개월수가 생각이 안 난다.) 급여를 추가로 지급한다는 내용이었다.

나는 큰 불만이 있었던 것도 아니었고 회사 생활에 어려움이 있었던 것도 아닌데 술렁이는 분위기 속에 왠지 그래야 할 것 같아서 명예퇴직을 신청했다. 팀장님께서는 팀 내에 한 명뿐인 여직원이 제출한 명퇴 신청서에 적잖게 당황하셨다. 내 자리는 업무 특성상 내가 퇴사를 하면 새로운 직원을 뽑아야 하는 상황이었던 거다. 팀장님께서는 다시 생각해 보라고 반려 처리하셨지만 무슨 똥고집이었는지 내 의견을 밀어붙이며 퇴사를 감행했다. 어린 마음에 퇴직금과 몇 개월 치 급여인 위로금을 목돈으로 받을 수 있는 건 기회일 수도 있겠다는 생각을 했다. 한편으로 추후에 더 어려워지면 위로금도 없이 회사에서 쫓겨날 수도 있을 거란 염려도 한몫했다. 그 정도로 뒤숭숭한 분위기였다. 전국적으로 우리 회사와 같은 일들이 무수히 벌어졌고 수많은 회사들이 부도가 났다. 날마다 뉴스에서 경제적 위험을 떠들어댔고 전 국민은 꽁꽁 숨겨두었던 금붙이들을 다 들고 나와 현금화시켰다. 그렇다. 바닥난 나라 경제를 어떻게

든 끌어올리고 나라의 부채를 줄이고자 자발적 금 모으기 운동까지 했던. 그래서 온 나라에 있는 금의 씨를 말린 대단한 사건이 일어났던 1997년. 그 이름도 유명한 IMF 사태였다.

내 나이 스물하나. 어쩌다 보니 세 번째 입사

팀장님과 팀원분들의 만류도 뒤로한 채 난 퇴직금과 위로금을 받고 퇴사를 했고 2년 만에 다시 백수가 되었다. 2년여 동안 직장에 다니며 받은 급여는 용돈을 제외하고 엄마가 관리해 주셨다. 백수가 되었다고 성인된 도리로 집에 손 벌리기는 싫었고 그동안 모아두었던 적금을 좀 달라고 말씀드렸다. 엄마께서는 미안해하시며 모아둔 돈이 없다고 말씀하셨다. 미성년 시절부터 친구들 다 가는 대학도 포기하며 벌어온 돈이었는데… 하나도 없다니… 하늘이 무너지는 것 같았다.
어릴 때부터 우리 집은 항상 경제적으로 어려웠다. 더 낙후된 지역, 더 좁은 집으로 이사도 여러 번 다녔고 그로 인해 난 꿈도 포기했는데… 꿈도 포기한 채 힘들게 벌어온 돈은 이미 우리 집 생활비로 다 쓰인 것일까? 늘 나만 희생해야 하고 손해 봐야 하는 상황이 너무 싫고 억울했고 눈물만 났다. 어린 마음에 더 상처가 되었던 건 아무리 어렵고 급해도 그렇지 나에게 동의조차 구하지 않았다는 사실이었다.

하지만 언제까지 원망만 하고 있을 수는 없는 노릇. 돈을 벌어야겠다는 생각에 거리에 꽂힌 벼룩시장을 들고 들어와 일자리를 알아보았다. 집에서 멀지 않은 곳에 위치한 피아노 학원에서 선생님을 모신다는 구인광고가 눈에 띄었다. 다시 피아노를 접할 수 있겠다는 생각에 면접을 봤고 비전공자임에도 불구하고 선생님으로 근무하게 되었다. 동네 피아노 학원들은 급여가 비싼 전공자들은 엄두도 못 내고 비전공자이지만 피아노 실력이 좋은 선생님을 선호한다는 사실을 그때 알게 되었다.

• 세번째 이야기 •

포기했던 꿈에 도전하다

나의 세 번째 직업, 피아노선생님

스물 둘. 벌써 세 번째 잡(job)이라니. 얼떨떨하고 서글픈 생각도 든다. 하지만 나의 서글픈 감정 따윈 사치. 그저 또 주어진 하루를 충실히 살아낸다. 피아노 학원은 내가 원생으로 갈 때와는 느낌이 완전 달랐다. 와... 학교 마치는 시간이 되면 20명의 아이들이 한꺼번에 들이닥친다. 나도 아직 애긴데 더 애기들이 우르르 쏟아져 들어와서 짹짹 거린다. 처음에는 누가 누군지 구분조차 못하겠더니 하루하루 지날수록 이름이 외워지고 아이들의 특징이 눈에 들어오기 시작했다. 한꺼번에 몰려들어 감당이 안되던 아이들을 그룹별로 나눠 A그룹은 연습실로 B그룹은 이론 공부하는 테이블로 보낸다. 먼저 피아노 연습을 한 친구들이 레슨 피아노 앞에 줄을 서고 나는 한 명씩 레슨을 시작한다. 레슨을 하는 중에도 이 아이 저 아이 치고 들어와 질문을 하고 다양한 요구사항을 표출한다. 내 아바타를 만들어서 이곳저곳 선생님이 필요한 타이밍에 보내주고 싶을 정도로 찾아댄다. 피아노를 정말 좋아하는 1인이지만 이곳이 학원인지 시장통인지 구분이 안 되는 상황에 현타가 제대로 왔다. 형식적인 레슨 시간이 반복되었고 그 누구에게도 집중할 수 없는 상황이 난감했다. 시간이 흐르며 많이 적응되긴 했지만 이때 난 결심했다. 나중에라도 절대 학원은 차리지 말아야겠다고. 레슨을 해도 개인레슨을 해야겠다고.

피아노 학원에서 아이들을 가르치면서 마음 한켠에 처박아두었던 꿈에 대한 열정이 스멀스멀 다시 올라오기 시작했다. 내 힘으로 대학을 가야겠다고 결심했고 어떻게 하면 피아노 전공을 할 수 있을지 알아보았다. 쉽지 않겠다는 생각은 들었지만 꼭 한 번은 도전해보고 싶었다. 월급을 받으면 생활비를 제외한 나머지는 전부 다 모았다. 대입 레슨비와 입학금, 등록금을 마련해야겠다는 생각이 들었기 때문이다. 다시 꿈을 꾸기 시작했다. 아무것도 시작하지 않았지만 잊고 있었던 감정이 다시 올라와 마구 두근거렸다.

계약직으로 재입사하다

피아노 학원에서 몇십 명의 아이들과 고군분투하던 어느 날 이전 직장에서 연락이 왔다. 내가 퇴사하고 회사 분위기가 워낙 뒤숭숭해서 내 후임을 뽑지 못했던 것이다. 그 당시 회사에서는 명예퇴직으로 인해 너무 많은 직원들이 떠났던터라 인력 부족에 시달리고 있었던 모양이다. 예전이라면 거의 다 정직원이었지만 거대한 폭풍이 지나간 후로는 계약직 형태의 고용이 압도적으로 높아졌다. 명예퇴직으로 회사를 떠났던 과거 인력들에게 계약직으로 재입사를 권하기도 했고 그중 한 명이 나였던 것이다. 피아노 학원에서 아이들을 가르치는 일도 좋았고 나름 만족하고 있었다. 하지만 대입이라는 꿈을 마음에 품은 상태였기에 급여가 더 높은 회사를 선택하는 게 낫겠다 판단했다. 1년 정도 피아노 학원에서의 선생님 생활을 정리하고 다시 예전의 회사로 재입사하게 되었다. 어차피 계약직이었고 오래 근무할 생각은 없었다. 학교를 가기 위한 자금을 마련하는데 모든 생각이 집중되어 있었다.

2년 동안 해왔던 일이었기에 업무적으로 어려운 건 없었다. 다만 가정형편이 급격하게 기울면서 불안한 직장생활을 하게 되었다. 자세한 건 잘 모르겠지만 아빠 사업이 어려워져 하루아침에 길거리에 나앉게 생긴 것이다. 부모님께서는 위험한 상황이 발생할지도 모르니 당분간 집에 오지 말라고 다급하게 연락을 하셨다. 친척집이나 지인집에 가 있으라는 등의 어떠한 대안을 마련해 주신 것도 아니고 그저 위험하니 당분간 피해 있으라 하시는데... 기댈 곳 없었던 난 그저 두렵고 절망스러웠다.

꼭 해내야겠다고 다짐 또 다짐하다

회사에서 친하게 지내던 친구에게 부탁을 했고 한 달 여쯤 친구집에서 지내며 출퇴근을 했다. 상황은 여기서 끝나지 않았다. 돈을 받아야 하는 사람들이 아빠에게 계속 연락을 해봤자 해결이 안 된다고 판단했는지 나에게 연락하기 시작했다. 회사로 불시에 전화가 걸려왔고 내 월급을 차압시키겠다고 했다. 협조하지 않으면 회사로 찾아오겠다는 협박의 말도 서슴지 않았다. 너무 무서웠고 이러다 부지불식간에 죽을 수도 있겠다는 생명의 위협까지 느꼈다. 퇴근을 할 때면 위험한 상황이 발생할 수 있으니 팀 내 남자직원들이 나와 동행했다. 나를 위한 그들의 행동이 너무 고마웠지만 다른 한편으로는 너무 부끄럽고 수치스러웠다. 하지만 생명의 위협을 느끼는 상황에서 나의 이런 감정 따윈 그저 사치일 뿐. 그 무엇도 생명보다 중요한 건 없었고 난 어떻게든 살아내야 했다. 나는 생명의 위협을 느끼며 하루하루 살얼음판을 걷는 기분으로 살고 있을 때 우리 오빠는 군대에 있었다. 의도한건 아니지만 우리 집은 항상 이런 식이었다. 어린 마음에 오빠는 항상 열외인 것 같은데 나에게만 가혹한 현실이 서글펐고 밤마다 눈물 쏟으며 잠들었다. 그것도 내 집, 내 방, 내 침대도 아닌 친구집 한켠에서 이불 뒤집어쓰고 숨죽여서 말이다.

이 일을 계기로 우리 집은 어렵게 마련했던 부모님의 첫 집인 아파트를 팔 수밖에 없었고 다시 비좁은 집으로 이사 가게 되었다. 슬펐다. 아주 많이 슬펐지만 그래도 이제는 생명의 위협을 느끼지 않아도 됐고 좁은 집이었지만 내 집, 내 방, 내 침대에서 잘 수 있어서 감사했다. 사람이 극한의 상황으로 몰리면 평범하게 유지되는 일상이 감사해지는 법.

주경야독 목표를 향해 앞으로!

집안 사정이 어느 정도 정리된 후 나는 모아두었던 돈으로 입시 레슨을 받기 시작했다. 교수 레슨은 비싸서 꿈도 꾸지 못했고 입시 전문 학원에 등록했다. 퇴근을 하면 학원으로 바로 갔고 12시까지 연습실에 처박혀 피아노 연습을 했다. 아... 너무 오래 쉬었다. 손가락이 내 맘대로 움직여지지 않는다. 예전에 쉽게 되던 것들도 마음만 급할 뿐 성에 차지 않는 수준이다. 막막했다. 하지만 어렵게 먹은 마음 또다시 포기하고 싶진 않았다. 그래서 독하게 연습했다. 또 하고 또 하고... 될 때까지 피아노 앞에서 씨름했다. 퇴근 후 나에게 주어진 시간은 너무 짧았다. 밥 먹는 시간도 아까워서 피아노 앞에서 빵이나 김밥으로 끼니를 때웠다. 그동안의 공백기를 채울 방법은 연습밖에 없었기에 정말 순간순간 주어진 시간에 최선을 다했다. 예술대학 입학전형은 피아노 실기 시험이 70% 이상 반영되지만 수능성적도 들어가기에 공부도 해야 했다. 서점에 가서 무작정 수능 모의고사 문제집을 샀고 12시에 집에 돌아와서는 새벽까지 수능공부를 했다.

그야말로 주경야독! 회사 → 피아노 연습 → 수능 공부 나의 생활은 이 패턴으로 돌아갔다. 시간을 더 확보하려면 잠을 줄이는 방법밖에 없었고 살인적(?)인 스케줄은 몇 달간 지속 되었다. 다만 두세 달이라도 입시 준비에 박차를 가해야겠다는 생각에 수능을 앞둔 가을의 어느 날 나는 퇴사를 했다. 퇴사 이후 난 아침에 눈 뜨면 연습실로 향했고 12시간씩 피아노를 쳤다. 내 인생 무언가를 이렇게 열심히 했던 시기는 없었다. 친한 친구들에게는 내 상황을 설명하며 양해를 구했고 연락을 잠시 끊었다. 꿈을 향해 나아가고자 하는 나의 열정은 다른 모든 것을 중단하게 했고 오로지 대입만을 위해 몰입했다. 실업계 고등학교를 졸업했던지라 수능 공부 또한 녹록지 않았다. 주요 과목은 따라갈 엄두도 못 내겠고 바짝 공부해서 성적을 낼 수 있는 암기 과목에 집중했다. 수능 성적은 딱 대학에 지원할 수 있는 수준으로 나왔다. 그나마도 어딘가. 벼락치기도 이런 벼락치기가 없었는데 말이다. 수능을 마치고 실기시험 전까지는 피아노와 한 몸이 되어 살았다.

꿈에 한 발짝 다가서다

결과는 어찌 되었을까? 난 그토록 원했던 예술대학 순수 음악과 클래식 피아노 전공 00학번으로 당당히 합격했다. 아, 맞다. 당당히는 아니다. 예비합격이었는데 며칠이 지난 후 최종 합격 통보 전화를 받았으니. 뛸 듯이 기뻤고 세상을 다 얻은 기분이었다. 턱걸이로 겨우 합격했으면 어떠하리! 모두가 알아주는 서울의 4년제 대학이 아니면 어떠하리! 어린 시절 지지받지 못했던 나의 꿈을 스스로 노력하여 얻어냈는데 이보다 값진 것이 어디 있겠는가! 비록 나의 꿈을 팍팍 밀어주진 못하셨지만 부모님께서는 나보다 더 기뻐하셨고 축하해 주셨다. 너무너무 대견해하셨고 한편으론 미안해하셨다. 부모로서 복잡한 감정이 들 수밖에 없었을 테지... 이건 내가 부모가 된 후에 깨닫게 되었다. 그동안 모아두었던 돈으로 입시를 치렀고 입학금과 첫 등록금을 해결했다. 이제 다시 제로였지만 꿈을 실현할 수 있다는 생각에 너무 좋았고 감사했다.

예대에 입학만 하면 환상의 나라가 펼쳐질 거라 생각했던 건 아니었지만 입학하자마자 난관에 봉착할 줄은 꿈에도 몰랐다. 겨우겨우 피아노과에 왔는데 내가 경쟁

해야 하는 같은 과 동기들은 어릴 때부터 날고 기던 친구들이었던 것. 입시곡만 미친 듯 연습해서 겨우 들어온 나와는 비교가 안되었다. 하... 좌절. 막막했고 절망스러웠다. 하지만 내가 어떻게 이곳까지 왔는데 이대로 포기할 순 없지. 생각을 고쳐먹고 이를 악물었다. 죽을 힘을 다해 입시도 했는데 그 무얼 못하겠는가 싶은 마음에 또다시 달렸다. 새벽에 일어나 새벽예배 반주를 하고 바로 등교를 했다. 실기는 연습만이 살길이었기에 과 친구들(실은 거의 동생들)은 학교를 찾지 않는 새벽 시간부터 나는 연습실을 지켰다. 실기를 제외한 다른 과목들은 다 씹어 삼킬 듯 공부했다. 새벽 등교도 모질라 막차 타고 하교를 했다. 열심히 한 덕분에 1학기 성적은 실기를 제외한 거의 모든 과목이 A+이었고 재학 중 전 학기 장학금을 받을 수 있었다. 힘들게 대학에 온 난 절박했기에 죽기 살기로 달려들었다. 다행이라고 말하긴 좀 미안하지만 스무 살 새내기 친구들은 대학 생활을 즐기느라 학업에 몰두하지 않았기에 가능한 일이기도 했다. 대학생 시절 내내 연습실과 도서관에서 살다시피 했고 턱걸이로 입학했던 난 1등으로 졸업하게 되었다. 늘 발목 잡던 실기는 졸업연주 점수로 반영되는 마지막 학기에 당당히 A+을 받았다. 아 정말 대학 오길 참 잘했다. 칭찬해 나 자신!

떳떳하게 피아노 프리랜서 강사가 되다

간절히 소원하던 클래식 피아노를 전공하고 졸업장과 실기교사자격증을 취득한 후 세상으로 나왔다. 꿈꾸던 피아노 전공자가 되었는데 막상 졸업하고 나니 무엇부터 해야 할지 막막했다. 예전에 피아노 학원에서 근무했을 때를 떠올리니 다시 하고 싶진 않았고 학원을 차리고 싶지도 않았다. 그래서 개인레슨을 해야겠다고 마음을 먹었지만 학생을 구하는 일부터 시작해야 하니 넘어야 할 산이 많았다. 재학 중에도 학비와 용돈을 벌기 위해 짬을 내서 개인레슨을 했지만 그때는 학교 근처에서 소개받아서 했던 거고. 이제 내 지역에서 내 힘으로 다시 시작해야 했다. 별다른 방법이 떠오르지 않았던 난 아파트에 붙일 전단지를 만들었다. 우리 집 근처에서 시작해 이동이 용이한 부근 아파트에 비용을 지불하고 피아노 레슨 광고를 했다. 진짜 연락이 올까? 싶었던 걱정을 뒤로하고 문의 전화가 간간히 걸려왔다. 한 건의 레슨도 하지 않던 상황이지만 상담 전화가 걸려오면 한가해 보이지 않으려고 스케줄 확인 후 연락 드린다고 하고 전화를 끊었다. 그리고 다시 전화를 걸 때는 스케줄을 최대한 조정하면 가능한 시간이 이때, 이때밖에 없는데 혹시 가능하시냐고 다시 되물었다. 상담 전화를 한 학부모님은 거의 내 스케줄에 무조건 맞추겠다고 했고 상담이 끝나면 레슨이 확정되었다. 누가 알려주지도 않았는데 이런 스킬은 어떻게 장착한 건지. 덕분에 난 떳떳하게 피아노 프리랜서 강사가 되었다. 처음 한두 명은 전단지 통해서 받았지만 그 이후로는 소개에 소개로 이어졌고 나중에는 진짜 더 이상 낼 시간이 없어서 몇 달씩 기다리게 하기도 했다. 처음엔 없어 보이지 않기 위해 애교 수준의 사기 스킬을 쓰긴 했지만 나중엔 레슨 잘하기로 소문난 강사가 되었다. 누구든 처음은 그런 거 아니겠는가!

지금도 기억에 남는 건 피아노에 두각을 보이던 자폐 아동을 맡아서 레슨 했던 일이다. 처음 시작은 1명이었는데 소개로 3명의 아이들을 가르치게 되었다. 다른 아이들과 같은 방법으로 레슨을 할 수 없었지만 이 아이들의 천재성이 아직도 기억에 남는다. 가르쳐 주는 대로 하지 않고 고집불통의 모습도 있었고 레슨 하러 들어갔다가 아이들에게 맞는 상황도 종종 발생했다. 아픈 아이들을 온전히 품기엔 나도 아직 너무 어렸고 나름 최선을 다해 아이들을 대했지만 많이 부족했을 것이다. 지금 생각해 보면 조금 더 사랑으로 품어줄걸... 하는 아쉬움이 남는다. 지금은 성인이 되었을 텐데 잘 지내고 있는지 궁금하고 문득문득 생각이 난다.

주변 엄마들에게 소문이 잘 나더니 이번에는 피아노 학원에서 근무하는 선생님들도 레슨 문의를 했다. 아이들 레슨법을 배우고 싶다고 찾아온 것이다. 몇 년 전 나처럼 비전공자이지만 피아노 학원에서 근무하는 선생님들 사이에 소문이 나면서 한동안은 선생님들을 위한 레슨이 확장되었고 음악 교육계에 일조를 하는 것 같아서 뿌듯했다. 난 그렇게 꿈에 그리던 피아노 전공자의 삶을 살게 되었다. 물론 막상 되고보니 꿈과 현실의 간극이 너무 커서 현타가 오는 순간들도 있었지만 말이다.

네번째 이야기
결혼, 커리어가 휘청대다

잘 나가는 프리랜서 강사

이보다 더 좋을 순 없다. 내가 좋아하는 피아노를 업으로 삼으니 하루하루가 너무 즐거웠다. 아이들을 가르치는 일도 피아노 선생님들께 교습법을 레슨 하는 일도 나에겐 큰 행복이었다. 빼곡하게 짜여진 레슨 스케줄이 힘들 법도 한데 지치지도 않고 이 집 저 집 아이들을 만나러 다녔다. 이때부터 난 가르치는 일이 천직이라 생각했다. 계이름도 모르는 상태에서 만난 쪼꼬미들이 나를 만나고 하루가 다르게 실력이 늘어가는 모습을 보면 보람을 느꼈다. 자그마한 손으로 어려워도 열심히 하려고 하는 아이들이 너무나도 사랑스러웠다. 몇 년 전 피아노 학원에서의 일률적이고 적당히 형식적인 레슨 방식이 맘에 들지 않았던 난 새로운 아이를 맡게 되면 서점을 방문했다. 그 아이에게 꼭 필요한 맞춤형 교재를 구입하기 위해서였다. 내가 고심해서 고른 책으로 열심히 잘 따라와 주는 모습에 어릴 적 나의 모습이 떠올라 미소 짓곤 했다. 다만 아이들을 레슨 하는 일보다 엄마들과 상담하는 일이 더 힘들었다는 게 함정이다. 요즘도 일부 유난인 학부모님들 때문에 힘들어하는 선생님들이 참 많다. 예전엔 엄청 심각한 정도는 아니었지만 그래도 까다로운 엄마들을 위한 맞춤형 응대는 많은 훈련이 필요한 일이었다. 물론 감사하게도 대부분의 엄마들은 아이들 선생님으로서의 나를 존중해 주셨고 상냥하고 친절했다. 아이들 레슨을 하면서 느낀 건 부모님을 보면 아이의 모습이 예측되고 아이의 모습에서 부모님이 보였다. 외모가 닮은 것은 물론이고 말투나 성격, 성향 또한 아주 많이 닮아 있었다. 아이들이 부모님의 영향을 정말 많이 받는구나라고 느꼈고 나도 우리 부모님의 영향을 많이 받았겠지? 생각했다. 다른 건 몰라도 하나님을 믿는 믿음의 유산을 선물 받았고 꾸준히 할 수 있는 근면 성실함 또한 물려받았으니 감사하다. 나도 아이를 낳으면 가정에서 잘 가르치고 양육해야겠다고 생각했다.

도피하듯 결혼을 해 버리다

한번 기울어진 가정 경제는 다시 좋아질 기미가 보이지 않았다. 나는 프리랜서 강사로 제대로 자리 잡았지만 늘 경제적으로 힘들어하시는 부모님을 보는 건 늘 힘이 들었다. 보탬이 되고 싶은 마음에 레슨이 없는 오전 시간에는 유치원에서 보조교사로 근무했다. 오후부터 밤까지는 레슨을 하고 주말에는 결혼식 반주를 했다. 중학교 2학년 때부터 시작한 교회 반주는 중, 고등부, 청년부를 거쳐서 장년부까지 이어졌고 쉬는 날 없이 거의 풀가동으로 일을 했다. 시간이 흐를수록 내가 정말 좋아하는 일을 하고 있음에도 불구하고 자꾸만 지쳐갔다. 아무리 열심히 해도 늘 쪼들리는 가정형편에 숨이 막히는 것 같았다. 벗어나고 싶었다.

'그래 결혼이야. 결혼을 해야겠어.'

그때 당시 대학생 때 소개팅으로 만났던 지금의 남편과

연애 중이었고 숨이 막힐 것 같은 답답함에서 벗어나고자 난 결혼을 선택했다. 없으면 죽을 것처럼 엄청 열정적이게 뜨겁지도, 그렇다고 차겁지도 않은. 그냥 그렇고 그런 정도의 미적지근한 감정이었던 것 같다.
'결혼만 하면 지금처럼 돈 걱정은 안 하고 살 수 있지 않을까?' 라는 희망을 품었던 것일까. 합법적으로 집을 벗어날 수 있는 유일한 방법이라 여겼던 것일까. 난 그렇게 스물일곱이란 나이에 그 당시 내가 만나고 있던 남자와 결혼이란 걸 했다. 남편에게 교회를 다니겠다는 다짐을 받고 내가 시댁으로 들어가면서 우리의 신혼생활은 시작되었다. 부모님께 허락을 받고 상견례를 하고 여느 커플들처럼 결혼준비라는 것도 했다. 외형적으로 보이는 모든 행위들은 평범하게 다른 커플들과 닮아 있었다. 하지만 내 기저에는 벗어나고 싶은 욕망이 자리 잡고 있었다. 시간이 흐른 후 그때 내 마음이 그랬구나...라고 생각했을 뿐. 어리석게도 그 당시엔 그런 나의 마음을 제대로 알아주지도 못했다.
신혼 초. 도피처라고 생각했던 나의 결혼 생활은 결코 쉽지만은 않았고 생각지도 못했던 일들이 빵빵 터졌다. 그렇다. 내가 알지 못했던 또 다른 신세계. 대환장 파티가 시작된 것이다.

인생, 내 의지대로 되는 일이 한 개도 없구나

서로의 동의하에 그 어렵다는 시집살이가 시작되었다. 시부모님과 아가씨가 살고 있던 집에 내가 들어간 것이다. 시댁은 양반가문이라는 자부심이 대단한 권씨집안이다. 집안 대대로 내려오는 내력을 듣게 되는 경우가 많았고 결혼 전 우리 집에서는 전혀 없던 모습이었다. 우리 부모님은 사는 게 빡빡해서였는지 '너네 할아버지가', '할아버지의 할아버지가 이랬어 저랬어'식의 임씨 가문의 내력을 전해주신 적이 거의 없었다.

결혼을 하고 난 매일 풀로 짜여있는 레슨 스케줄을 대거 정리했다. 신혼생활을 안산에서 시작했는데 기존에는 광명에서 일을 했기에 거리가 있어서 일주일에 3일만 일 하는 스케줄로 변경했다. 일을 안 하는 날 집에 있을 때면 아버님과 남편, 아가씨는 출근을 하고 나는 어머님과 둘이 남았다. 각자의 스케줄이 따로 생기지 않는 한 말이다.

우리 어머님은 이야기하시는걸 참 좋아하신다. 남편이 어릴 때 어머님은 시부모님의 시할머니까지 모시며 농사까지 짓고 사셨다고 한다. 젊은 시절 부모님 모시고 고생한 덕분인지 아버님은 아들로는 셋째임에도 불구하고 부모님께 유산을 좀 받았다고 했다. 살고 있는 집과 땅을 부모님을 모신 아들에게 물려주신 것이다. 젊은 시절 고생을 참 많이 했지만 그래도 지금은 한결 나아졌다는 말씀을 해주셨다. 이야기하는 걸 좋아하시는 어머님은 길게는 하루종일 붙들고 이야기하실 때도 있었다. 그러던 어느 날. 그날도 레슨이 없는 날이었고 여전히 어머님과 단둘이 집에 남겨졌다. 아침 식사를 마치고 시작된 어머님의 말씀은 자리를 옮겨가며 8시간 동안 이어졌다. 사람이 말이 많아지면 실수가 생기는 법. 아니 어머님 입장에서는 실수가 아니었을 수도 있다. 그저 사실을 이야기한 것 뿐이니 말이다. 다만 결혼 전, 남편에게 들어서 내가 알고 있던 것들과 어머님이 말씀하신 사실은 좀 달랐다는 게 문제다. 나는 그날 농협 정직원으로 알고 있던 남편이 120만원 급여를 받는 계약직이라는 사실을 알게 되었고, 안양의 모대학을 나왔다고 들었는데 그것도 사실과 달랐다. 연애할 때 들어서 알고 있던 정보들과 다른 사실들에 당황했다. 당황해하는 나를 보며 어머님도 적잖게 놀라는 눈치였다.

그에 대한 표현으로 "내 아들 무시하지 마라."라고 말씀하셨다. 지금은 비록 계약직으로 근무하고 있지만 곧 시험 봐서 정직원이 될 거고 설사 그렇지 않더라도 택시를 사주든 피아노 학원을 차려주든 "너희들 먹고 살게끔은 해줄 테니 내 아들 무시하지 말아라." 는 말씀이었다. 무시할 생각도 없었고 그렇게 행동한 것도 아니었지만 적잖게 당황하는 나를 보며 엄포를 놓으셨다. 씁쓸했다. 사실을 알게 되어 그렇기도 했지만 당사자가 아닌 어머님께 듣게 되었다는 것이 나를 더 슬프게 했다. 남편 퇴근 후 왜 거짓말을 했냐고 물으니 잘 보이고 싶었고 놓치고 싶지 않았다는 답변이 돌아왔다. 더 할 말이 없었고 그냥 그렇게 일단락되는듯했다.

뜻하지 않게 멀티플레이어가 되다

남편은 월급을 받으면 차포 떼고 남은 돈을 나에게 가져왔다.(장기에서 차와 포를 아울러 이르는 말로서 중요한 것을 다 빼고 나머지를 준다는 의미) 처음 받은 생활비는 26만 3천 원. 3천 원은 뭐지? 아무튼 결혼 후 처음 받은 소산이었기에 전부 감사헌금으로 드렸다. 전부였음에도 불구하고 십일조 같은 느낌에 좀 슬프긴 했지만 아쉬운 마음은 뒤로 하고 감사함으로 드렸다. 그 후로도 남편은 본인 쓸 거 쓰고 남은 돈을 가져왔기에 20만원, 30만원 매달 금액이 바뀌었다. 문제는 돈이 없다며 20만원을 가져온 달은 30만원, 30만원을 가져온 달은 40만원. 이런식으로 나에게서 도로 가져갔다.

나는 레슨을 계속하고 있었기에 남편보다 소득이 더 많았지만 한 가정의 가장으로서 남편의 행동은 나를 답답하게 했다. 결혼 후 한 달 만에 첫째 아이 임신을 했고 남편이 가져오는 생활비는 오히려 마이너스였기에 난 막달까지 계속 레슨을 해야만 했다. 만삭에도 운전하고 늦은 밤까지 일을 해야 했고 출산 후엔 두 달여 산후조리를 하고 바로 레슨에 복귀했다.

일을 해야 하는데 아이를 출산하고 나니 이젠 몸도 자유롭지 못하다. 아이를 낳고 바로 분가를 했고 친정 옆 광명으로 이사했다. 아이를 엄마께 맡기고 일을 계속하기 위해서였다. 아이를 낳기 전에는 아무리 힘들어도 내 시간을 온전히 내가 쓸 수 있었지만 이제는 그럴 수도 없다. 누군가의 손을 빌리지 않으면 갓난쟁이를 두고 일하는 건 불가능했다. 다행인 건 나에게 첫아이인 큰딸은 양쪽 집안의 첫 손주이기도 해서 이쁨을 참 많이 받았다. 부모님께서도 힘들긴 하셨겠지만 첫 손주를 너무 예뻐하셨고 내가 일을 하는 동안 정성껏 돌봐주셨다. 벗어나고 싶어서 도망치듯 결혼이란 걸 했는데... 부모님 옆에서 도움 받으며 일을 하는 내 모습을 보며 '대체 뭐지...'싶었지만 살아내야 했기에 어쩔 수 없는 선택이었다.

남편은 농협은 아니지만 새마을금고 정직원이 되었다. 그때 입사한 새마을금고에서 지금까지 20년 이상 근속 중인 남편의 성실함은 백번 인정한다. 하지만 입사 후 월급을 가져오는 패턴은 변함없었다. 20만원, 30만원씩 가져오고 준 돈 보다 더 가져가는 남편이 원망스러워 이렇게 가져올 거면 가져오지 말라고 했더니 그 말은 또 왜 그렇게 잘 듣는 건지. 그날 이후로 지금까지 난 현금으로 생활비를 받아본 적이 없다. 얄궂게 카드 한 장만 내 손에 쥐어줬을 뿐. 레슨도 반주도 주말 예식 반도 예전처럼 했고 거기에 육아와 살림까지 추가되었다. 결혼을 하고 나니 원하든, 원치 않든, 멀티플레이어가 되어야 하는구나. 매일매일 실감했고 뜻하지 않은 변수들은 계속 튀어나왔다.

셋째 출산과 동시에 전업주부가 되다

첫째 아이 출산 후 터울 많이 두지 않고 둘째를 낳고 싶었다. 그래서 계획하에 둘째를 임신했는데 고속도로에서 큰 사고가 나면서 유산을 하게 되었고 100일 정도 병원 생활을 했다. 산후조리 기간을 제외하고 내 인생 유일하게 일을 하지 않았던 날들이었다. 비록 몸이 아파서 병원에 있었지만 말이다. 의사 선생님께서는 둘째를 빨리 가지는 게 몸 회복에 더 도움이 된다고 하셨고 1년 후쯤 둘째를 출산했다. 첫째와 3살 터울인 둘째를 출산하니 한 명과 두 명은 2배 차이가 아닌 몇 배의 힘 듦으로 다가왔다. 그 와중에도 일은 계속해야 하니 부모님께도 죄송하고 내 몸도 너덜너덜해졌다. 둘째가 네 살이 되던 해 계획에 없던 셋째가 찾아왔지만 힘든 상황이 더욱 가중될 것 같아서 적잖게 당황했다. (지금은 너무나도 소중한 녀석인데 조금 미안하긴 하네) 둘째를 유치원에 보내고 본격적으로 일을 하려던 계획에 차질도 생기고 엄마께 셋째 소식을 전하니 이제 더 이상 아이는 못 봐주시겠다고 하셨다. 내심 서운하긴 했지만 둘째까지 돌봐주시며 워낙 힘들어하셨기에 나도 염치가 없었다. 셋째 출산하는 막달까지 일을 했고 출산 전 레슨을 정리했다. 출산과 동시에 전업주부가 된 것이다. 이전에도 레슨이 없는 날은 육아와 살림에 열과 성을 다했지만 이젠 정말 전업주부라니. 실감이 안 나기도 했고 현실적으로 경제적인 문제를 생각하면 머리가 지끈거렸다. 결혼 전 내가 힘들고 답답해 했던 사안들이 떠오르면서 뭐 그 정도로 그렇게 힘들어했을까? 싶은 마음이 들었다. 그만큼 결혼 후 펼쳐지는 내 삶들이 녹록지 않았다는 말이겠지. 애든 어른이든 사는 건 참 고단한 일이구나.

● 다섯번째 이야기 ●
포기금지! 방구석에서 사업을 시작하다

암담한 현실의 벽

여태껏 단 한 번도 일을 쉬어본 적이 없었다. 열아홉 사회에 첫 발을 디딘 순간부터 서른다섯이 될 때까지 말이다. 잘 나가는 피아노 프리랜서 강사 워킹맘에서 졸지에 초보 전업주부가 되었다. 더 이상 아이들을 돌봐주실 수 없다는 말씀에 일을 그만둔 건 사실이다. 하지만 부모님께서는 지금까지도 여전히 우리 가정의 든든한 지원군이시다. 아직 젊은 나도 어린 아이들을 돌본다는 게 너무나도 힘든 일인데... 부모님께는 더 힘든 일이기에 더욱 감사한 마음이다. 결혼 후 10년이 넘는 시간 동안 난 우리 가정의 경제적 한 축을 담당하고 있었다. 카드 한 장 받아서 생활해야 했던 난 일을 할 수밖에 없었고 아이들 학원비와 현금으로 충당해야 하는 지출은 내가 알아서 해결했다. 계속 일을 했기에 경제적인 부분을 남편에게만 의지하지 않을 수 있었고 내 용돈이나 비상금 정도는 충분히 감당할 수 있었는데. 당장 전업주부로 지내야 하다니 앞이 깜깜했다. 게다가 아이는 둘에서 셋으로 늘어났으니 양육비의 증가는 당연한 일이었다. 아이를 키워보신 분들은 공감하시겠지만 우리나라에서 아이 셋을 외벌이로 키운다는 건 상당히 힘든 일이다. 힘들다 못해 불가능에 가까운 영역이다. 현실적인 문제는 생각보다 빠르게 날 찾아왔다. 모아두었던 돈을 야금야금 빼 쓰다 보니 통장은 금방 바닥난 것이다. 바닥이 보이도록 텅텅 비어버린 통장잔고를 보고 있자니 내 자존감도 함께 바닥을 찍었다. 피아노 강사가 되기 위해 힘들게 힘들게 대학을 다니고 자격을 갖추느라 고생했는데… 내 의지와는 상관없이 업을 계속 유지할 수 없는 상황이 답답했다. 하지만 소중한 내 아이들보다 돈의 가치를 우선시할 수는 없기에 막막했지만 있는 그대로의 현실을 받아들였다. 더 이상 잘 나가던 프리랜서 강사가 아닌 그저 애셋 딸린 무능한 아줌마였다. 그 사실을 인정하고 받아들이기까지 힘들었지만 받아들인 순간 걱정만 하고 있을 수만은 없다는 결론에 도달했다.

'뭐라도 해 보자. 살아내려면!'
'세 아이를 케어하며 내가 할 수 있는 일이 뭐가 있을까?'
'집에서 컴퓨터로 돈을 벌 수 있는 일은 없을까?'

컴퓨터를 다루는 것이 익숙했던 나는 정 할 게 없으면 타이핑 알바라도 해야겠다는 심정으로 아이들을 재우고 밤마다 PC를 켰다. 무엇을 어떻게 해야 하는지는 아무것도 몰랐고 너무 막막했다. 그때 당시만 해도 네이버보다는 다음 사용자가 많을 때였다. 다음 포털에서 검색에 검색을 이어갔다. 내가 찾고 싶었던 타이핑 알바는 생각보다 찾는 게 쉽지 않았다. 타이핑 알바, 집에서 돈 버는 법, 온라인 부업, 컴퓨터로 돈 버는 법, 재테크 방법 등 검색어를 다양하게 바꿔가며 찾고 또 찾았다. 그러던 중 '돈 버는 법'에 대해 작성된 네이버 블로그 포스팅을 발견했고 빛의 속도로 읽어 내려갔다. 그 포스팅을 시작으로 그 블로그에 있는 모든 글을 1페이지 첫 글부터 읽기 시작했다. 온라인 부업에 대한 포스팅들이 올라와 있었고 생소한 단어들이 많아서 이해가 잘

되지 않았다. 분명한 건 내가 생각했던 단순한 타이핑 작업은 아니었다. 가만 보니 포스팅마다 네이버 카페로 이동할 수 있는 배너가 달려 있었다. 블로그 글을 싹 다 읽고 나서 궁금한 마음에 링크를 타고 카페로 이동했다. 카페는 온라인 재테크 카페였고 그 당시 재테크 분야에서 1,2위를 차지하고 있었다.

다시 발동된 집요함이라는 근성

당장 카페에 가입하고 블로그와 마찬가지로 첫 페이지 첫 글부터 하나하나 읽기 시작했다. 그곳에서는 온라인에서 다양하게 돈을 벌 수 있는 방법들을 소개해주고 있었고 원하는 회원들은 함께 참여하기도 했고 수익 인증을 하기도 했다. 당시 컴퓨터로는 싸이월드나 하고 다음 취미 카페에서 커뮤니티 활동을 하는 정도였기에 뭔가 어렵게 느껴졌지만 나도 할 수 있을 것 같다는 희망이 생겼다. 뭘 해도 대충 하는 법이 없던 나는 모든 글을 읽고 댓글을 달고 댓글에 대댓글을 달며 뜬눈으로 밤을 지새웠다. '이곳에 모인 사람들이 할 수 있는 일이라면 나도 분명할 수 있을 거야!'라는 생각을 하며 희망 회로를 돌린다. 실제로 카페에서는 다양한 아이템을 소개하고 진행할 수 있도록 가이드해 주었다. 글들을 꼼꼼하게 읽다 보니 다양하게 굴러가는 부업 아이템들이 제법 익숙해졌고 아이템 소개글 사이사이 회원들이 올리는 질문에 내가 아는 선에서 답변을 달았다. 자유게시판에 올라온 일상 글들도 모두 댓글을 달며 활발한 활동을 했다. 한번 했다 하면 적당히 하는 법이 없는 1인인지라 마구마구 열심히 했다. 회원들과 열심히 소통한 결과 회원들 사이에서도 좀 알려졌지만 카페장 눈에 띄게 되었다. 카페장은 나에게 카페 스탭 자리를 권했고 나를 포함한 3명의 스탭들에게 각종 부업 아이템들을 전수시켜 주었다. 해외 부업 아이템들도 있었고 국내는 제휴마케팅 형식이 주를 이뤘다. 또는 회원유치를 통해 수익을 내는 방식도 많이 있었고 다양한 네트워크 사업도 진행되고 있었다.

온라인에서 새로운 희망을 발견하다

카페 스탭이 되다 보니 내가 먼저 깊이 있게 배우고 회원들에게 알려줘야 했다. 아이템에 따라서 팀을 이뤄서 수익화를 진행했던 것들이 있었고 그런 경우 내가 직접 교육을 하기도 했다. 그대로 따라 하기만 하면 되는 '따라 하기' 형식의 포스팅을 시리즈물로 연재해주기도 했다. 아이템에 따라 팀을 이뤄서 진행해야 하는 것들이 있었는데 그럴 때는 카페 내 리더들이 가장 TOP에 자리했고 회원들이 그 아래로 회원 가입을 했다. 이 방식은 네트워크 마케팅을 진행할 때도 그대로 적용되었다. 하루하루 카페 내에서 진행되는 일들을 그저 재미있게 하다 보니 어느새 온라인 수익화가 현실이 되어 있었다. 셋째 출산 후 일을 그만두고 절망 속에 있다가 지푸라기라도 잡는 심정으로 시작한 온라인 부업들. 덕분에 난 온라인에서도 돈을 많이 벌 수 있겠구나!라는 확신이 들었다. 막연하게 느껴졌던 온라인 세상이 기회의 장이 될 수도 있겠다는 희망에 사로잡혔다.

● 여섯번째 이야기 ●
온라인 N삽질이 시작되다

가르치는 게 천직인지라

네이버 카페는 참 다양한 방식으로 운영되고 있었다. 카페 내에는 다양한 등급이 나뉘어져 있었고 관심 주제로 모인 사람들은 카페에서 다양한 정보를 주고받기 위해 등업신청을 했다. 카페에서 정한 기준 이상이 되면 조금 더 높은 등급으로 등업이 되었고 더 많은 정보를 얻기 위해 모인 회원들은 알아서 자유게시판을 통해 토론을 하기도 했고 다양한 재테크 칼럼을 발행하기도 했다. 누가 시키는 것도 아닌데 자발적으로 말이다. 그러면서 카페에는 운영진들이 제공하는 정보 외에도 다양하고 알찬 정보가 쌓여갔다. 카페 규모가 점점 커지니 광고문의가 들어왔다. 카페 메인화면에 배너를 다는 광고는 배너의 크기나 위치에 따라 비용이 차등 적용됐다. 오프라인 임대료를 받는 것처럼 '배너 광고'를 희망하는 사람들에게 자리를 내주고 월세를 받았다. 자리에 따라 금액은 5만 원에서 20-30만 원까지 다양했다. 또 다른 월세 수단은 '카테고리 임대'였다. 이미 규모가 커진 카페였기에 비용을 내고 카테고리를 사용하고자 하는 사람들이 생겼다. 관련주제라면 카테고리 대여도 무한대로 늘려갈 수 있었다. 역시 매달 월세를 내고 운영되는 방식이었고 운영진들이 나눠서 관리하면서 수익은 분배했다. 또 다른 수익화는 '공동구매'였다. 카페 규모가 커지니 공구 제안도 많이 들어왔다. 제안이 들어온다고 해서 모두 수용하는 건 아니고 회의를 거쳐서 카페 운영에 도움이 될만한 공구들만 진행했다. 이 과정에서 카페 회원 관리와 배너, 카테고리 임대로 입점해 있는 사장님들 관리를 맡아서 했다. 카페 차원에서 회원들 상대로 진행하는 아이템들을 교육하기도 했다. 정보성 칼럼을 작성하며 교육하기도 했고 팀별로 나누어 원격으로 가르치기도 했다. 피아노 레슨을 하면서 가르치는 게 천직이라고 생각했는데 역시 무언가를 가르칠 때 에너지가 넘치는 나. 하루하루 돈도 벌고 재미도 있었다.

나만 벌고 있다는 가책

한동안 카페 운영에 푹 빠져있었다. 하지만 어느 순간 정신 차려보니 카페 회원들보다 운영진들이 압도적으로 높은 수익화가 실현되고 있었다. 지금 생각해 보면 카페 운영과 월세, 다양한 교육으로 인해 어쩌면 당연한 일이었던 건데... 모든 회원들이 다 잘 따라오지 못하고 버는 사람들만 버는 게 양심의 가책이 들었다. 그만큼 나를 갈아 넣으며 열심히 했기에 당연한 결과였지만 그때 당시에는 함께 공생해야 한다고 생각했다. 모두를 다 끌고 갈 수는 없었던 건데도 그렇게 하고 싶은 마음이었나보다.

모두가 함께 갈 수 없다면 그만하고 싶다는 생각에 돌연 카페 운영진을 그만두었다. 이제는 뭘 해야 하나 고민하고 있던 중 블로그를 해보는 건 어떻겠냐며 친한 동생에게 연락이 왔다. 그 당시 네이버 블로그를 하는 사람들은 많지 않았는데 블로그를 해보라는 말에 의아했다. 키워드를 활용해서 검색유입 시키며 운영할 수 있는 방법을 알려줄테니 한번 해보라고 했다. 최적화 블로그를 만들면 다양하게 활용할 수 있다며 적극 권했고 방법도 다 알려준다는 동생의 말에 무턱대고 시작하게 되었다.

블로거라는 게 되다

동생은 A4용지 2장 분량의 블로그 운영 방법과 팁들을 정리한 파일을 주었고 난 그 방법을 토대로 블로그 세계에 입문했다. 네이버 광고에서 제공하는 키워드 도구를 활용해 키워드 찾는 법이 상세하게 나와 있었다. 지금이야 키워드 찾는 툴들이 많이 생겼지만 그때는 네이버 '키워드 도구'가 전부였다. 블로그 시작할 때는 검색량 200-300 정도의 키워드부터 시작했다. 200-300 키워드가 상위노출되면 500으로 올렸고 500짜리 키워드가 상위노출되면 1,000으로 올렸다. 동생은 세부 키워드부터 공략해서 점점 레벨을 올리는 방식을 알려주었고 계단식으로 성장하기 때문에 2배로 높여가면서 올리면 된다고 했다. 검색량 1,000에서 2,000으로 2,000에서 5,000원으로 1만으로 진짜 신기하게도 다음 레벨로 올라갈 땐 2배 정도의 성장이 있었다. 그 당시에는 최적화 블로그 만드는 게 어렵지 않았다. 이런 식으로 한 달

반에서 두 달 정도 운영하면 쓰는 글마다 상위에 노출되는 최적화 블로그가 만들어졌고 최적화 블로그는 다양하게 활용되었다. 동생은 1인 마케팅 회사를 운영 중이었고 병원과 부동산 등 다양한 업체들의 블로그를 운영할 수 있도록 연결시켜 주었다. 최적화 블로그를 키워서 업체들에게 넘겨주기도 했고 직접 블로그 대행을 하기도 했다.

어쩌다 보니 블로그 수작업 공장이 되다

최적화 블로그가 너무너무 잘 만들어진다. 한 IP에서는 2개의 블로그만 운영했고 한 명당 만들 수 있는 네이버 아이디는 3개이다. ID와 IP가 부족했다. 부족한 아이디는 다양한 루트를 통해 동생이 조달해 주었다. IP는 인터넷 회선을 3개로 늘리고 그것도 부족해 VPN(가상 사설망)을 여러 개 구입하여 사용했다. 나 혼자 운영하는 블로그만 10개에서 15개 정도였고 20개 이상 운영할 때는 알바를 고용했다. 한 달에 2번 최적화 블로그가 결정되었는데 여러 개의 아이피와 아이디를 돌리니 결전의 날엔 여러 개의 최적화 블로그가 만들어졌다. 완전 인간 블로그 공장이었다. 프로그램을 돌려서 최적화 블로그를 만드는 사람들도 있었으나 그렇게 만들어진 블로그는 금방 저품질에 걸렸다. 그 당시 저품질은 회생 불가능이라 판단하여 버리던 시절이었다. 하지만 수작업으로 만든 최적화 블로그는 생명력이 좀 더 길었다. 눈 뜨고 있는 거의 모든 시간에 블로그 작업에 올인했다. 막내가 어렸기에 낮잠 재울 때나 울며 보챌 때는 싱크대에 노트북을 올려놓고 서서 일을 했고 소파에서 쉴 때도 다리에 올려놓고 포스팅을 했다. 카페를 할 때와는 다르게 내가 열심히 하면 내가 벌고 덜 열심히 하면 내가 덜 벌 뿐. 마음이 너무 편했다. 할 수 있는 모든 노력과 시간을 갈아 넣어 최적화 블로그 운영에 박차를 가했다.

1인 블로그 대행사를 운영하다

동생의 권유로 시작한 블로그 덕분에 업체들에게 소문이 나면서 대행 업무가 엄청 늘어났다. 열심히 하기도 했지만 믿고 일을 맡겨주시는 분들께 감사했다. 일이 많아지다 보니 어느새 난 1인 블로그 대행사의 형태가 되었다. 많은 업체들의 블로그가 내 손을 거쳐갔다. 내가 관리해 주는 업체들은 블로그 덕분에 트래픽 발생은 물론이거니와 전환이 잘 되어 매출향상에 도움이 되었다. TV나 라디오, 신문 광고가 더 익숙했는데 온라인을 활용한 광고의 시대가 본격적으로 시작된 것이다. 네이버에서는 홍보용 블로그가 많이 늘어나니 로직을 바꾸면서 진입장벽을 높였다.

로직이 바뀔 때마다 연구와 테스트를 반복하며 방법을 찾아내고 적용시켰다. 처음 로직이 바뀌어 대거 저품질의 늪에 빠졌을 땐 너무 절망스러웠다. 하지만 포기하지 않고 계속 파고들었다. 지금 생각해도 참 신나게 블로그에 미쳐있었던 것 같다. 전형적으로 '배워서 잘하게 된 일이 좋아지게 된 경우'였다. 내가 관리해 주는 업체들에서 매출이 올라갔다는 피드백을 들을 때면 고생한 모든 순간들이 보상받는 기분이었다.

체험단과 제휴마케팅의 세계

거래처들의 브랜드 블로그를 운영해주고 있었지만 내 블로그도 3-4개 운영했다. 다양한 정보성 포스팅을 하면서 키운 블로그였고 최적화 블로그를 만들어서 체험단을 진행했다. 정말 많은 제품을 제공받았고 다양한 식당에서 식사를 했다. 당시 니콘 DSLR을 어깨에 메고 여기저기 참 열심히 다녔다. 내가 할 수 있는 거의 모든 종류의 체험단을 재미있게 경험했다.

그러던 어느 날, 내가 딱히 필요하지도 않은 제품들, 딱히 먹고 싶지도 않은 음식들을 먹고 포스팅하는 내 모습에 현타가 왔다. 밀려드는 체험단 리뷰들에 치여서 지쳤던 모양이다. 차라리 돈을 받는 게 낫지 딱히 원하지 않는 제품들은 그만 받고 싶었다. 꼭 필요한 체험단만 선별해서 진행했고 제휴마케팅을 병행했다.

포스팅을 작성해 주고 주제별로 책정된 포스팅 비용을 받았다. 센 키워드 노출을 원하는 경우는 포스팅 단가가 올라갔고 가볍게 할 수 있는 포스팅들은 낮은 단가에 여러 개 진행하기도 했다. 블로그 운영만 잘해도 돈을 벌 수 있는 신기한 세상의 중심에서 제법 승승장구하는 내 모습을 보니 대견한 마음이 들었다. 레슨을 그만두며 전업주부가 되던 그날이 떠올랐고 전혀 모르는 분야인데 1부터 시작해서 유의미한 결과물들을 만들어 냈다는 게 그저 뿌듯했다. 10여 년 전의 난 온라인 세상의 가능성을 제대로 알아버리고 말았다.

• 일곱번째 이야기 •

번아웃, 반갑지 않은 손님이 찾아오다

번아웃?

셋째 아이를 낳고 2년 동안 노트북 붙들고 미친 듯 일만 했다. 당시 초등 저학년이던 큰딸과 유치원생인 둘째, 돌 겨우 지난 막내를 키우며 일을 병행했다. 돈도 돈이지만 새롭게 알아가는 온라인 세상과 다양한 일들이 너무 재미있어서 푹 빠져 지냈었다. 출퇴근하는 일이었다면 업무와 사생활의 분리가 어느 정도는 되었을 것이다. 하지만 집에서 일을 하다 보니 일상 중 자투리 시간까지도 업무의 연속이었다. 아이를 업고 싱크대에 노트북을 올려두고 일하는 것도 부지기수였고 일이 중간에 끊어지지 않으면 아이들 식사가 소홀해질 때도 있었다. 요구사항 많은 아이들의 목소리를 잠재우기 위해 텔레비전을 수단으로 사용하기도 했다. 어느 순간 정신 차려보니 나의 일상은 엉망진창이 되어버렸다. 아이 셋을 키우며 한 푼이라도 더 벌어보겠다고 아등바등하고 있는 내 모습이 그저 처량할 뿐이었다.

아기띠로 막내 녀석을 안고 거실창 너머를 바라보는데 창밖 땅이 나를 부르는 기분이 들었다. 한참을 내다보다 창문을 열었다. 저 아래 바닥에서 나를 부르는 누군가가 있는 것 같았다. 창틀을 밟고 올라섰다. 그대로 뛰어내려 고단한 생을 마감하고 싶다는 생각이 들었다. 크리스천으로서 절대 품지 말아야 할 마음을 품었음은 물론이거니와 내 품에는 눈에 넣어도 아프지 않을 소중한 아이가 안겨 있었다. 창문을 열고 뛰어내리고 싶었지만 그러지 못한 이유는 아이 때문도, 신앙 때문도 아니었다. 그다지 높지 않은 우리 집에서는 뛰어내려도 한 방에 죽을 것 같지 않아서였다. 지금 다시 생각해도 정말 최악이다. 그 무엇도 다 상관없었다. 사는 게 너무 고단하여 그저 다 내려놓고 싶었을 뿐. 그랬다. 반갑지 않은 손님, 마음의 병이 찾아온 것이다.

우밍아웃. 가면성 우울증

하루에도 열두 번씩 죽는 방법을 고민했다. 혼자서 운전대를 잡으면 중앙 분리대를 들이박고 싶은 충동이 불쑥불쑥 올라왔다. 전속력으로 달려와 들이박으면 한 번에 죽을 수 있을까? 고민하고 또 고민했다. 한 번에 죽지 않으면 불구로 살아가게 될 텐데 겁쟁이였던 난 그건 또 싫었다. 외출의 기회가 주어지면 옆동네, 그 옆동네 약국을 돌아다니며 수면제를 사 모았다. 한 번에 많이 사면 의심을 받을 수도 있다는 생각에 한 두 개씩 여러 곳을 돌아다니며 수면제를 쟁였다. 가장 최악이었던 건 나는 이렇게 병들어가고 있는데 주변에서는 아무도 몰랐다는 것이다. 다른 사람들과 함께해야 하는 시간 동안에는 너무나도 괜찮은 척, 아무렇지 않은 척 연기를 했다. 그 와중에 교회 반주자의 자리도 빠지지 않고 지켰다. 아니 '지켜냈다'는 표현이 정확하겠다. 전혀 괜찮지 않은데 전혀 괜찮은 척하느라 마음은 갈기갈기 헤집어졌다.

다 내려놓고 싶다. 그만하고 싶다. 얼마 전 이때 나의 상태는 전형적인 '가면성 우울증'이었다는 사실을 알게 되었고 하염없이 눈물이 났다. 왜 병들어가는지도 모르고 혼자 아파했던 모습이 떠올라 너무 가여웠다.
'하나님 저 좀 데려가주시면 안 돼요? 너무너무 힘이 들어요.' 기도할 때마다 나 좀 데려가 주십사 간구했지만 나의 기도는 응답되지 않았다. 사명자로서 내가 이 땅에 있어야 할 이유가 아직 남아서겠지. 머리로는 알겠지만 이미 병들어버린 마음은 수도 없이 존재의 이유를 부인했다.

일단 너부터 살자

하루는 동네에서 친하게 지내던 언니에게 "커피 한잔 마시게 넘어오라."는 연락을 받았다. 무슨 일이지? 싶은 마음에 막내를 엄마께 잠시 부탁하고 언니네 집으로 갔다. 들어서면서 느껴지는 언니네 집의 포근함과 갓 내린 커피 향이 코끝을 아렸다. 긴장이 풀어지고 아늑한 공기가 온몸을 감쌌다. 따뜻한 커피와 다과를 내주며 뜬금없이 언니가 말했다.

"막내 빨리 어린이집 보내. 아이들을 잘 키우는 것도 중요하지만 일단 너부터 살아야 하지 않겠니? 언니가 볼 때 너 너무 위태로워 보여. 당장이라도 뭔 일 낼 것 같단 말이야. 아이가 아직 어려서 미안한 마음 드는 건 이해해. 하지만 잠시 분리시켜 놓고 너 건강부터 챙겼으면 좋겠다. 그게 너와 아이들을 위한 길이라고 생각해."

충격이었다. 언니 이야기를 들으며 하염없이 눈물이 흘렀다. 정말 잘 감추고 있었다고 생각했는데 언니는 어떻게 알았을까. 언제부터 알았을까. 쥐구멍이라도 있으면 숨어버리고 싶었던 나를 언니는 위로해 주었다. 어깨를 토닥여주며 손을 잡아주었고 눈물로 엉망이 되어버린 얼굴을 수습할 수 있도록 휴지를 건네주었다. 부끄러웠지만 나의 아픔을 알아주고 이해해 주는 사람이 있다는 사실에 내편이 생긴냥 묘하게 든든했다.

언니의 조언대로 셋째가 3살이 되던 해 언니들보다는 1,2년 빠르게 어린이집을 보냈다. 꽁꽁 감춰두었던 마음의 병은 괜찮지 않은데 괜찮은 척했던거라 돌봐줄 필요가 있었다. 아이를 어린이집에 보내고 내 발로 병원을 찾아갔다. 무표정한 표정으로 듣고 있던 의사와의 형식적인 상담 후 기계적으로 내려주는 처방을 받아왔다. 대체 내 마음 상태가 어떤지 관심은 있는걸까? 어쩌면 의사가 고칠 수 없는 병도 있겠구나 싶은 마음에 좌절스러웠다.

온라인 세상에서 다시 오프라인으로

셋째 녀석을 어린이집에 보내고 한 달간은 적응하는 기

간을 보냈다. 한 달간은 아이가 한 시간만 있다가 돌아오기도 하고 그다음은 2시간, 그다음은 점심까지 먹고 오고 마지막으로는 낮잠까지 자고 온다. 아직 어린아이들이 엄마와 떨어져서 한 번에 적응하는 건 쉽지 않기 때문에 적응기도 오래 걸렸다. 아이를 보내고 청소 잠깐 하고 돌아서면 데리러 가야 했기에 처음 한 달은 정신없이 훌쩍 지나갔다. 3월 말쯤 되니 아이는 이제 완전히 적응해서 늦게 하원을 해도 웃으며 잘 떨어졌다. 비로소 숨통이 좀 트이는 것 같았고 난 조금씩 운동을 하며 원래의 내 모습을 찾기 위해 노력했다. 온라인으로 하던 일들도 피아노 반주도 여전히 하고 있었지만 예전만큼 많이 힘들진 않았다. 마음이 좀 편안해진 걸까? 나도 나를 잘 모르겠다.

초등학교 때부터 친하게 지냈던 베프에게 연락이 왔다. 친구는 삼성화재 육성팀 매니저로 근무를 하고 있었는데 자기네 회사 교육에 한 번만 와 달라는 거였다. 막내 어린이집 적응하고 얼마 안 지난 4월의 일이었기에 난 별로 가고 싶지 않았다. 조금 더 쉬면서 엉클어진 내 일상과 마음을 추스르고 싶었는데 하도 여러 차례 부탁하기에 교육만 한번 가기로 했다. 처음엔 교육 한 번을 이야기했는데 막상 디데이가 다가오니 한 달 교육과 시험까지 보면 급여도 나오고 시책이 걸려있어서 보상도 나온다고 했다. 교육 받아보고 할 만하겠으면 본격적으로 일을 해도 되고 교육에 재능이 있으니 나중엔 사내 강사로 활동할 기회가 생길 수도 있다고 했다. 제안을 받을 때까지도 무슨 일인지도 모르고 그저 친구의 부탁이니 교육이나 한번 받아보자 하는 마음이었다. 이러한 방법은 보험회사의 신규사원 모집 방식인 리크루팅이라는 것은 나중에 알게 되었다.

교육이나 한번 받아보겠다고 찾아간 회사였는데 의외로 재미있었다. 그동안 대화상대도 없는 온라인에서 외롭고도 치열한 시간들을 보내왔던지라 교육도 재미있었고 동기들과의 생활도 즐거웠다. 한 달간의 교육을 마치고 치른 설계사 시험에서는 98점 고득점을 받으며 합격했다. 친구는 시험까지만 보라고 했지만 나름 재미도 있고 함께 부대끼며 일을 해보고 싶기도 해서 출근을 결정했다. 초반 3개월 정도는 육성팀에서 신입 교육과 보험 영업 교육을 받았다. 가장 먼저 했던 작업은 휴대폰 전화번호부를 열고 가망고객을 뽑아내는 일이었다. 보험회사에 갓 들어온 신입들이 영업력이 있을 리

만무하다. 본인의 기존 계약들을 재점검해서 부족한 보험은 가입하여 추가한다. 그 다음은 가족, 그 다음은 지인 순으로 영역을 확장한다. 보험회사에서 리쿠르팅에 열을 올리는 이유가 한 사람의 신입이 들어왔을 때 그로 인한 가망고객이 확보되기 때문이란 건 내가 발 담고 있을 땐 미처 몰랐다. 초반에 다 갈아엎거나 추가하고 장기적으로 근무하면 더 좋겠지만 안타깝게도 생존하는 사람들은 많지 않다. 영업이란 게 그저 열심히 한다고 되는 건 아니기 때문이다. 특히 나처럼 지인에게는 물론이거니와 다른 사람들에게 아쉬운 소리 못하는 사람들에겐 너무나도 장벽이 높은 직무였다.

현장으로 뛰어들어 개척영업을 하다

아무리 강요해도 지인 영업은 도저히 못하겠다. 마침 그 당시 다중이용업소 화재보험 의무가입이 시행되던 초창기였다. 전국의 소방서에서는 다중이용업소 사장님들을 대상으로 주기적인 교육을 했고 사장님들은 화재보험 가입이 의무가 되던 시점이었기에 모두 화재보험을 들어야 하는 상황이었다. 난 내가 물리적으로 도전 가능한 지역의 소방서 리스트를 뽑고 각각의 홈페이지에 들어가서 교육일정을 조사했다. 달력에 각기 다른 소방서의 교육일정을 표시하고 다중이용업소 사장님들 대상으로 의무가입 화재보험 리플릿과 간단한 선물을 준비했다. 소방서 앞에서 기다리고 있다가 교육에 참석하는 사장님들께 다중이용업소 화재보험 안내지와 명함을 전달했다. 토요일에도 출근을 해서 다중이용업소 리스트를 뽑고 화재보험 리플릿 DM을 우편 발송했다. 뭔가 한 가지 일에 꽂히면 앞, 뒤 재지 않고 달려드는 타고난 열심은 필요한 순간엔 항상 내 편이 되어주었다. 발로 뛰어서 열심히 한 결과 난 신입 중에서도 화재보험 전문 설계사로 자리매김했다. 지금 생각해 보니 어디서 그런 용기가 났던 건지... 뭔가에 홀린 듯 하루하루를 보냈던 것 같다. 지금 돌이켜봐도 참 열심히 살았다.

보험회사는 급여 시스템이 아니기 때문에 매달 실적을 내야 했고 마감날이 다가오면 늘 시달렸다. 인맥이 넓지 않은 신입들은 대부분 1년을 버티지 못하고 자신과 가족, 지인들의 보험 계약으로 연명하다가 일을 그만두게 된다. 그 중 영업력이 뛰어난 몇몇만 생존하여 롱런할 수 있었다. 지극히 평범한 사람인 내가 그 세계를 경험하고 보니 그렇게 돌아갈 수밖에 없는 생태계라는걸 깨달았다. 특정 직업을 비하하거나 끌어내리려는 의도는 아니다. 다만 내가 직접 겪고 느낀 부분이다. 화재보험으로 유의미한 실적을 많이 내긴 했지만 재물보험은 수수료율도 낮고 실적을 인정받기엔 부족했다. 수수료율이 높고 한건을 하더라도 실적을 인정받는 인보험을 많이 해야 했다. 하지만 태어나길 뼛속까지 I (내향)인지라 사람들을 만나서 입 떼는 것 자체가 괴로웠다.

화재보험으로 실적 올리고 그 사장님들 대상으로 인보험까지 연결시켜서 여러 건 했지만 이 일을 평생 해야 한다고 생각하니 너무 우울하고 괴롭고 자신 없었다. 그 당시 내가 할 수 있었던 모든 노력을 훅 쏟아붓고 나서 난 또다시 굴을 파고 들어갔다. 몇 달을 지속해 오던 일인데 당장 내일부터 단 하루도 더 못하겠는 막막한 기분. 맞지 않는 옷을 입고 있는 기분이었고 하루빨리 벗어나고 싶었다. 도망치고 싶은 기분에 사로잡힌 난 몇 달간 소홀했던 블로그에 다시 매달리기 시작했다. 익숙한 환경과 상황들에 마음이 편안해졌고 심지어 안정감까지 느껴졌다. 그래도 얼마나 다행인가! 다시 돌아올 곳이 있다는 것이! 지쳐서 손을 놔버리고 쳐다보기도 싫었던 블로그였는데 이젠 그거라도 할 수 있다는 게 감사했다. 인생 참 우습고 헛헛하다.

● 여덟번째 이야기 ●
다채로운 커리어, 직업의 모자이크

다시 블로거

블로그 세계에 다시 돌아오니 친정에 온 듯 맘이 편하다. 넌덜머리 난다며 훌쩍 떠날 땐 언제고 다시 꾸역꾸역 그 세계에 발을 디민다. 배운 게 도둑질이란 말이 있던가. 그래도 할 수 있는 일이 있다는 게 얼마나 다행인지. 삼성화재 동기 중에서 블로그에 관심을 갖는 언니가 있었다. 건강식품 제조하시는 사장님께서 온라인 판권을 줄 테니 쇼핑몰을 한번 운영해 보라고 제안했고 블로그부터 시작해보려고 하는데 하는 방법을 잘 모르겠다고 했다. 동기들 사이에서 이미 블로그 수작업 공장으로 소문이 자자했기에 나에게 도움을 요청한 것이다. 이전에 해본 적 있느냐고 물으니 다음에서 카페를 운영한 경험은 있다고 했다. 다음 카페와 네이버 블로그는 또 다른 이야기인지라 다시 배워야 했다. 언니에게 블로그를 알려주기 시작했고 그즈음부터 우린 작업실을 빌려서 함께 블로그를 운영했다. 삼성화재 출근은 중요한 날에만 하고 나머지 날 동안은 작업실에서 블로그를 하며 시간을 보냈다. 하나하나 알려주면서 최적화 블로그 만드는 노하우를 전수시켰다. 스승이 잘 가르쳐서인지 학생이 똘똘(?)해서인지, 언니는 블로그를 빠르게 습득했다. 언니와 난 작업실에 인터넷 회선을 늘리고 VPN도 여러개 구매한 후 블로그 작업에 열을 올렸다.

쇼핑몰 시작의 첫걸음

제안받았던 건강식품 쇼핑몰을 하기 위해 사업자를 냈던 언니는 나에게 동업을 제안했다. 건강식품 쇼핑몰과 블로그를 함께 운영하자는 거였다. 블로그는 선수였지만 쇼핑몰 경험은 없었던지라 흥미로웠다. 건강식품 공장과 본사는 남해에 있었다. 사장님과 사업 관련 미팅을 위해 남해에 가야 했다. 남해는 한 번도 가본 적이 없었기에 (일을 위한 일정이었지만) 여행을 떠나는 듯 설레었다. 운전하는데 거리낌이 별로 없기에 자가로 갔는데 편도 370km 운전은 쉬운 일이 아니었다. 달리고 달려서 도착한 남해. 와... 지금까지 봐온 그 어떠한 바다보다도 맑고 깨끗한 자태에 감탄이 저절로 나왔다.

일을 하러 왔는데 오히려 힐링이 되는 기분. 경치 구경도 제대로 하고 맛난 식사도 대접받았다. 건강식품 온라인 판권에 대한 이야기를 나누고 계약서를 작성했다. 뭔가 진짜 사업가가 된 기분이 들었다. 다시 서울에 돌아와서는 쇼핑몰에 상품을 등록하고 건강식품 블로그도 세팅했다. 상품을 잘 만들어서 마케팅을 해야 판매가 일어날 텐데 언니와 난 방법을 몰랐다. 매일 블로그에 관련 칼럼을 올리긴 했지만 쇼핑몰에 대한 지식이 너무 부족했다. 쇼핑몰에 상품만 덩그러니 올려두고 팔리기만 간절히 바라고 바랬다. 지금 생각해 보니 기적을 바라는 바보 같은 행동이었다. 언니와 난 상품이 잘 안 팔리니 쇼핑몰을 향한 처음의 열정이 점차 사그라들었다. 그리고 다시 최적화 블로그 만드는 일에 집중하기 시작했다. 노력대비 빠른 결과물을 받아볼 수 있으니 자꾸만 그쪽으로 손이 갔다. 시간이 좀 흐른 뒤엔 건강식품 쇼핑몰은 뒷전이고 다시 블로그만 운영, 관리했다.

얼결에 공방을 시작하다

둘이 작업실에 콕 박혀서 블로그만 하다 보니 지루했다. 시간이 좀 있으니 아로마 향초 만드는 걸 배워보자고 했고 자격증을 딸 수 있는 수업 과정에 등록 하고 공방으로 배우러 다녔다. 맨날 노트북 앞에서 전전긍긍하던 우린 새로운 배움이 꽤나 흥미로웠다. 향초와 천연비누, 디퓨저 만드는 방법을 모두 배우고 과정을 마친 후 자격증을 땄다. 포트폴리오를 만들어서 제출하고 돈을 주고 자격증을 사는 느낌이었지만 말이다. 자격증을 취득하고 언니와 얼결에 공방을 시작했다. 블로그에 열을 올리던 작업실을 공방으로 세팅했다. 거창한 세팅은 아니었고 공방 운영을 위한 재료와 집기들을 채워놓은 소소한 모습이었다. 새로운 일을 시작한다는 기쁨에 언니랑 방산시장을 오가며 캔들 재료와 포장용기, 부자재 등을 사 왔다. 흐지부지하게 끝났던 건강식품 쇼핑몰의 불명예를 '캔들', '디퓨저' 쇼핑몰로 역전시키고 싶었다. 열심히 캔들과 디퓨저를 만들고 렌털 스튜디오에서 제품 촬영을 했다. 그리고 온라인 쇼핑몰을 오픈했다. 핸드메이드 소이캔들과 디퓨저, 천연비누 등을 판매하는 쇼핑몰이었다. 마케팅 실력은 건강식품 쇼핑몰 할 때와 별반 다르지 않았지만 블로그를 운영할 때 접목시켰던 키워드를 활용해 상품등록을 시도해 보았다. 핸드메이드 상품을 판매하다 보니 애정이 더 많이 갔다. 단품 구성도 했지만 결혼식, 돌 등 답례품 구성도 해두었다. 어랏? 답례품 단체주문 입질이 온다. 나름 상품기획이 잘 되었던 것일까? 당시 한참 유행이었던 소이캔들과 차량용 디퓨저였기 때문이었을까. 주문이 제법 들어왔다. 단체주문을 받으면 언니와 나는 밤늦도록 캔들 만들기에 열을 올렸다. 수량을 많이 만들어서 내보내야 했기에 늦은 시간까지 작업하는 일이 잦았다. 그래도 우리 힘으로 무언가 해낸 기분이어서 뿌듯했다.

블로그를 통해서 제작과 판매 과정을 공유했다. 그랬더니 블로그를 통해서도 문의가 들어왔다. 와, 우리 이러다 대박 나는 거 아냐? 두근두근.

향기를 만드는 일

작업실에서는 늘 향기가 진동했다. 소이캔들을 만들 때

도 디퓨저 작업을 할 때도 항상 다양한 향이 들어가기 때문이다. 방산시장에 가면 다양한 재료들을 판매하는데 향 원액은 다양한 나라에서 수입이 되었다. 물론 우리나라에서 만든 것도 있지만 나라마다 특징적인 향의 느낌이 있어서 다양하게 구매해서 재료로 사용했다. 달달한 향, 시원한 향, 분위기 있는 향 등 고객들의 취향은 다양하기에 종류별로 갖추고 있었다. 소이캔들은 왁스와 향의 배합으로 만들어졌는데 왁스를 녹이고 비율에 맞춰서 향을 넣는다. 그리고 심지를 고정시킨 용기에 녹인 왁스를 부어주고 굳힌다. 한 번에 외관이 고르고 이쁘게 굳을 때도 있지만 울퉁불퉁하게 굳을 때도 있다. 울퉁불퉁한 표면을 좋아할 고객은 없기에 드라이기로 윗부분만 살짝 녹인 후 다시 굳힌다. 한두 번 반복하고 나면 제법 고르고 예쁜 모양을 갖춘 소이캔들이 완성된다. 캔들의 종류는 정말 다양하지만 난 그중 소이캔들이 참 좋다. 색감이 첨가되지 않은 깨끗한 아이보리 색상이 맘에 들기 때문이다.

디퓨저는 디퓨저베이스와 향의 배합으로 만들어진다. 왁스를 녹이고 다시 굳혀서 만드는 캔들에 비하면 확실히 품은 덜 들어간다. 디퓨저 베이스와 향의 비율이 노하우인지라 저울에 배합만 정확하게 해서 넣으면 되기 때문이다.

온라인 & 오프라인

단체주문 건 처리로 바쁜 나날을 보내고 있는데 오프라인 입점 제안이 들어왔다. 고속터미널 지하상가에 있는 인테리어 소품샵이었는데 우리 제품을 진열해 보면 어떻겠냐는 제안이었다. 우린 두 번도 고민하지 않고 메인 제품들을 포장해서 고속터미널로 향했다. 제안해 주신 샵에 가보니 다양한 인테리어 제품들과 고급스러운 침구류까지 판매하고 있었다. 제법 메인 자리에 우리 제품들을 깔아 둘 수 있도록 배려해 주셨다. 공방에 처박혀서 온라인에서 들어오는 단체주문 건들에 치이고 치였던 우리에게 주어진 오프라인 기회는 새로운 기대감과 즐거움까지 가져다주었다. 오프라인에 소중한 내 애기(?)들을 진열해 놓으니 너무 예뻤다. 인테리어 소품샵이라서 그런지 조명도 좋고 특이한 소품들도 많아서 기왕 진열한 거 쇼핑몰과 블로그에 사용할 제품 사진도 다양하게 찍었다. 이런 기회가 아니라면 스튜디오를 빌려서라도 촬영을 해야 하는 상황이었기에 완전 일석이

조! 핸드메이드 제품이라 작업실에 있을 때는 제품 만들어내느라 정신없었고 다 만들어지면 납품을 직접 나가기도 하고 단체주문건 배달을 하기도 했다. 하루하루 정신없이 시간은 참 잘도 갔고 내 인생 통틀어 가장 향기로운 나날들이었다.

소소한 원데이 클래스

향초 자격증 준비할 때 캔들을 배우며 천연비누 만드는 법도 함께 배웠다. 핸드메이드 천연비누를 만들어서 판매도 하고 사은품으로 함께 보내드리기도 했다. 그 당시 막내가 어린이집에 다닐 때였는데 원장님 권유로 원데이 클래스 출강을 나가기도 했다. 어린이집 연간 행사 계획에 학부모 일일교사 기획이 있었는데 그 부분은 내가 맡아서 하게 된 것이다. 한 번의 원데이 클래스를 계기로 소개의 소개가 이어졌고 한동안은 원데이 출강 강사 일도 적잖게 하게 되었다. 눈코 뜰 새 없이 바쁜 나날들이었지만 아이에게도 나 스스로에게도 뿌듯하고 의미 있는 시간들이었다.

아홉번째 이야기
커리어, 한 치 앞도 알 수 없구나

오프라인 다양한 입점 기회들

고속터미널에 있는 인테리어 소품샵을 시작으로 오프라인에 진열할 수 있는 매장을 알아보기 시작했다. 일단 지인이 운영하고 있는 피부 마사지 관리샵에 제안을 했고 샵 한켠에 제품을 진열했다. 당시 작업실은 카센터를 운영하시는 사장님께 빌린 공간이었다. 사장님께 말씀드려서 카센터 사무실에도 제품을 진열했고 사장님 도움으로 다른 카센터에도 몇 군데 들어갈 수 있었다. 카센터에는 아무래도 차량용 디퓨저가 많이 판매되었고 차량을 맡기고 대기하는 고객님들께서 차 한잔 마시면서 눈 요기 할 수 있는 곳에 진열했더니 왕왕 구매로 이어졌다. 나중에는 차량용 디퓨저를 구매하기 위해 일부러 찾아오시는 고객님들도 계셨다. 디퓨저를 구매하시면서 선물용으로 캔들을 함께 구매하시기도 했다. 온라인 주문 건을 처리하는 일도 재미있고 보람 있었지만 오프라인에서 고객과 직접 대면하면서 판매하는 것도 솔찮게 재미졌다. 핸드메이드 제품이다 보니 고객님들의 만족도가 높았고 소개로 오시는 고객님들도 많이 있었다.

동업 종료. 돌고 돌아 다시 블로거

처음 사업을 시작하면서 언니랑 동업 조건으로 둘 중 한 명이 사정상 사업을 그만하게 되면 둘 다 사업을 접는다는 약속이 있었다. 한 사람만 이득을 보거나 반대로 손실을 보는 건 서로 원지 않았기 때문에 어떠한 사정이더라도 사업을 유지하지 못할 이유가 있다면 우리의 동업 관계는 그날로 종료였다. 지금도 그때의 약속 조항에 대해서는 옳다고 생각한다. 하지만 그날은 내 생각보다 빨리 찾아왔다. 언니 가정에 피치 못할 사정이 생기게 되었고 더 이상 사업을 유지하지 못할 이유가 생긴 것이다. 우린 서로의 동의하에 사업을 정리하기로 결정을 내렸다. 작업실에서 사용하던 물품들은 똑같이 나눴고 공간도 정리했다. 워낙 빠른 시간에 진행된지라 얼떨떨했지만 그 당시 우리로서는 최선의 선택이었다. 전업 블로거의 생활이 또 시작되었고 다시 한 번 느끼지만 돌아올 곳이 있다는 것은 참 다행스러운 일이었다. 한동안은 집에서 블로그에만 전념했다. 병원들 블로그 운영을 대행해 주었고 최적화 블로그도 계속 만들었다. 만들어진 최적화 블로그로 체험단과 제휴마케팅도 다시 진행했다. 손을 뗄 때는 다시 쳐다보기도 싫었던 일들인데 아쉬운 상황이 되니 그것 또한 감사함으로 하게 되더라. 뭔가 보험 같은 일이랄까?

그 무렵 작업실 공간을 대여해 주셨던 카센터 사장님께서 사무실에 출근하면서 블로그 운영을 해주면 어떻겠냐는 제안해 주셨다. 집에서 혼자 일하는 것도 나름 괜찮지만 출근을 하고 사람들과 소통하며 일하는 것도 나쁘지 않겠다는 생각에 수락하고 출근을 하게 되었다. 카센터 브랜드 블로그를 운영하는 일이 주된 업무였고 근무시간 동안에는 사무실 업무를 병행했다. 그 당시 카센터 홈페이지 느낌으로 운영했던 블로그는 나의 블로그 수제자 언니가 직접 키운 최적화 블로그였고 쓰는 족족 상위에 꽂히는 효자 블로그였다.

다른 홍보나 마케팅은 전혀 안 하고 있었기 때문에 블로그를 통해서 열심히 영업을 했다. 사례중심으로 키워드 잡아서 꾸준히 포스팅을 했고 블로그 보고 방문했다는 손님이 차차 늘어갔다. 온라인의 힘을 경험하게 해주는 실 사례였다.

다음 스텝은 어디로?

온라인으로 이것저것 하다 보니 내 주변 지인들은 블로그나 쇼핑몰 등 온라인에 관련된 궁금증이 있으면 나에게 연락을 했다. 지인의 지인 중에서 궁금해하는 사람이 생기면 나에게 연락을 해서 물어봤다. 블로그 운영을 배우고 싶다는 사람들도 생겼고 대행을 의뢰하는 경우도 종종 있었다. 같은 시기에 다른 아이템으로 쇼핑몰 운영에 대한 제안을 받기도 했다. 건강식품, 인테리어 소품, 화장품, 의류 등 다양한 아이템으로 쇼핑몰 제안을 받다 보니 뭔가 전환이 필요한 시기인 건가?라는 생각이 들었다. 안 그래도 블로그 다음 스텝으로 뭘 해야 하나 고민하고 있던 중이었는데 다양한 제안이 들어오니 이런 생각이 드는 것도 무리가 아니었다.

당시 유튜브라는 걸 알게 되었고 수많은 블로거들이 유튜브로 넘어가는 분위기였다. 나도 플랫폼을 이동해야 하나 싶어서 대도서관님 인터뷰와 책을 읽어보았다. 지금은 정보도 많고 휴대폰 하나로도 간편하게 유튜브를 시작하지만 그 당시엔 진입 장벽이 너무 높고 정보도 많지 않았다. 다양한 정보를 수집하며 유튜브를 시작해 보려고 각을 잡았지만 매번 포기하고 좌절했다. 그저 다른 사람의 영상을 시청하며 소비자로 있을 뿐.

그 당시 김새해 작가님, 이지영 작가님 등 지금은 너무나 유명해지신 분들의 초창기를 지켜보았다. 도전하고 싶은 마음은 굴뚝같았으나 엄두가 안 났다는 표현이 딱이다. 유튜브를 못 할 이유는 너무 많았다. 지금도 그 많은 이유들을 극복하지 못했던 과거의 내가 너무 안타깝다. 그때 했었어야 했는데... 지금 후회해도 이미 늦었지만 다시 생각해도 너무 아깝다. 그때 변화의 흐름에 올라탔어야 했는데... 유튜브를 선택하지 않은 나는 또다시 쇼핑몰을 택했고 스토어팜 세상에 다시 발을 들이게 되었다.

● 열번째 이야기 ●

여성들의 워너비
여성의류 쇼핑몰 대표가 되다

다양한 제안들 & 거절 or 선택

인생은 다양한 기회와 선택의 반복이다. 이때의 나도 다양한 기회들이 찾아왔다. 무슨 일이지? 싶을 정도로 다양한 제안들이 들어왔는데 판매와 관련된 일들이라는 게 공통점이었다. 블로그로 판매 활동을 해보자는 제안도 있었고 상품을 제공할테니 쇼핑몰을 운영해보라는 제안도 있었다. 아이템도 참 다양했다. 하루하루 다양한 제안을 받으며 내 인생의 전환점이 될 것 같다는 확신이 들었다.

하루는 친한 동생이 오프라인 의류매장을 운영하는 지

인들이 있는데 온라인 쇼핑몰을 하고 싶어 한다며 소개 시켜줄테니 한번 만나보라고 했다. 의류? 옷을 좋아하긴 하지만 잘 아는 분야가 아니라 감이 오지 않았다. 하지만 관심이 가면서 알아보고 싶다는 생각이 들었고 약속 후 매장에 찾아갔다. 쌍둥이 자매였고 조금 떨어진 곳에서 각각 매장을 1개씩 운영하고 있었다. 다양한 이야기를 나눴고 요점은 쌍둥이 자매와 나 이렇게 셋이서 동업으로 의류사업을 해보자는 것이었다. 온라인의 모든 운영은 나에게 맡기고 본인들은 사입과 촬영, 배송을 포함한 물류를 맡겠다고 했다. 동업이 힘들다는 건 익히 들어서 알고 있었는데 게다가 쌍둥이 자매와 함께 해야 한다니... 그녀들은 가족인데 가능할까? 내가 너무 힘들어지지 않을까? 제안을 수락하기 전 걱정부터 앞섰다. 이렇게 생각하고 저렇게 생각해도 잘될 것 같다는 느낌보다는 걱정의 요소들만 떠올라 선뜻 받아들이지 못했다. 그 후 몇 번의 미팅을 하며 내용을 조금씩 구체화 시켜보았다. 솔직히 사업의 엄청난 가능성을 봤다기 보다는 기도에 대한 응답인가? 라는 생각이 들었다. 신앙이 없는 분들은 이게 뭔 소린가 할만한 대목이지만 난 크리스천이기에 어떠한 결정에 있어서 아주 중요한 부분이다. 새로운 일을 시작해보려는 시점에 만난 쌍둥이 자매. 그녀들도 독실한 크리스천이었다. 기도의 사람 3명이 만나게 된 것은 그저 우연만은 아닐거라는 확신이 들었다. 몇 번의 만남 후 서로 기도하며 신중하게 결정할 것을 약속하고 각자 생각할 시간을 가졌다.

그 어렵다는 동업을 또 선택하다

기도하던 중에 쉬운 길은 아니지만 해봐야겠다는 생각이 자꾸 들었고 기도 응답의 방향성이라는 확신이 생겼다. 쌍둥이 자매를 만나서 함께 해보자고 답했고 그 날부터 우리의 동업이 시작되었다. 온라인 쇼핑몰이 주된 사업이기에 내 이름으로 사업자를 냈고 지분도 내가 더 가져가기로 했다. 온라인 사업을 위한 각자의 역할을 분담하고 하나하나 진행하기 시작했다. 그녀들은 각자의 오프라인이 있었기에 매장을 운영하면서 쇼핑몰 업무도 병행하였다. 나는 우리를 소개시켜준 동생네 사업장에 남는 책상이 있다며 당분간 사용하라고 배려해주어 그곳으로 매일 출근을 했다. 사업 초기라 고정비용을 최대한 줄여야 했기에 우린 각자의 위치에서 맡은 일들을 감당했다. 사업자등록과 통신판매업 신고를 마치고 스마트스토어를 개설했다. 앞전에 건강식품과 캔들 쇼핑몰을 운영해 보긴 했지만 카테고리가 달라지니 새롭게 알아야 할 것들 투성이었다. 덕분에 난 하루하루 각종 매뉴얼과 씨름하며 이것저것 만져보고 한 땀 한 땀 세팅했다. 매뉴얼 보고 해보다가 모르겠으면 고객센터에 전화해서 문의하고 자세하게 안내받아서 처리했다. 동생네 매장은 복층으로 되어 있었는데 위층을 스튜디오로 꾸미고 상품등록을 위한 사진 촬영을 했다. 오프라인 매장 경력이 이미 7-8년 정도 되었기에 동대문 거래처들을 컨트롤 하는 것과 사입 스킬은 베테랑들이었다. 온라인에서 판매할 상품을 사입하고 한 명은 모델 한 명은 촬영을 맡았고 난 포토샵으로 편집을 했다. 우린 철저한 분업화 시스템을 구축하며 각자의 역할에 충실했다. 블로그 체험단을 모집하고 다양한 상품을 제공하면서 리뷰 포스팅을 깔았다. 블로거일 때 내가 했던 일들이기에 더 노출 잘되는 블로그 주인들을 엄선하고 섭외했다. 쇼핑몰 인지도가 없던 초창기에는 한 번이라도 더 노출시킬 수 있는 방법들을 찾고 알리는데 집중했다.

좌충우돌 쇼핑몰 운영기

아직도 첫 주문이 들어오던 순간을 잊을 수가 없다. 여성스러운 블라우스 한 장이었는데 "택배 발송은 어떻게 하지?" "송장처리는?" 하며 허둥대던 모습이 영락없는 초보 사장이었다. 첫 주문을 계기로 택배사 계약도 하게 되었고 지금까지도 협력사로 관계를 유지하고 있다. 동생들은 각자 운영하던 매장을 정리했고 온, 오프라인을 통합하기 위해 새로운 곳에 매장 계약을 했다. 온, 오프라인 통합 운영을 결정하며 수익 분배도 n분의 1로 재조정했다. 1층은 오프라인 매장을 운영했고 안쪽으로는 창고 겸 택배 작업실, 위쪽엔 복층으로 사무실을 마련했다. 주어진 평수를 최대한 활용하여 우리 사정에 맞는 공간으로 꾸몄다. 사업 규모가 조금씩 커지면서 첫 직원도 고용하게 되었고 간이사업자 반년 만에 일반사업자가 되었다. 일반사업자 2년 즈음 개인사업자 세금 맥시멈 구간이 되면서 세금 부담 때문에 세무 담당자와 상의 후 법인전환을 하게 되었다. 사업 초기부터 수익의 일부는 구제, 나눔 사역에 흘려보내자는 약속이 있었고 수익의 1%로 시작하여 2%로 확장하여 나눔을 실천했다. 한 명이라도 반대가 있었다면 불가능한 일이었겠지만 셋 다 더 나누지 못함을 안타까워했고 점점 영역을 넓히기로 다짐했다.

당신이 오늘의 주인공입니다

오피스룩을 판매하고 정장 세트를 주력 아이템으로 가져가기까지 많은 시행착오를 거쳤다. 여성의류 쇼핑몰을 처음 시작할 때는 우리가 좋아하는 옷, 사입 하러 갔는데 그날 눈에 띄는 예쁜 옷, 타 업체에서 잘 파는 옷 등 콘셉트도 기준도 없었다. 하지만 시간이 흐를수록 타깃을 명확하게 해야겠다고 판단했고 오피스룩으로 자리 잡게 되었다.

> 매일매일 행복하게
> 특별한 날 더욱 특별하게
> 당신이 오늘의 주인공입니다.
> 3040 여성의류
> 일하는 여성을 위한 데일리 오피스룩
> 하객룩, 면접룩, 상견례룩, 유니폼룩

고객들을 오늘의 주인공으로 만들어주고 싶다는 생각을 우리 브랜드 가치에 녹였다. 요즘은 맞벌이가 늘고 일하는 여성들이 많아지고 있다. 다만 얼마라도 경제적

보탬이 되기 위해 아이들까지 맡기고 워킹맘의 길을 선택하는 이들의 고충을 최대한 덜어주고 싶었고 고퀄리티의 제품을 합리적인 가격에 제공했다. 매일 아침 '오늘 뭐 입지?'의 고민을 덜어주어 안 그래도 바쁜 워킹맘들의 출근 시간을 단축시켜주고 싶었다.

정장 세트를 주력 아이템으로 가져가면서 고객님들의 특별한 날을 더욱 특별하게 만들어드리고 싶었다. 실제로 정장을 판매하다 보니 매일 교복처럼 입으시는 분들도 있지만 면접이나 결혼식, 상견례 등 의미 있는 날 특별하게 입으려고 구매하시는 고객들이 정말 많다. 그분들의 의미 있는 날을 더욱 특별하게 만들어드리기 위해 제품 선별부터 배송날짜까지 신경 썼다. 특별한 날 입어야 하는 경우 배송일이 늦어지면 안 되기 때문이었다. 매일 입는 데일리룩도 아닌데 몇십만 원 하는 고가의 정장을 구매해야 하는 부담을 덜어드리고 싶어서 가격 접근성의 문턱도 확 낮추었다. 절대 제품의 퀄리티를 낮춘 것은 아니다. 실제로 우리가 판매하고 있는 상품들은 라벨만 바뀌어 백화점에 나가는 경우가 많다. 특별히 그런 상품들을 선별하여 원한다면 누구나 접근할 수 있도록 정장 세트, 슈트 셋업 구매의 문턱을 낮추었다. 이건 자신 있게 말할 수 있는 우리 브랜드가 가진 최고 장점이라 할 수 있다.

처음 온라인에서 정장 세트를 판매할 때는 경쟁업체가 거의 없었다. 벌써 7-8년 전 이야기니까. 그때만 해도 편안하게 입는 옷은 온라인으로 쉽게 쇼핑하지만 내가 판매하는 특별한 날 입는 옷은 거의 오프라인에서 구매를 했다. 하지만 그 시장을 깨고 독보적으로 선두를 달렸다. 좌충우돌 많은 일들을 겪었지만 셋업 카테고리에서는 나름 입지를 다졌다. 지금은 너무나 많은 경쟁업체가 생겨서 피로도가 상당히 높다. 제품도, 사진도, 키워드까지도 너무 따라 해서 어떨 땐 정말 울고 싶다. 외롭게 없던 길 만들어 가면서 치고 나갔더니 후발주자들이 줍줍줍. 하긴... 의류를 떠나서 안 그런 분야가 어디 있겠는가. 더 크고 다양한 시장으로의 확장성을 계속 고민하면 그만이다.

- 덕분에 출근시간 고민이 줄었어요!
- 재킷, 블라우스, 슬랙스, 스커트 몇 개 구매해서 이번 계절 매일 교복처럼 입었습니다! 가성비 좋은 제품 판매해 주셔서 감사해요!
- 이 옷 입고 면접에 붙었어요! 저에게 참 의미 있는 정장입니다 감사합니다!

- 강의할 때마다 이 옷에만 손이 가요. 예쁘기도 하지만 정장인데 츄리닝 입은 듯 편한 거, 실화인가요?
- 결혼식 예복으로 구매했어요! 새로운 시작을 함께해 주셔서 감사합니다!
- 친구 결혼식에 입고 갔는데 제가 주인공이 되어버렸지 뭐예요!
- 상견례날 입고 갔다가 예비 시부모님께 예쁘다고 칭찬 받았어요. 감사합니다!

이런 피드백들을 받으며 힘든 순간들을 보상받는다. 아, 물론 진상 고객들 덕분에 스트레스도 받지만 말이다. 질량 보존의 법칙(?)에 의해 규모가 커지면 커질수록 그들도 늘어난다. 거의 대부분은 본인이 진상인 줄 알고 작정하고 달려드는 경우가 많다. 그렇기 때문에 그들을 상대로 탈탈 털릴 필요가 없다. 어차피 작정한 그들을 이기는 건 참 많은 에너지가 필요한 일이다. 객관적 데이터와 이성적 잣대로 정상적 소통이 불가능하기 때문에 처음부터 싹이 보이는 것 같으면 속으로 그냥 '잘 먹고 잘 사세요!' 하고 원하는 대로 해주면서 곱게 보내드리는 게 상책이다. 원칙 들이댔다가 털릴 거 다 털리고 결국 그들이 원하는 대로 다 해주면서, 아니 그보다 더한 것도 해주면서 죄송하다고 사과까지 하며 마무리되는 상황도 왕왕 있기 때문이다.

맞다! 수도 없이 억울하고 수도 없이 분통이 터진다. 특히 내 성향상 더욱더 그렇다. 하지만 어차피 그들은 제품도 안 살 거고 찐 팬도 아니기에 겁날 게 없다. '쓸데없는데 에너지 쓰면 나만 손해구나.'를 깨닫던 순간부터는 한결 수월해졌다.

승승장구 이커머스 비즈니스

매출 규모가 점점 커지니 택배 물량이 많아지고 직원들도 늘었다. 택배 공간이 절대적으로 부족해졌고 그러다 보니 매장까지 밀고 나가서 택배 작업을 하게 되고 직원들끼리 동선이 겹치며 불편한 상황들이 발생했다. 좁디좁은 공간에서 여럿이 생활하다 보니 피로도가 올라가 사업장 이전이 시급했다.

비록 2층이었지만 목 좋은 곳에 67평 넓은 매장을 계약했다. 그곳에 매장과 사진 촬영을 위한 스튜디오, 사무실, 작업실, 창고까지 잘 꾸몄다. 수시로 들어가서 기도할 수 있는 기도방도 만들었다. 좁은 공간에서 서로 부딪히며 지냈는데 넓은 곳으로 이동하니 비로소 숨통이 트이는 것 같았다. 공간이 넓다 보니 일부 공간은 분리를 하고 샵인샵 전대차 계약을 했다. 새로운 곳에서는 더 많은 시도를 하게 되었다. 내가 중점을 두었던 부분은 모든 업무를 전산화시키고 시스템화하는 작업이었다. 프로그램을 사용하여 재고와 택배 작업을 전산화시키고 상품 연동 프로그램을 활용하여 판매 채널을 늘려나갔다. 매장 한켠에 마련된 스튜디오에서는 일주일에 한 번씩 라이브 방송을 진행했고 방송분을 편집해서 유튜브 채널도 운영했다. 참 많이 도전했고, 다양한 시도들은 성공적으로 정착하기도 했고 실패해서 치워버리기도 했다. 사업이라는 게 모든 도전에 다 성공할 수는 없는 법이니까. 수도 없는 n삽질을 통해 성공의 결과 값이 차곡차곡 쌓였고 실패들은 값진 경험으로 남겨졌다. 7년이 넘는 시간 동안 참 많이 애쓰고 노력했다. 그 덕분에 우리 브랜드는 제법 많이 성장했고 단단해졌다. 하지만 밤, 낮 없이 모든 노력을 갈아 넣은 덕분에 우린 셋 다 지쳤고 방전 상태가 되어버렸다. 언제까지 시간과 에너지를 쏟아부을 수는 없는 법. 우린 사업을 정리하기로 결단했고 매장은 부동산에 내놓고 온라인도 매각을 위해 컨설팅을 받았다. 규모가 많이 커져 있었기에 한 순간에 정리되지 않으니 순차적으로 차근차근 진행하기로 했다. 일단 덩치가 큰 매장부터 정리하고 온라인 매각을 진행하기로 방향을 정했다. 최근 매장이 정리되면서 새로운 사무실로 이사를 마쳤다. 이제 이곳에서 온라인 비즈니스를 좋은 주인에게 넘겨주기 전까지 나에게 주어진 남은 시간에 최선을 다할 것이다.

기도하는 3명의 여성이 모여 하나님의 계획하심과 인도하심에 순종하며 매 순간 성실하게 임했다. 각자 다르게 살아왔고 뾰족하고 다듬어지지 않은 모습으로 만났던 우리. 맞춰가는 과정이 쉽지만은 않았다. 가족보다 더 오래 붙어서 일을 했고 일상을 공유하다 보니 서로를 기쁘게도 했고 아프게도 했다. 아직 많이 부족하긴 하지만 지금 우리의 모습을 돌아보니 제법 다듬어졌고 든든한 비즈니스와 믿음의 동역자가 되었다. 평생의 중보기도 동역자를 허락해 주신 하나님께 감사드린다.

비즈니스 현장의 연속된 고난으로 인해 '이 광야학교는 언제 끝나는 거죠?'라고 묻고 또 물었다. 고된 삶의 무게가 버거워 현실을 부정하기도 했고 해결해야 할 산더미 같은 문제들 때문에 답답하고 숨이 쉬어지지 않아 제발 살려달라고 애원하며 기도하기도 했다. 내 짧은 식견으로는 이해할 수 없는 일들과 시간들이 너무 많았다. 하지만 모든 순간 '버려지는 시간은 없다'는 생각을 하며 마음을 다잡았다. 물론 힘들기만 했던 건 아니다. 매일의 일상을 허락하시고 모든 순간 개입하심을 느끼며 감사한 순간들도 손꼽을 수 없을 정도로 많다. "모든 것이 은혜입니다." 우리 입술의 고백이 되었고 한순간도 헛된 시간은 없었음을 인정하며 감사와 영광을 올려드린다.

아직도 배가 고픈 나는야 온라인 N잡러!

현재의 비즈니스를 정리하기로 마음먹으며 다음 스텝 홀로서기 준비 중이다. 지금은 그를 위한 다양한 배움과 노력을 하며 책을 읽고 글을 쓰는 일도 게을리하지 않는다. 강점 코치가 되어 비즈니스 커리어 코칭을 준비하고 요즘 대세인 AI도 열심히 배우고 적용해보고 있다. 숏폼을 배워서 유튜브, 인스타그램, 틱톡 등의 채널을 키우며 다양한 온라인 수익화를 위해 오늘도 퇴근 후 새벽까지 잠 못 들고 있다. 직접 배우고 경험한 다양한 온라인 활동들을 기반으로 비즈니스 코칭도 종종 하고 있다. 현재의 비즈니스가 언제 정리될지 그 시기를 나는 알 수 없다. 하지만 오늘도, 내일도 기회의 장인 온라인에서의 확장을 위해 시간과 노력을 쌓을 것이다. 자칭반 타칭반 온라인 N잡러 대표주자로서!

커리어의 다양성, 나를 이해하는 열쇠

안서은

좋아하는 일을 찾아내면 망설임 없는 도전으로 가득한 청춘을 보냈다. 그 끝에 성공 스토리가 기다리고 있기를 바랐지만, 결과적으로는 미처 발견하지 못한 상처의 얼룩들만 남았다. 아이를 잘 키우고 싶다는 마음으로 시작한 여정에서, 아직 자라지 못한 '내면의 나'를 발견했다. 문제를 회피하기보다는 마주보기를 선택한 이후로, '사랑받고 싶은 나'를 충분히 다독이고 안아주고 있다. 엄마의 감정, 말, 행동은 유리처럼 투명하게 아이에게 대물림되기 때문에, 엄마 자신이 먼저 올바른 길로 나아가기로 결심했다. 변하지 않으면 아이에게 가르칠 것이 없다는 생각으로, 자신과 끊임없이 대화하며 성장하고 있다. 식품 영양과를 졸업한 후, 패밀리 레스토랑의 키친에서 사회생활 첫발을 떼었다. 이후 총무팀 아르바이트, 회계 사무실, 화장품 회사 회계팀, 일본 어학연수 및 현지 아르바이트, 무역 회사에서 일본 바이어 관리, 미국계 패스트 패션 회사의 회계팀, 일본계 제과제빵 브랜드의 회계팀, 일본계 돈가츠 브랜드의 매장 직원, 플로리스트, 블로거 등 다양한 직업을 거쳤다.

• 첫번째 이야기 •

10대, 꿈은 수시로 바뀌는 법

13살, 발명가가 되어볼까?

초등학교 6학년 2학기, 나는 나의 의지와 상관없이 부반장이 되었다. 반장도 될 수 있었지만 다른 여자 친구들의 질투로 부반장이 되었는데 부반장이라는 역할이 주어지니 선생님에게 더 잘 보이고 싶었다. 숙제를 내주시면 집에 있는 백과사전을 찾아가며 1장, 2장, 양에 상관없이 열심히 했고 솔선수범하기 위해 노력했다. 그때 우연히 발명관련 책을 읽게 되었는데 할머니가 손자를 위해 발명한 삼각팬티로 고액의 로열티를 받았다는 내용이었다. 어렸지만 나도 발명품을 만들어 로열티 받고 살면 편하게 살 수 있겠다는 생각이 들었다. 잘 알지 못해도 직감적으로 노동으로 돈을 벌기보다는 삶을 편리하게 해주는 발명품이나 작곡가, 작가 등 아이디어를 이용해서 일하는 것이 더 큰돈을 벌 수 있을 거라는 생각이 들었다.

초등학교 6학년 때 발명품 대회를 앞두고 나의 일상을 관찰했다. 그 때 아빠의 모습이 눈에 들어왔다. 그때는 방 안에서도 담배를 피우던 시절이라 우리 집에는 물이 담긴 담배 재떨이가 텔레비전 앞에 늘 놓여있었는데 가끔 성냥이 어디 있는지 찾는 아빠를 발견하고는 이걸 편하게 해드려야겠다는 생각이 들었다. 담배 피시는 아빠를 위해 담배 케이스에 성냥갑의 마찰면을 붙이고 담배 끝에 성냥개비에서 성냥인을 떼어내 붙여 성냥갑이 없이도 담배를 피울 수 있게 만들어 발명품을 제출했다. 좋은 의미의 발명은 아니었으나 은상을 받았다. 그 때 1등을 한 친구의 발명품은 우리가 잘 아는 삼선 슬리퍼 위에 뚫린 부분을 보완해 주는 뚜껑을 벨크로를 이용해서 따뜻한 천으로 덮는 것이었다. 여름에는 일반 슬리퍼로 겨울이나 발이 시려울 때는 발가락이 나오는 부분을 막아줘 따뜻하게 신을 수 있는 신발이었는데 그 친구의 아이디어에 감탄하면서도 인체에 해가 되는 발명품 밖에 생각하지 못한 자신이 한심하기도 했고 자책감도 들었다.

14살, 모델을 꿈꾸다

맞벌이를 하는 부모님이다 보니 집은 늘 비어있었다. 큰언니는 기숙사 생활을 해서 주말에만 집에 있었고 둘째 언니는 하교 시간이 늦었다. 2살 아래의 여동생이 있지만 어렸을 때 나는 동생과 어울려서 놀았던 기억보다는 싸우기만 했던 기억이 더 많다. 집에 오면 혼자서 텔레비전 보는 시간이 많았다.

텔레비전에 내가 나온다면...유명해지고 싶다는 생각을 많이 했다. 초등학교 6학년 때 키가 160cm이었고 내성적인 성격이었다. 그때 제1회 슈퍼모델 대회가 시작되었고 화면에 나온 모델들은 미스 코리아와 달리 키카 크고 개성 있는 얼굴이었다. 얼굴에 자신이 없었던 나는 또래보다 큰 키에 런웨이를 걷기만 하면 되는 모델이라는 직업이 딱이라고 생각했다. 나름 나를 파악하고 선택한 꿈이 모델이었다.

모델이 되기 위해서는 175cm는 되어야 했기에 엄마에게 우유를 주문해서 먹게 해달라고 했다. 하루에 우유를 500ml씩 먹었다. 처음에는 키카 커야 한다는 생각에 꼬박꼬박 잘 먹었지만 하루라도 빼 먹으면 다음날은 1리터, 그 다음날엔 2리터가 되어 있었다. 그러다 보니 질려버려서 우유 먹는 것을 그만두었다. 문제는 키는 더 크지 않고 몸이 옆으로 불어났다는 것이다.

15살, 건축설계사가 되고 싶습니다

중학생이 되고 나서부터 나의 꿈은 건축설계사였다. 이 꿈은 중학교 가사 시간에서부터 시작되었는데 내가 살고 싶은 집 도면도를 그려서 내는 숙제가 있었다. 다들 사각형 틀에서만 짓는 도면에서 나는 집 테두리를 라운드로 만들었고 남들과 다른 집을 그린다는 생각에 뿌듯했다. 우리 집이 생기기 전까지 내가 기억하는 집은 네 곳. 학교에 가 있는 동안 이사가 이뤄졌기에 이사를 하는 날이면 수업을 마치고 엄마가 장사하는 곳으로 갔다. 엄마에게 새 집의 위치와 열쇠를 받아들고 집으로 향한다. 멀쩡한 대문을 놔두고 쪽문을 통해 들어가는 지하 방에 살면서 우리 집에 집주인이 따로 있다는 것을 초등학교 2학년이 되어서야 알게 되었다. 하지만 지하에 살면서도 그것이 부끄럽다 생각한 적은 없다. 집은 전보다 더 넓었으며 우리 집에 식탁이라는 것도 생겼기 때문이다. 작은 창문 밖으로 사람들이 인식하지 못할 때 나 혼자 밖을 볼 수 있다는 것이 어린 나이에 재미있었다. 나는 집 없는 설움에 대해서 알지 못했다. 엄마를 통해서 들었을 뿐…엄마는 지금도 괘씸하다고 하면서 이십 년 동안 겪었던 내 집 없는 설움을 토해내시곤 한다. 우리의 첫 집이자 로망의 아파트로 이사하기 전, 집주인이 급하게 집을 비워달라고 해서 아파트 입주를 몇 개월 앞두고 동네에서 잠시 살 집을 구해야 했다. 건물을 다시 세울 계획이 있었음에도 몇 개월 비워두는 것이 아까워 우리에게 전세를 놓은 것이다. 곧 이사 갈 건데 갑자기 이사한다는 말이 이해가 안 됐었는데 나중에 엄마에게 전해 들은 이야기로는 그런 사연이 있었다. '우리 집이 생겼으면' 하는 바람과 우리 가족이 살기 좋은 집을 꿈꾸다 보니 건축설계사가 되어 우리 집을 멋지게 지어야겠다는 꿈이 생겼다.

중학교 3학년 때까지는 수학이 재미있었고 성적도 좋았다. 하지만 고등학교 반 배정고사 이후 접한 수학은 내가 알던 수학이 아니었다. 중학교 수학과 고등학교 수학 사이의 갭이 너무 크게 다가와서 극복해 보려고 노력했지만 생각대로 되지 않았다. 엄마한테 말해 수학 단과반과 수학 전문 학원을 다녀보기도 했지만 결국 나는 수포자가 되었다. 건축학과는 이과 계열만 지원할 수 있었기에 수포자였어도 그 꿈을 포기하지 못해 몸은 계속 이과에 머물러있었다. 그때까지만 해도 멋진 집은 건축설계사가 되어야 가질 수 있다고 생각한 것 같다. 건축설계사라는 꿈은 내가 아닌 가족을 위한 나만의 꿈이었다.

18살, 엄마인척 글을 쓰다

여름방학 중 집이 멀어 자주 보지 못했던 분당 사는 이모네 집에 놀러갔다. 갑자기 엄마에게서 전화가 와서 받아보니 잡지사에 글을 써서 보냈냐는 전화였다.
주부 잡지 뒷부분을 보면 엽서가 붙어있는데 사연을 보내 당첨되면 인테리어를 바꿔주는 경품 이벤트였다. 내가 엄마인 척 택시 운전을 하는 신랑이 점심을 먹기 위해 집에 들어오면 낮잠을 자는데 그 모습이 안쓰러워 따뜻한 느낌이 나는 마룻바닥에서 쉬게 해주고 싶다는 식으로 글을 써서 냈다. 왜 그게 하고 싶었는지는 모르겠다. 그리고 당첨될 것이라는 생각도 하지 못했다. 나와 통화하기 전, 엄마는 이미 잡지사에 "그런 적 없다."고 답했다고 했다. 나는 너무나 아쉬웠다. "엄마인척 하지 그랬냐."며 내가 쓴 것이 들통나서 결국 당첨되지 않은 것이 아까웠다. 하지만 나의 그런 사연은 딸이 엄마를 대신해 편지를 보낸 '효녀 이야기'로 채택되었다. 일반 장판이었던 우리 집 마룻바닥은 그 당시 유행하던 강화 마루로 바뀌었다. 당첨되고도 혹시나 추가 부담해야 하는 돈이 생기지는 않을까, 풍족하지 않은 우리 살림에 돈 나가는 일을 만든 건 아닐까 걱정했지만 염려와는 달리 돈이 나가는 일은 없었고 잡지에도 우리 집 이야기가 훈훈하게 쓰여 기분이 좋았다. 지금 생각해 보면 내가 글을 써서 당첨되는 경우가 종종 있었는데 우리들의 이야기, 내 일상을 공유할 때 사람들이 좋아해 주었다.

• 두번째 이야기 •

20대, 세상의 쓴 맛을 보다

22살, 돈을 많이 벌고 싶어

대학교 2학년 여름방학, 중학교로 실습을 나갔다. 내 전공인 식품영양학과는 영양사가 되기 위해서 실습이 필수였다. 먹기만 해봤지 내가 학교 식당 주방에서 요리를 하다니…

점심시간이 되기 전 주방은 전쟁터였다. 몇 백 명의 식사를 3~4시간 안에 다 끝내야 한다. 물 밖의 우아한 모습과 달리 물속에서 끊임없이 물길 질을 하는 백조와 같이 나에게 우아한 직업으로 비치던 영양사의 현실을 마주하면서 이 길로 가는 것이 맞는 것인가 고민이 되었다. 그때만 해도 꿈이 현모양처였기에 대기업 영양사로 일하면 대기업에 다니는 건실한 남자와 결혼을 할 수 있을 거라는 기대감으로 이력서를 넣었다. 하지만 나에게는 면접 볼 기회조차도 오지 않았다. 그때 당시 이력서에는 키와 몸무게를 적는 칸이 있었는데 그때까지만 해도 통통했기에 나보다 성적이 낮은 친구들이 서류 합격하는 것을 보며 능력보다는 외모를 더 우선시하는 현실에 불만이 있었다. 그러던 어느 날 친구와 대학로를 지나는데 직원 모집공고가 눈에 띄었다. 바로 패밀리 레스토랑 구인광고였다. 내가 졸업할 시즌에 패밀리 레스토랑이 인기였기에 친구와 바로 들어가 지원을 어떻게 하면 되는지 물어봤다. 홀과 주방에 인원을 1명씩 뽑는다고 했다. 친구도 나도 홀에서 일을 하고 싶어 했다. 낯선 환경에서 친구와 같이 일하면 그나마 빨리 적응할 수 있지 않을까 싶어서 내가 원하는 곳이 아닌 주방에서 일을 시작했다. 매일 아침 출근을 하면 식재료가 들어오는 것을 창고로 옮기고 미리 준비해 놓아야 할 음식들을 다듬고 소분해 놓는다. 신입에게는 연수 기간이 3개월이었는데 그때는 50만원도 안 되는 돈을 받고 일을 했다. 일을 하는 것이 서툴러 음식을 준비하는 업무가 주어지면 어김없이 그날은 12시간을 넘겨

일을 해야 했다. 하루 종일 서서 일하고 일하는 시간이 길어지다 보니 몸은 점점 망가지기 시작했다. 몸이 아픈 것도 서러웠는데 내 파트에서 보살핌을 받는다는 느낌을 받지도 못해 정신적으로도 힘들었다.

한 번은 선임이 일을 하다 손을 베는 일이 있었는데 파트장이 하던 일을 하고 멈추고 달려와 살펴주었다. 그리고 며칠 뒤 나도 손을 다치는 일이 생겼다. 고기를 써는 기계를 쓰다 손가락을 베는 일이 생겼는데 바쁘게 돌아가는 주방 환경 속에서 다쳤다며 나를 봐달라고 할 수도 없었다. 밴드가 어디 있는지 물어보고 찾아내어 손가락을 감싸는 동안에 아무도 나에게 관심을 가져주지 않는 것이 서운했다. 며칠 후 선임과 함께 일하는 과정에서 선임이 튀김기계에서 음식을 꺼내다 뜨거운 기름이 주르륵 내 바지 위로 흘러내렸다. 선임이 자기한테 기름이 튈까 얼른 피하는 과정에서 내 쪽으로 방향을 틀어 나에게 흘렀다. 검은색 바지라 눈에 띄지도 않았고 나 또한 일하다 생긴 일이라 뭐라 할 수 없었고 선임은 바빠서 생긴 일이라는 듯 그냥 지나쳤다. 한창 바빴던 주말이라 일을 끝내고 집에 와서 보니 뜨거운 기름이 살에도 닿았는지 피부가 부풀어 올랐다.

그 이후로 출근하는 길이 너무 힘들었다. 작게 쌓인 서운함이 큰 돌덩이가 되어 출근길을 가로막고 있었다. 엄마도 힘들면 그만두라고 했지만 나의 첫 직장인데 이렇게 쉽게 그만두고 싶지 않았다. 마음은 너무 힘들지만 내가 선택한 길을 쉽게 포기한다는 것이 용납되지 않았다. 버스를 타면 제일 뒷좌석에 앉곤 했는데 늘 울면서 출근을 했다.

"이대로 사라지고 싶다." 나도 내 마음 알 수가 없었다. 내 존재가 인정받지 못하고 능력의 부족함이 느껴지니 살아야 할 이유가 없었다. 그 힘든 기간을 무사히 잘 이겨내긴 했지만 무거운 기름통을 기계에 붓거나, 청소하는 등 고된 노동이 이어졌다. 허리가 너무 아파서 나는 수습 기간만 채우고 일을 마무리했고 운이 좋게 큰 언니의 소개로 금융계 회사 총무 팀에서 아르바이트를 시작했다.

23살, 전문직에 눈을 뜨다

하는 일은 팀장님들이 출근하기 전 팀장님별로 신문을 나눠서 테이블에 올려놓고 우편물을 나누고 고객들에게 보내는 우편물을 보내고 총무 팀의 자잘한 일들이었다. 하지만 시간당 비용은 더 높았고 몸은 편했다. 그때 나는 돈은 고된 노동과 비례해서 버는 것이 아니구나라는 생각을 했다. 아르바이트를 하면서 지켜보니 회계파트에서 일하시는 분들의 업무가 전문적이고 능력도 인정받는 분위기라 회계 쪽 일을 해야겠다고 결심을 하게 되었다.

내 나이 25살. 뒤늦게 배움 카드를 통해 전산회계 1급을 땄고 회계사무실에 들어갔다. 회계사무실에서 25살은 많은 나이였다. 고등학교를 졸업하자마자 일하는 경우가 대부분이라 나이 많은 신입을 반기는 곳은 없었다. 25살의 늦은 나이라 써 준다는 곳이 있으면 무조건 '감사합니다'라는 마음으로 들어가야 했다. 다행히 근로지원금을 지원받고자 하는 회계사무실이 있어서 정부의 정책 덕분에 운 좋게 취업을 할 수 있게 되었다.

회계라는 업무가 나하고는 잘 맞아서 방송통신대 경영학과로 편입을 하여 학업도 병행해나갔다. 이왕이면 경력을 잘 쌓아 회계사가 되어야겠다고 생각했다. 하지만 그 계획도 오래가지 못했다. 회계사무실에 같이 입사한 언니가 있었는데 그 언니도 나와 같이 방송 통신대를 다니기 시작했다. 회사 업무에 지장이 있을까 싶어서 출석 수업이 있어도 대체시험으로 돌려놓고 나름 배려를 한다 했는데 그 언니는 출석 수업을 꼬박꼬박 참석했다. 언니가 자리를 비우는 날에는 그 언니의 일을 대신 하느라 내 일을 할 수가 없었다. 거래처에서 서류를 요청할 때 내가 관리하는 거래처가 아니다 보니 낯선 일을 처리 할 때마다 큰 스트레스로 다가왔다. 정작 당사자에게는 말을 하지 못한 채 불만이 쌓여가고 있었다. 이기적인 언니와 같이 일하는 것이 싫어졌고 회계사님께 퇴직 의사를 밝혔다. 언니도 자신이 맡고 있는 거래처들이 규모가 더 크고 할 일이 많다며 불만이 있는 상태였다. 회계사님의 중재로 거래처를 맞바꿔 일을 하기도 했지만 결국 언니와의 틀어진 관계는 회복되지 않아 다시 퇴직 의사를 밝혔다.

평소 나를 좋게 봐주신 회계사님과 거래처 대표님 덕분에 회계업무를 할 사람이 필요하다는 회사에 면접을 봤다. 그때 이력서에 내가 받던 연봉의 2배를 올려 적었다. '수용해 주면 좋고 아니면 말고'라는 마음으로...운이 좋게 그 회사에 취직이 되었고 회계사가 되겠다는 계획과는 조금 틀어졌지만 같은 일을 하면서 월급은 2배 더 받게 되었다.

29살, 회사를 그만두고 싶어

29살이 되니 마음이 뒤숭숭했다.

내 생각에 29살이면 결혼도 일도 두 마리 토끼를 다 잡았어야 했다. 하지만 현실은 사랑하는 사람도 없었고 일에 대한 열정도 식어버렸다. 19살에서 20살이 될 때는 어른이 된다는 해방감과 기대감이 있었지만 29살에서 30살로 넘어가는 시점은 이루지 못한 것들에 대해 실패자라는 생각과 불안감이 엄습해왔다.

'29살에 회사를 그만두면 다시 취업할 수 있겠어? 왜 잘 다니던 회사를 그만둬?' 나는 회사에 불만이 많았지만 동료들이 보기에는 사장님에게 인정받는 직원 중 하나였다. 대리의 직급으로 그 이상의 일을 해야 했고 회사가 갑자기 규모가 커지다 보니 회사를 둘러싼 이런저런 일들이 많았다. 떨어지는 떡밥이라도 주워 먹어야지 하는 사람들이 몰려들었다. 회사는 커지고 나는 아직 모르는 게 더 많고...주어진 업무만 신경 쓰기에도 시간이 모자란데 회사가 커지다 보니 해야 할 일들이 점점 늘어났다. 남은 일을 하기 위해 토요일 출근을 했지만 주말에 걸려오는 고객 전화 특히 컴플레인 관련 전화를 받으면 응대하느라 1시간 이상을 잡아먹는 일이 많았다. 처음에는 회사를 대표하는 마음으로 친절하게 받아들였으나 이런 일들이 반복되니 나의 서툰 응대로 호미로 막을 일을 가래로 막게 될까 봐 조마조마한 마음과 미뤄지는 업무에 대한 스트레스가 커졌다. 잘 하고 싶다는 마음은 스스로를 지치게 만들었다.

돈이 드나드는 것을 보는 업무를 하다 보니 자꾸 나와 사람들을 비교하게 되었다. 회사의 규모가 커질수록 직원들은 계속 늘어났고 사장님 주변 누구 소개로 들어왔다는 직원들이 늘어났다. 나도 그런 사람 중 하나였지만 나는 요행보다는 일을 열심히 하는 사람이었다. 그 사람들과 나는 다르다고 생각했다. 하는 일이 없는 것 같은데 나보다 연봉이 높고 행동보다는 말로만 일하는 사람들이 월급 받아 가는 것이 너무 꼴 보기 싫었다. 노는 것처럼 보이는 사람들에게 월급을 송금할 때마다 의욕이 떨어졌다. 한편으로는 다시 태어나지 않는 이상 저 사람들처럼 아부를 잘 하거나 말로만 일하는 사람이 될 수도 없으니 내 눈에 쉽게 사는 것처럼 보이는 그 사람들이 부러웠다.

나는 실무적으로 이끌어줄 사람을 간절히 원했다. 대기업 출신 전무님이 오신다는 소문이 있어 기대했지만 실무하고는 거리가 멀었다. 전혀 달라지는 게 없었다. 22살 총무 팀에서 아르바이트를 할 때 지켜본 회계 팀 직원들의 모습과는 동떨어져 있는 나의 모습. 여러 명이 어디에 사용했는지도 알 수 없는 영수증을 경비로 청구하고 회계 처리를 위해 혼자서 많은 양의 서류를 만들다 보니 체계를 잡지 않으면 이 굴레를 벗어날 수 없을 것 같았다. 막연한 상태에서 다른 회사 회계 팀에서 일하고 있는 지인을 통해 정보를 얻어 가며 해결해 나갔다. 그렇지만 혼자서 체계를 잡아가기엔 역부족이었다. 내 한계가 드러나면서 회사를 그만둔다고 몇 번이나 이야기했지만 반려되었다. 회사가 커지는 만큼 기여를 하고 싶은 마음과 달리 능력의 한계를 느끼면서 많은 고민이 생겼다. 시간만 지나갈 뿐 회사를 위해서도 나를 위해서도 그만두는 것이 나았다.

그때 회사가 일본으로 진출하면서 매출이 커졌는데 생각나는 것이 일본 밖에 없었다. 더 큰 꿈이 생겼다며 일본으로 어학연수를 간다고 이미 등록까지 했다는 핑계를 대고 회사를 나올 수 있었다. 그렇게 시작한 거짓말이었지만 나는 진짜로 일본으로 어학연수를 갔다.

30살, 거짓말로 시작한 일본 생활

다시는 회계 일을 하고 싶지 않았다. 하지만 지금 하고 싶은 일도 마땅히 떠오르지 않았다. 여기 있는 한 반복되는 생활이 될 것 같았다. 회사를 나오면서 일본으로 어학연수를 간다는 말을 했던 것이 씨가 되었는지 일본에 관심이 생겨 무작정 일본어를 배우기 시작했다. 일본에서 지금과는 다른 생활을 하며 나의 길을 모색하고 싶었다. 29살의 다 큰 딸이 회사도 그만두고 갑자기 일본에 간다니 엄마의 반대가 심했다. 그런 엄마를 안심시키기 위해 일본으로 출국할 때 부모님 그리고 동생과 함께 떠났다. 부모님과 하는 첫 해외여행이라 오사카, 고베, 교토를 둘러보고 도쿄로 올라와 하코네 여행을 하며 추억을 쌓았다. 그리고 한국에서 어학원을 통해 미리 정해둔 기숙사, 내가 살 곳을 보여드렸다. 엄마는 다 늙어서 이런 고생을 왜 하냐며 자리 잡지 못하고 방황한다며 눈물을 글썽였지만 그것이 나에게는 최선의 선택이었다.

일본어 학교에는 이제 막 스무 살을 넘긴 학생들이 대부분이었지만 내가 다니는 곳은 유독 나이가 많은 학생들이 많았다. 나도 그중 하나였다.

새로운 곳에서 새로운 마음으로 새 삶을 살 것 같은 마음에도 점점 외로움이 찾아왔다. 쓸쓸한 마음이 들 때면 친구들과 술 마시며 시간을 보내곤 했다. 한국에서 준비해 온 돈도 다 떨어지고 호기롭게 나와서 집에다 돈을 보내달라고 얘기할 수도 없었다. 2009년에는 엔화가 1300원이 넘는 시기였기에 서둘러 아르바이트를 찾을 수밖에 없었다.

서툰 일본어에 나이 많은 외국인 노동자. 일을 찾는 것이 쉽지는 않았지만 다행히 한국계 사장님이 운영하는 고깃집에서 일을 시작할 수 있었다. 일본 생활을 하면서 부모님으로부터 경제적 독립을 했다. 아르바이트 월급으로 월세를 내고 전기료, 수도료 등 생활비를 지출하면서 써야 할 돈과 모아야 할 돈에 대해서 생각하기 시작한 것이다. 그 전까지는 생활비로 따로 나가는 것이 없다 보니 버는 족족 다 쓰기 바빴는데 매달 나가는 경비가 정해져 있다 보니 내 맘대로가 아닌 '절제'가 필요했다.

수중에 100엔(한국 돈으로 1000원)밖에 없어서 그 동전을 위안 삼아 아르바이트 가게까지 걸어 다니며 일주일을 버틴 적도 있었다. 처음에 일하던 곳이 문을 닫게 되면서 재일교포 3세 여자 사장님이 운영하는 오코노미야키 가게에서 아르바이트를 시작했다. 아르바이트생이 나 말고도 이제 막 스무 살을 넘긴 여자아이와 남자아이가 있었다. 가게 특성상 사람들이 많이 다니는 골목도 아니었고 늦은 오후에나 손님이 조금 있었다. 가게가 한가할 때면 여자아이는 일본어가 유창해서 사장님과 대화를 많이 했고 남자아이는 남자아이라서 예쁨을 받았다. 포지션이 애매하다 생각한 나는 가게가 한가할 때마다 구석구석 닦고 또 닦았다. 손님이 기분 좋게 가게에 들어오길 빌면서…

내 나이가 있어서인지 사장님은 오픈 전 출근해서 재료들을 준비하도록 하나둘씩 가르쳐 주었다. 어떤 이유에서 나에게 오픈 준비를 맡겼는지 사장님 의도는 알 수 없지만 뭔가 인정받은 것 같아 열심히 했다. 잘 배워두면 한국이든 일본이든 오코노미야키 가게를 하면 좋겠다는 생각이 들었다. 하지만 사장님과 나는 사소한 것부터 해서 자꾸 부딪히기 시작했다. "이건 이렇게 하면 안 돼, 저건 왜 저렇게 한거야." 라며 일을 대충 한다고 핀잔을 주기 시작했다. 한국에서는 일 잘한다고 인정받던 사람이었는데 계속 면박을 주는 사장님과 하루의 반을 생활하다 보니 자존감이 뚝뚝 떨어졌다. 어떤 날은 화풀이 대상이 되기도 했다.

일본에 정착해볼까 하는 마음으로 신주쿠에서 멀지 않은 지역에 월세 100만원인 방을 구했다. 여행사 다니던 동생이 마침 회사를 그만 둔 상태라 워킹 홀리데이로 일본에 와서 함께 지냈다. 유난히 하늘이 푸르고 좋았던 날 아르바이트 출근을 앞두고 동생과 동네 공원에서 여유를 즐기고 있었던 중이었다. 갑자기 배가 꼬이고 허리를 펼 수가 없는 통증이 찾아왔다. 태어나서 처음으로 느껴보는 통증이었다. 배가 꼬이는 아픔에 어쩔 줄을 몰라 했으나 경험이 있던 동생은 그게 위경련이라 하며 몸을 주물러주었다.

하... 아르바이트에 가기 싫다는 마음이 몸에게 이야기하는 건가.... 싶었다. 한결 배 상태는 좋아졌으나 불편한 마음을 이끌고 아르바이트 가게로 향하는 발걸음은 천근만근이었다. 일본에 정착하고자 했던 결심은 순식간에 무너졌다. 워킹 홀리데이로 온 동생과 같이 살았음에도 불구하고 동생을 일본에 남기고 한국행을 결정했다.

● 세번째 이야기 ●

31살, 이 나이에 또 시작이라니

다시 워킹홀리데이

처음 한 달은 좋았다. 그동안 못 봤던 가족과 조카들과 함께 보내는 시간은 달콤하고 행복했다. 그렇게 하루 이틀 시간이 지나자 점점 불안해지기 시작했다. 모아둔 돈은 점점 바닥을 드러내고 하고 싶은 일은 없고… 결국 다시 일본으로 돌아가기로 결정했다.

여유롭고 풍족한 생활은 아니었지만 지금까지 살아오면서 사는 것처럼 산다는 느낌을 받았던 건 일본에서 살 때였다. 학교에 다니면서 결석이나 지각을 해 본 적이 없다. 적응 초기 외로움에 술을 진탕 먹은 다음 날에도 학교는 빠지지 않고 갔다. 일본어 작문 글에 드러나는 개개인의 이야기에 선생님들은 귀 기울여줬고 나는 정이 많은 선생님들이 좋았다.

일본어 학교에서 공부하고 아르바이트 가고, 하루를 마무리하는 시간에 마시는 나마비루(생맥주)와 야키토리(닭꼬치)는 보람찬 하루의 상징이었다. 그곳에서 경험한 소소한 일상의 즐거움이 나를 다시 일본으로 향하게 했는지도 모르겠다. 일본 워킹 홀리데이는 만 18세부터 25세이지만 사유가 있을 경우 만 30세까지도 가능했다. 워킹 홀리데이 비자는 일본에서 비자를 받았던 경험이 있으면 안 될 가능성이 크다고 했지만 '안 되면 말고'라는 마음으로 신청했다. 일본어 학교를 다니면서 느꼈던 일본의 모습을 더 즐겨보고 싶다며 워킹 홀리데이 이력서와 사유서를 작성하였더니 운이 좋게도 한 번에 합격했다. 다시 일본으로 가라는 신의 뜻 같았다.

이제 떠나기만 하면 된다. 하지만 나는 갈 수 없었다. 2011년 발생한 동일본 대지진이 뉴스에서는 연일 보도되고 있었다. 상황을 보고 가려고 애썼지만 그곳에 있던 친구들마저도 한국으로 돌아오고 있었기에 부모님의 만류에 포기할 수밖에 없었다. 일본에 대한 미련을 못 버리자 엄마가 큰엄마에게 하소연을 하다 내 이야기가 친척 언니 귀에 들어갔는지 무역회사에서 일해 볼 생각 없냐는 연락이 왔다. 사촌 언니는 동대문에서 일본 바이어를 상대로 옷을 제작해서 보내는 일을 했는데 아는 분의 무역회사에 일본어 할 줄 아는 사람이 필요하다고 해서 소개해 줬다. 일본에서 일하는 것은 아니었지만 일본인 바이어를 상대하는 무역 일을 시작했다.

일본 무역 일을 시작하다

대학교 입학원서를 넣었을 때 '식품영양학과'와 '의상학과'에 지원을 했다. 중학교 가정 시간에 만든 한복을 보고 엄마가 잘 만들었다며 칭찬 해줬던 기억이 있었기에 의상과에 가도 잘 할 수 있지 않을까 하는 기대감이 있었다. 그때 불합격했지만 지금이라도 옷과 관련된 일을 해볼 수 있는 기회가 생긴 것 같아 설레었다.

남대문 맞은편 남산에 위치한 무역회사는 가정집을 사무실로 이용했다. 점심은 회사에서 선불금을 지불한 식당에서 직원들이 가서 먹는 시스템이었다. 맛있는 밥 주는 회사가 최고지라는 생각으로 일을 배우며 시작하는 즐거움이 컸다. 옷에 이상이 없는지 검사를 하는 검수와 포장 업무를 하는 아주머니가 유일한 여직원이었다. 첫인사를 간 나에게 인상이 좋다며 잘 챙겨주셨다. 다만 나와 아주머니를 빼고는 운송 업무를 하는 직원들이 다 남자였고 나보다 어린 직원들이라 상대하는 게 어려웠다. 일본 바이어는 한 달에 한 번씩 2박 3일 일정으로 한국을 방문했다. 하는 일은 바이어를 만나 시장을 돌며 바이어가 선택한 옷을 주문 넣는 것이다. 맘에 드는 가게의 옷을 발견하면 주문서에 옷의 디자인을 그려 넣고 바이어가 원하는 대로 옷의 길이를 조절하거나 원단을 변경하고 주문 수량을 정해서 적는다. 거기에는 완성 일자도 정해놓는다. 옷마다 가게마다 최소 주문 수량과 요구사항들이 달랐기에 그런 것들을 통역하는 것이 내 일이었다. 일본 바이어가 오는 날은 평소보다 특별하게 식사를 할 수가 있었다. 손님에게 맛있는 점심과 저녁을 제공해야 했기에 그 덕분에 나 또한 맛있는 음식을 먹을 수 있었다. 일본 바이어가 친척 언니 회사의 옷을 좋아해서 일정의 마지막은 늘 그곳이었다. 언니가 사주는 고급 음식과 일을 하며 생겼던 지난 에피소드를 쏟아내며 웃고 떠드는 시간이 좋았다.

날짜에 맞춰 주문한 옷들이 회사로 들어오면 주문서대로 옷이 제작이 되었는지 검수를 하고 아주머니가 일본

바이어 회사에 맞게 택을 붙이고 포장을 하면 운송팀에서 일본으로 옷을 보낸다. 새로운 일을 한다는 것은 힘들기도 하지만 배워가는 기쁨이 더 크다. 잘 적응하는가 싶을 때 갑자기 병가로 자리를 비운 과장님을 대신해 의도치 않게 경리업무를 다시 시작하게 되었다. 내가 안 해도 되는 일이었지만 일이 눈에 띄다 보니 못 본 척 지나칠 수 없었다. 그렇게 서류들을 챙겨보다 일본으로 보내기 위해 작성하는 운송 서류가 눈에 띄었다. 옷을 운송할 때 옷마다 소재의 혼용률을 적어야 하는데 보통 보내지는 옷들은 비슷비슷해서 자동화를 해놓으면 일하는 직원들이 더 편할 것 같아 건의를 했다. 사장님은 생각대로 나보고 만들어보라 하셨는데 나는 엑셀 매크로 기능이 있다는 것만 알고 있지 할 줄은 몰랐다. 난처한 표정을 지으며 못한다고 대답하니 사장님이 웃으시면서 본인이 IT 전공이었다며 직접 만드신다고 했다. 서류 작업 시 오류가 생기지 않도록 자동화를 했음에도 직원들은 원래 자기들이 쓰던 방식을 고수했다. 나이는 내가 많지만 그들이 나보다 직장 선배이기에 뭐라 얘기하기도 애매한 상황이었다. 자동화해놓은 파일에 수정을 하다 보니 오히려 실수가 생겼다. 괜히 일을 만든 것 같아 미안한 마음도 생겼지만 쉬운 길이 있음에도 가지 않는 그들이 이해가 되지 않아 답답했다.
어느 날 들어온 옷을 검수하는데 주문한 옷의 팔 길이가 일본 거래처에서 허용하는 오차보다 많이 길어서 일본 바이어에게 전화를 걸었다. 이 정도인데 괜찮겠냐고 물어보니 NO라는 대답이 단호해서 시장 사장님에게 전화를 걸었다. 주문한 대로 다시 해달라고 요구하자 금액을 깎아줄 터이니 그냥 받으면 안 되겠냐고 물어봐달라고 해서 다시 일본 바이어에게 얘기했으나 돌아오는 대답은 똑같았다. 그랬더니 시장 사장님은 다짜고짜 융통성이 없다는 둥 나에게 온갖 욕을 하셨다. 내가 무슨 죄인가?! 시장에서 늘 웃음으로 대하셨던 분이 전화기로 나에게 그런 얘기를 쏟아붓는데 서러웠다. 검수실에서 전화를 받다 울고 있으니 아주머니가 위로를 해주셨다. 깐깐하게 구는 일본 바이어도 대충대충 일하는 시장 사장님도 얄미웠다. 사장님 귀에도 들어가더니 내가 운 사건은 시장 거래처에 소문이 퍼져 있었다. 시장에 가면 나를 아는 사장님마다 괜찮은지 물으셨다. 나에게 욕을 했던 사장님이 대면으로 사과를 하기는 했지만 그 이후로 나는 일하는 게 두려웠다. 옷이 검수실에 들어와 검수하는 일이 무서웠다. 융통성 있게 내 선에서 끊어내지 못하고 옷 사이즈에 오차가 생기거나 패턴이 다르게 제작되는 등 수많은 상황에서 하나하나 일본 바이어에게 양해를 구해야 하는 일이 너무 힘들었다. 당연한 일을 하는 것이었지만 서로 다른 문화를 이해시키는 것이 어려웠다. 나의 불찰로 일본 거래처에서 입금을 잘못하는 일이 생기는 등 이런저런 이유로 나는 일을 그만두었다.

온라인 쇼핑몰을 시작하다

일은 그만두었지만 옷을 제작하고 판매하는 일에는 흥미가 생겨서 동생과 함께 온라인 쇼핑몰을 해보자고 했다. 내가 회계 일을 하다 보니 고정비가 가장 큰 임대료를 감당할 수는 없을 것 같았기에 온라인으로 시작해 보자고! 큰 형부도 온라인 쇼핑몰 관련 책들을 사주며 우리를 응원해 줬다. 홈페이지는 동생이 만들고 옷 구입은 직접 새벽시장을 둘러보기로 했다. 일본 바이어와 함께 방문한 시장과는 다른 곳들이었고 시스템도 달랐다. 처음에는 어떤 식으로 주문을 하는 건지도 몰랐기에 가게들을 둘러보며 사람들이 주문하는 것을 조용히 엿듣고 맘에 드는 옷을 발견하면 엿들은 대로 따라서 주문을 했다. 초보처럼 보이지 않기 위해 그들의 용어를 사용했으나 누가 봐도 우리는 어리숙한 초짜였다. 새벽시장에서 판매하는 옷은 한 벌씩 구매할 수 없고 색깔별, 패턴별로 여러 장 구매를 해야 했다.

구매해 온 옷들은 내가 모델이 되어 동생이 촬영하고 홈페이지에 올렸다. 그때는 마케팅이라는 것도 몰랐고 키워드 광고는 단가가 비싸서 투자를 하기보다는 고객이 알아서 찾아오기를 바라는 것이 전부였다. 이런 스타일을 찾는 고객이 있을 것이라고 생각하며 구매한 옷이었지만 쇼핑몰 사진 속에는 구매 욕구가 전혀 일어나지 않는 모델이 덩그러니 있을 뿐이었다. 고객이 원하는 스타일보다는 내가 입고 싶은 스타일로 시작한 것이 문제였다. 시간이 지나도 홈페이지는 여전히 조용했고 그렇게 시작한 온라인 쇼핑몰은 한 번 해본 걸로 족하다며 우리는 바로 접었다. 새벽에 물건 사입한다고 돌아다닐 자신이 없었다. 새벽시장을 돌고 온 날은 생체리듬이 깨져서 하루 종일 피곤했다. 돈을 많이 번다해도 내가 원하는 생활과는 멀어질 것 같았다.

미국 회사야 한국 회사야?

다시 일자리를 찾아야 했다. 그렇게 찾던 와중에 내가 일본에 있을 때 하라주쿠에 크게 오픈을 했다며 일본 뉴스에 나오던 패스트패션 브랜드에서 일본어를 할 줄 아는 직원을 뽑고 있었다. 한국에도 그 매장이 생겼던 것이다.

일본에서 돌아온 뒤로 한동안은 일본과 관련된 것이면 반갑고 좋았다. 이력서를 넣고 얼마 지나니 연락이 왔다. 간단한 면접이 끝나고 면접관은 종이 한 장을 주었는데 그 종이에는 영어로 뭐라 뭐라 적혀 있었다. 영어라니, 독해와 작문을 해야 했다. '일본어 할 줄 아는 사람을 뽑는다고 해서 왔는데 영어는 뭐지?'라고 얼떨떨했다. 본사가 미국이라 영어로 메일 쓸 일이 많다고 했다. 속으로 '망했다.'라는 생각을 하며 나름대로 적어내긴 했지만 내 답안지는 빈약한 영어로 초라하기만 했다. 여백이 많은 종이를 내고 돌아서는 마음은 우울하기만 했다. 솔직히 말하면 쓴 것이 거의 없었기에 연락이 올 것이라 기대하지 않았다. 마음을 내려놓고 있었는데, 이게 웬걸? 연락이 왔다. 딱히 사람이 없었던걸까? 나는 그 회사에 취직을 했고, 곧 출산휴가를 들어가는 대리님 업무를 대신하게 되었다. 며칠 일을 하면서 '이건 아니다.'라는 생각이 들었다. 나의 주된 일은 한국에서 사용한 비용처리에 대한 영수증을 일일이 스캔해서 미국에 보내는 것이었다. 영어로 메일을 보내는 것도 곤욕이었다. 단순 업무에 나의 노동력과 시간을 쓴다는 것을 용납할 수 없었고, 영어로 메일을 작성하느라 긴 시간을 소비하는 내가 한심했다. 더 성장하고 나아갈 수 있는 일을 하고 싶었다. 단순 업무에 내 에너지와 시간을 쓰고 있는 것이 아까웠다. 이런 일은 아르바이트생을 쓰는 것이 비용적으로 훨씬 나았다. 한국에 있는 IT 팀에서 일본 서버를 관리하고 비용 또한 한국지사에서 처리하고 있었기에 일어가 적힌 영수증을 읽을 줄 알아야 했지만 본사에 매일 업무 보고를 하는 영어 메일을 보낼 때마다 극도의 스트레스를 받아야만 했다. 지금처럼 AI 프로그램이 있었다면 좀 더 가벼운 마음으로 영어메일을 보낼 수 있었을 텐데... 부족한 영어 실력으로 메일을 보낼 때마다 영어와 사투를 벌여야 했다.

업무적으로는 영어가 스트레스였지만, 회사 내의 갈등도 심각했다. 회계팀과 재무팀이 기싸움을 했다. (나는 회계팀 소속이었다.) 그 둘 사이에 기묘한 완력을 보고 있노라면 나까지 소진되는 기분이었다. 여긴 오래 있을만한 곳이 아니야...'나도 여자지만 여자가 많은 팀에서 일하는 게 이렇게 피곤한 일이었던가.' 그야말로 버틴다는 생각으로 하루를 살아냈다. 출산휴가 들어간 대리님이 다시 오실때까지만! 나는 대리님이 복직하자마자 회사를 그만뒀다. 짧은 3개월은 나에게 30개월과도 같았다.

퇴사하고 두 달이 지났을 무렵, 대리님에게서 전화가 왔다. 혹시 자기 때문에 회사를 그만두었냐고... 그때 말을 제대로 했어야 했는데, 갑작스러운 전화에 "100프로 다 맞는 사람들이 어디 있어요, 그리고 일이 안 맞아서 그만뒀어요."라고 대답했는데 나를 원망하는 듯한 말을 하며 끊었다. 다시 생각해 보니 그들이 대리님을 내보내기 위해 내 핑계를 댄 것 같았다. 대리님하고 잘 안 맞는 부분이 있었지만 내가 그만두는 데는 그들의 역할이 더 컸다. 구구절절 말하고 해명하는 스타일이 아니어서 대충 넘긴 것이 아직까지도 마음에 걸린다.

외국계 기업도 아닌 한국 기업도 아닌 회사 시스템을 겪으며 '회사 생활에 적응하는 것이 왜 이렇게도 힘든 걸까? 사람들과 잘 지낼 수는 없는 걸까?' 하는 자괴감이 몰려들었다.

꽃으로 힐링하다

나는 자연을 보면 힐링이 되었다. 불현듯, 쉬는 동안 꽃꽂이를 배워야겠다는 생각이 들었다. 〈내일 배움 카드〉를 이용해 배울 수 있는 학원을 알아보았다. 교육 스타일이나 위치를 고려해 성북동에 있는 학원이 마음에 들었다. 선생님은 나보다 나이가 아래였지만 이쪽으로 경력이 굉장한 분이었다. 나처럼 이쪽저쪽 기웃거리지 않고 한 길로 쭈욱 달려온 모습이 정말 멋졌다.

처음 한 송이 꽃을 포장하는데 '내가 센스가 이렇게 없나...' 싶어 좌절했다. 그러나 시간이 지날수록 실력은 늘었고 점점 흥미가 생겨 꽃꽂이 과정을 마치고 관련된 수업을 더 들었다. '플로리스트'라는 직업이 상당히 매력적으로 다가왔다. 하지만 배우려면 생각보다 많은 돈이 필요했다. 흑, 배움의 기회는 다음으로 미룰 수밖에 없었다. 그래도 내가 할 수 있는 일을 킵(KEEP) 해 두었다는 생각은 마음을 든든하게 만들었다.

• 네번째 이야기 •

35살, 돌고 돌아 제자리

다시 제자리

또 다시 무직이다. 갖고 있는 돈으로 최대한 버텨본다. 돈이 있을 때는 여행할 시간이 없고 시간이 많으니 또 돈이 없다. 왜 이리 인생이 내 마음처럼 되지 않는걸까? 이제 버틸 돈도 다 떨어졌다. 또 뭘 해야 하나 고민이 시작되었다. 구직 사이트를 살펴보다가 내 이력서를 본 리쿠르팅 업체에서 연락이 왔다. 일본계 회사로 일본어를 할 줄 아는 회계팀 직원이 필요한데 면접을 볼 생각이 있냐는 것이다. 놀고 있던 차에 '내 코가 석자인데 면접이나 보고 오자.'라는 생각으로 집을 나섰다. 돈이 떨어져서 일을 구해야 할 시점이 오면 그때마다 취직이 되곤 했는데 사람이 굶어 죽으라는 법은 없는 것 같았다. 리쿠르팅 회사에서는 일본어로 면접이 진행 되었다. 보통 나의 이력서를 보면 한국 회사에서는 이직이 잦다는 이유로 안 좋게 보는데 여기서는 나의 이런 과정을 좋게 평가하고 있었다. 오사카에 본점이 있는 제과제빵 브랜드인데 한국에 론칭을 한다는 것이었다. 우선 계약직으로 3개월 계약을 하고 시작했다. 잦은 이직 덕분에 정규직에 목메지 않게 되었는데 이 일이 나와 맞는지도 모르니 일단 가볍게 시작하는 편이 나았다.

처음에는 사무실도 제대로 갖춰지지 않아 공유 오피스에서 시작 했다. 사무실 여직원은 나와, 나보다 3살이 어린 여직원 이렇게 둘, 일본에서 연수를 마치고 돌아온 파티시에 4명과 매장 직원 2명이 오픈 준비를 했다. 사장님은 재일교포 3세였지만 한국어에 서툴렀고 한국 지사장님은 한국어가 더 서툴렀다. 모든 업무를 일본계 회사들을 담당하는 회계사무실에서 처리했는데 등기소에 가서 해야 하는 간단한 업무마저도 수십만 원의 수수료를 받는 것을 보고 내가 할 수 있는 업무는 직접 처리했다. 회계 일은 다시 하지 않겠다고 다짐했건만 내 능력 안에서 시간당 금액을 많이 받고 일을 하려면 결국은 그동안 해왔던 회계 일을 할 수밖에 없었다.

첫 오픈하는 날, 줄을 잇는 행렬에 내 업무 대신 매장 업무를 지원해야 했다. 고객들을 줄 세우고 포장도 하며 다방면으로 일을 도왔다. 처음에는 이렇게 만들어가는 과정이 내 업무가 아니어도 즐거웠다. 다 같이 으쌰 으쌰 하는 분위기가 좋았다. 한국 사정을 잘 모르는 사장님을 대신해 직원들 복지에도 신경 쓰기 위해서 총무팀 직원과 사소한 것마저도 챙기려고 노력했다. 마치 내 회사처럼 우리는 열심히 일했다. 그러나 현장에서 일하는 파티시에들은 늘 불만이 많았다. 그들이 빵을 많이 만들어내는 만큼 매출이 올라가기에 우리는 그들의 눈치를 보며 최대한 맞춰주려고 했다.

나중에 알고 보니 우리 회사는 보통 제과제빵에서 일하는 사람들보다 훨씬 많은 급여를 주고 있었다. 업계 평균이 아닌 사람 대 사람으로, 일하는 만큼의 대우를 받을 수 있도록 지원했지만 직원들은 더 많은 것을 원했다. 매장마다 빵을 운반하기 위해 냉동차를 건당으로 계약해서 이용하다 회사 비용 절감과 기사님의 고정수입을 위해 정직원처럼 채용했는데 그분 또한 요구가 많은 분이어서 늘 조마조마했다. 갑자기 운송이 펑크가 나거나 문제가 생기면 고스란히 매출과 연관되었기 때문이다. 빵에 들어가는 유제품은 일본에서 수입을 해서 써야 했는데 간혹 문제가 생겨서 차질이라도 생기면 빵 생산에 영향을 미쳤다. 하루하루 신경 쓸 게 정말 많았다. 건강 문제로 빵을 먹지 않던 내가 처음에는 맛있어서, 나중에서 스트레스성으로 먹기 시작하자 몸무게가 순식간에 10킬로가 늘었다. 뭐, 계절이 살이 찌는 겨울이기도 했고. 한국에서 사업을 하면 한국의 회계 처리를 따라야 하는데 주먹구구식으로 돈을 송금해서 일본으로 가져가는 일이 잦아졌다. 거기에 직원들의 구설수까지 소문으로 들리다 보니 머리가 복잡해졌다.

회사를 떠날 시기가 온 것이다. 이번에는 무작정 그만두지는 않겠다며 틈틈이 다른 일자리를 알아봤다. 그러다 일본 돈가스 업체의 구인이 클로즈업 되어 내 눈에 들어왔다. 일본에서 살 때 자주 가던 돈가스 브랜드였기에 반가운 마음이었지만 이미 구인은 끝난 상태였다. 아쉬운 마음에 관심 등록을 해 놓았다. 정신적으로 스트레스가 많다 보니 머리를 쓰지 않고 몸을 사용하는 일을 해야 될 것 같았다.

월급이 반토막으로

돈가스 매장에서 추가 구인을 해서 나는 수습사원으로 일하기 시작했다. 나는 직원 5명 중 유일한 여자 직원이었다. 수습 기간 동안 돈가스를 양질로 빠르게 만들어내는 기술을 연습했다. 다행히 직원 테스트에도 통과해서 직원이 되었다. 월급이 전에 받던 월급에 반도 안 되었지만 나는 언젠가 점장이 될 날을 꿈꾸며 열심히 일을 했다. 무거운 주방기구를 다루다 보니 과거 아팠던 허리가 다시 아프기 시작했다. 그래도 참을만했다. 일이 즐거웠으니....종로에 있던 돈가스 매장은 저렴한 가격으로 빠른 시간에 음식이 나오고 양질의 돈가스를 먹을 수 있는 곳이었다. 손님에게는 좋을지 모르나 직원들은 너무 바쁘고 힘들었다. 그만두는 아르바이트생들도 많았다. 일이 익숙해질만하면 그만두는 사람이 많으니 일이 익숙지 않은 아르바이트생과 일 할 때면 마찰이 생기곤 했다. 서투니 초반에는 그럴 수 있다 생각하면서도 화가 났다. 사람이 안 구해지다 보니 배우는 게 느린 아르바이트생이 들어오면 바쁜 시간에 수습하느라 일이 두 배가 되었다. 육체적인 문제뿐만 아니라 이제 정신적으로도 스트레스를 받기 시작했다.

내가 점장이 되도 이 근본적인 문제는 해결되지 않을 텐데... 내가 이 월급을 받고 이 일을 계속 해내갈 수 있을까 고민이 되었다. 그 사이 내 몸은 한계가 와서 일하는 시간을 줄여야 했다. 정직원에서 다시 계약직으로 그리고 아르바이트로...매달 받는 월급도 줄어들고 몸도 아프고 내가 원하는 생활과는 점점 멀어져 갔다. 결국 몸이 아파 회사를 그만두고 뒤로 미뤄두었던 플로리스트 공부를 시작했다.

겪어보지 않으면 모르는 현실

1년 과정의 플로리스트 공부를 하면서 생각과 달리 창작의 과정은 고통스러웠다. 색감이 뛰어난 동기, 예술적 감각이 있는 동기들과 비교하니 나는 한참이나 뒤처져있는 것 같았다. 그래도 그 과정을 통해 완성된 작품들은 나날이 발전하고 있었다. 학원에 머무는 시간이 즐거웠다. 플로리스트 과정을 마치고 독일에서 시험을 볼 때 제한된 재료 안에서 작품을 만들면서 예상치 않은 일이 터졌다. 먼저 시험을 본 선배들이 놓고 간 대나무를 이용해서 작품을 만들어보는 것이 어떻겠냐는 선생님의 권유였다. 나는 대나무 관련된 자료를 찾아보다

독일에는 없는 오죽을 주제로 만들어야겠다며 대나무에 검은색 락카 스프레이를 뿌렸다. 얇게 도포하고 마르면 또 도포하고 했어야 할 것을 처음부터 두꺼운 양을 칠하면서 칠한 것이 마르지 않아 작업하는 내내 고생을 했다. 그것만 아니었으면 즐거운 시간이었을 텐데... 처음부터 꼬인 느낌이었다. 누가 락카 스프레이는 이렇게 사용하는 거야 조언이라도 해주었더라면... 또 남 탓을 했다. 시험기간 중 참여한 대회에서 은상을 받기도 했고 시험이 끝난 후 독일 주변 국가를 여행하는 시간도 있었지만 내 마음은 처음부터 꼬였던 일들에 머물러 그 시간을 즐기지 못했다. 지금 생각하면 그 즐거운 시간을 우울한 생각으로 가득 채워서 보냈다는 것이 안타깝기만 하다.

먼저 꽃집을 오픈한 동기가 다음 해 독일 시험에 참가한다고 하여 꽃 가게를 한 달 반 정도 대신 봐주기로 했다. 비수기인 여름인데다가 관리비도 많이 드는 계절이라 운영 하는데 부담감이 컸다. 나는 회계를 공부한 사람이 아닌가. 이익을 남겨야 했다.

꽃집을 운영하는데 어려움을 겪었던 건 자동차 없이 꽃을 구매해서 버스를 타고 다녔던 것도, 매출 걱정도 아니었다. 매장 안에 얽매여있는 현실이었다. 햇살 좋은 날 손님이 들어오기만을 기다리며 밖을 내다보는데 반짝반짝 빛나는 햇살이 나를 비웃는 듯했다. 너는 나를 보고 싶어도 나올 수가 없다고. 돌아다니는 것을 좋아하는 나에게 얽매여 있는 시간은 창살 없는 감옥과도 같았다. 아, 나는 자유로운 일을 해야 하는구나 그 때 알았다.

● 다섯번째 이야기 ●
36살, 결혼에 쫓기지 말 것

현모양처가 될래요

나의 꿈은 고등학교를 졸업하자마자 결혼을 해서 현모양처가 되는 것이었다. 왜였을까? 엄마가 맞벌이로 일을 해서였을까? 이유는 모르겠다. 결혼이라는 목표가 있었기에 이성을 만나면 잘 보여야 한다는 생각에 나를 숨기고 상대에게 맞춰주기만 했다. 그러다 보니 나도 내 마음이 이 사람이 좋아서인지 그냥 이성이어서인지 헷갈리기 시작했다. 내 마음도 모른 채 썸 타는 이 남자와 지금 만나는 그 사람과 결혼해야겠다는 생각으로 인해 그저 상대방에게 잘 보이기 위해 애쓰는 나만 있을 뿐이었다. 술은 잘 못 마시지만 사람들과 함께 하는 시간이 좋아서 술자리를 좋아했다. 평소에는 속마음을 잘 드러내지 못했지만 알코올의 힘을 빌려서 말도 많이 했고 밝아졌다. 그 시간이 나에게는 그동안 숨겨 놓았던 내 마음을 드러내는 시간이었다. 결국 그 술자리가 문제가 되어 헤어지기도 했다. 마음속에 담아두었던 서운한 말들을 내뱉었고 그 이후 연락이 안 되는 남자친구에게 잠수 이별을 당했다. 필름이 끊긴 상태여서 내가 무슨 말을 했는지 모르지만 같이 있던 친구들의 말을 빌자면 심한 말을 했다고 한다. 술 마시며 한 헛소리에 봉변을 당한 상대방에게 미안한 마음도 있지만 그 당시 나는 잠수 이별을 당한 충격으로 눈에 수도꼭지를 달고 살았다.

점쟁이의 말보다 더 심한 현실

20대 초반 점집에 가면 늘 늦은 결혼을 한다는 사주풀이를 들어야 했다. 점집마다 약간씩 다르긴 했지만 20대 후반에서 30대 초반에 결혼을 할 거라는 이야기를 듣고 나오면서 나는 돌팔이네! 라며 점 본 내용을 부정했었다. 그럴 리 없다며!

나는 사람들과 어울리는 것이 서툴렀다. 특히 이성과는

더욱 그랬다. 일본에서 어학연수를 할 당시 한국을 좋아하는 일본인 친구의 한국인 친구들을 다 같이 보는 자리가 있었다. 그때 동갑내기의 한국인 이성 친구를 알게 되었고 나는 편하게 어울렸다. 아르바이트를 하면서 힘들었던 고충을 털어놓기도 하고 주말이면 신오쿠보에서 만나 한국 음식을 먹으며 각자의 고민을 나누기도 했다. 여느 때처럼 술자리를 갖고 헤어지면서 집에 들어오는 길 그 친구에게서 문자를 받았다. 나를 좋아한다고 사귀자고... 동성친구만큼이나 편했던 그 친구에게 고백받은 것이 부담스러웠다. 그때만 해도 내 이상형은 키가 175cm는 되어야 한다고 생각했고, 나랑 키가 비슷한 그 친구는 동성친구 이상으로 마음이 잘 맞는 친구였기에 연인 사이는 생각도 안 해본 일이었다. 연인으로 지내다 헤어져서 다시 못 보는 사이가 되는 건 싫었다. 이러면 앞으로 얼굴을 볼 수 없을 것 같았다. 나는 너랑 계속 이렇게 지내고 싶다고 못 들은 이야기로 하겠다고 고백을 거절했다. 그때까지도 나는 내 이상형이 어떤 사람인지조차 스스로 알지 못했다. 한국으로 돌아오고 나서 5년 뒤 조카들과 함께 일본 도쿄여행을 갔을 때 그 친구를 만났다. 오랜만에 만나도 어색하지 않은 그런 사이였다. 그 친구에게서 나온 이야기는 충격이었다. 결혼을 했다는 것이다. 상대는 전에도 몇 번 들었던 그 친구를 좋아한다는 대학 동기였다. 아버지가 돌아가셨을 때 그 친구가 많은 의지가 되었다고 했다. 결혼은 축하할 일이었지만 친구와 헤어지고 돌아오는 길 나는 깨달았다. 앞으로는 그런 친구를 아니 상대를 만날 수 없을지도 모른다는 것을.

뒤늦은 나이에 깨달은 이상형

그 이후로 내 이상형은 '부담 없이 대화를 이어갈 수 있는 편한 사람'이 되었고 외모보다는 대화가 잘 통하는지, 평소 생활패턴이 나와 비슷한지를 살피게 되었다. 전에 사귀었던 사람들과 결과가 안 좋았던 이유는 나의 이상형과 달랐기 때문이었다. 나에게 호감을 갖고 주변 사람들이 괜찮다 하면 만나곤 했다. 뒤늦게 나의 이상형이 어떤 사람인지 깨달았지만 그 이후로 인연이 없었고 점쟁이가 말한 그 시기를 훨씬 넘기고 있었다.

만나야 할 인연은 만나게 된다

이제 짝도 나타나지 않는 것 같고 일본어 학교 동기 언니가 독립해서 재밌게 사는 싱글 라이프를 보니 부러웠다. 나는 왜 부모님으로부터 독립해서 살 생각을 못 했을까? 우선 거주지를 옮겨 내가 세대주가 되고 나에게 맞는 국민임대주택을 알아가야 했다. 욕심내지 않는다면 나 혼자 버는 것만으로도 충분히 즐기며 살 수 있을 수 있을 것 같았다.

매년 새해가 되면 주변에서 나이를 물어보며 소개를 시켜준다는 사람들이 나타나곤 했는데 다들 말뿐이었지 실제로 소개팅이 이루어지는 경우는 없었다. 그러나 37살이 된 그 해에는 유독 말뿐이 아닌 소개팅 자리가 많이 생겼다. 신랑도 그중 한 명이었다. 봄에 만나려다 서로 일정에 어긋나 없던 일로 되어버렸던 소개팅이었는데 주선자였던 지인이 추석 때 친정 동네 마트에서 우리 시어머니를 만나면서 다시 이어졌다. 시어머니가 왜 그때 해주기로 한 아들 소개팅 안 해주냐며 이야기를 꺼내셨다고 한다. 지인과 신랑은 초등학교 동창이었다. 추석을 지내고 10월 첫째 주 토요일 신도림역에서 그와 첫 만남을 가졌다. 내가 무슨 일을 하는지 나도 그가 어떤 회사에 다니는지 서로에 대해 알지 못한 채…

그의 첫인상은 회사에 가면 있을법한 과장님 포스였다.

나이도 있어 보이고 마른 몸매에 좀 깐깐하게 생긴 그는 인상이 좋지도 나쁘지도 않았다. 어색한 기류 속에서 그의 안내로 일식당으로 들어가 코스요리를 먹었다. 이야기도 해야 하고 음식도 먹어야 하고... 사실 음식이 입으로 들어가는지 코로 들어가는지 모르는 상태였다. 그는 여행을 좋아한다고 했다. 사진 찍는 것도 좋아한다고 했다. 나 또한 여행과 사진 찍는 것을 좋아했기에 그의 이야기를 들어주면서 맞장구를 쳤다. 한 시간 반 동안 이야기를 나누고 장소를 옮겼다. 식사비는 그가 냈다. 내가 커피를 사겠다고 하니 테이크아웃으로 걸어가며 마시자는 말에 내가 별로인가 싶었다. 처음 본 그 사람이 맘에 든 건 아니었지만 나에게 호감을 보이지 않는다는 느낌에 서운하기도 했다. 커피를 들고나오니 근처에 있는 언니 집까지 데려다준다고 해서 걸으면서 짧은 대화가 오갔다. 집으로 들어오니 그에게서 문자가 왔다. 사실 본인이 내일부터 일주일간 캄보디아로 휴가를 가는데 준비를 못해서 급하게 마무리했다며 미안하다는 문자였다. 여행가 있는 동안 우기였던 탓에 그는 숙소에 있는 시간이 많았고 나에게 카톡 하는 시간이 많았다. 우리의 두 번째 만남은 일주일 뒤에 이루어졌고 짧고 굵게 5개월을 만나고 결혼을 했다.

당신을 만나기까지

중학교 1학년 때 국어 선생님이 담임이셨다. 수업 시간이면 무작위로 번호를 불러 책을 읽게 하셨다. 아마도 누가 언제 걸릴지 모르니 책에 집중하라는 의미였던 것 같다. 그 시간이 정말 공포스러웠는데 책을 읽을 때면 목소리가 떨리고 한 단어 한 단어가 목구멍에 걸려 입 밖으로 나오질 못했다.
어릴 때 말끝을 흐리는 습관이 있었다. 상대방의 표정이 조금이라도 달라지면 '내가 말을 잘못했나?'라는 생각에 할 말을 잊어버렸다. 밖에서 주문을 할 일이 있을 때는 친구나 동생에게 부탁했다. 대학생이 되면서 달라지고 싶었다. 발음과 대화 관련 책들을 보면서 발음을 고쳐나가기 시작했다. 직접 강의를 듣거나 교정을 받으면 더 효과적이었겠지만 돈이 없는 나로서는 도서관에서 빌려보는 책이 최고의 선생님이었다. 아마 그때부터였나 보다. 독서를 즐겨 하게 된 것이. 이성과 대화하는 것이 힘들어 연애에 관련된 책도 참 많이 봤다. 진짜 진짜로! 하지만 실전에서는 백지상태가 되어 연애만큼은 나랑은 안 맞는가 싶었다. 그래도 그 이후 상대방의 얼굴도 못 쳐다보던 내가 사람들 눈을 보며 이야기할 수 있게 되었고, 그렇게 눈을 마주치며 이야기하다 보니 상대방 말에 귀 기울이고 공감해 줄 수 있게 되었다. 신랑은 이야기할 때마다 자기 눈을 바라봐 준 여자는 내가 처음이라고 했다. 그래서 '이 여자다.' 싶었다고. 늘 하던 대로 눈을 보며 이야기 했을 뿐인데 그는 나를 특별하게 대해 주었다. 그때 나는 '이 사람을 만나기 위해 그동안 내가 변화해온 건 아닐까?' 하는 생각이 들었다.

남과 남이 만나서

소개팅 이후 빠르게 결혼 준비를 해서 우리는 만남에서 결혼까지 5개월이 걸렸다. 신혼여행 때까지만 해도 신랑과 크게 어긋나는 것 없이 행복하기만 했다. 지금 만났으니 서로에게 이끌렸지 우리가 20대 30대 초반에 만났으면 서로의 짝으로 알아보지 못했을 것이다. 우리가 지금 이렇게 인연이 된 것이, 뒤늦게라도 만난 것이 행운이라고 생각했다.
문제는 그와 같이 붙어있는 시간이 많아지면서였다. 각자 살아온 40년의 생활을 무시할 수 없었다. 나는 급할 것 없다는 여유로운 성격으로 시간이 날 때 설거지를 하거나 청소를 하거나 내 마음이 움직일 때 행동하는 사람이지만 신랑은 해야 할 일이 있으면 바로바로 해야 하는 성격이었다. 수전을 늘 온수에 두는 신랑과 사용 후에는 찬물에 놓는 나는 사소한 일로 서로 기분 상하는 말을 내뱉기 시작했다. '내가 옳다 네가 그르다'라는 생각으로 각자 살아온 삶의 방식을 인정하지 않았다.

'내가 이렇게 하면 보고 바꾸겠지, 달라지겠지.' 생각했지만 각자 자기의 방식을 고수할 뿐이었다. 각자 말을 하지 않다 보니 안 좋은 감정을 쌓아두기 시작했다. 보이지 않는 삐거덕거림이 있었다.

연애할 때 영화, 카페, 식당, 여행 이런 식으로 패턴이 정해지던 것처럼 결혼 후에도 반복되는 일상이 지속되다 보니 이렇게 지내다가는 같이 산다는 것이 힘들 것 같아 우연히 알게 된 심리카페를 주말 데이트 삼아 방문했다. 심리 테스트를 하고 보니 우리 신랑은 원칙주의자였고 나는 감성이 풍부한 사람이었다. 나는 몰아세우는 것에 스트레스를 받는 사람이었고 신랑은 구체적으로 이야기해줘야 하는 사람이었다. 그렇게 서로에 대해서 관심을 갖고 하나씩 알아가다 보니 서로의 방식에 대해 이렇게 해주면 좋겠다고 대화를 해나가기 시작했다. 조금씩 각자가 맞춰줄 수 있는 것들을 양보하고 배려하며 생활하다 보니 우리는 따로 노는 둘이 아닌 크기가 커진 하나가 되어가고 있었다.

서로의 문제가 아닌 아이의 일로 생기는 갈등

결혼의 위기는 신혼 초 서로 다른 생활습관으로 생기고 2차는 아이를 낳고 육아를 하면서 생겼다. 아이를 낳고 신랑과 나는 많이 대립했다. 조리원에서 집으로 오던 날부터 울음이 유독 많던 아이는 나를 지치게 했다. 정적이 흐르는 새벽 한 시간 내내 목놓아 울던 아이를 달래주다가 화가 났고 신랑은 그런 나를 대신해 아이를 달랬다.

24시간 아이와 함께 한다는 것, 그리고 나도 모르게 변화하고 있는 호르몬의 영향으로 정신적으로 무너지고 있었다. 우리 집에 경제활동을 책임지고 있는 신랑이기에 잠이라도 편히 자길 바랐지만 새벽 육아를 오롯이 혼자 담당하며 아이를 돌보는 게 나에게는 너무 벅찬 일이었다. 나중에는 '왜 나만 새벽에 잠 못 자며 아이를 돌봐야 하는지' '이 아이가 나만의 아이는 아닌데'라며 아이가 우는소리를 못 듣는 건지, 안 들은 척하고 있는 건지 쿨쿨 자기만 하고 있는 신랑이 얄미웠다. 아이는 내 마음 깊은 곳에 있는 내가 알지 못하는 화를 건드리는 방아쇠였다. 신랑과의 문제보다는 아이를 통해서 일어나는 일, 아이를 육아하면서 드러나는 육아 방식의 차이로 대립하는 일들이 잦았다. 아이가 미웠다. 아이를 낳고 내 인생이 망가진 것 같았다. 출산을 거슬러 올라가 신랑과의 만남, 결혼한 것이 나를 벼랑 끝으로 몰아세운 것 같아서 그 둘에게서 벗어나고 싶었다.

• 여섯번째 이야기 •

41살, 질병의 근본은 결국 스트레스

너의 울음소리가 싫어

아이가 울면 기저귀 갈고 분유 먹을 시간 됐나 확인해 본다. 코가 막히진 않았나 살펴보고 공기가 답답한가 싶어서 환기도 시키고 안아준다. 이것저것 다 해봐도 계속 울기만 하는 아이를 보니 답답했다. 결국 "나보고 어떻게 하라는 거야!" 말도 통하지 않는 아이를 보며 소리쳤다. 처음에는 계속 우는 아이를 원망했고 나중에는 아이의 신호를 알아채지 못하는 내가 미웠다.

'새벽에 네가 우는소리에 이웃 눈치 봐야 하는 것도 싫고 졸려 죽겠는데 아무것도 해결되지 않는 현실이 싫어. 그냥 다 싫다. 호르몬 탓도 해보지만 그런다고 달라지는 건 없네.'

답답한 마음을 눈물에 담아 아이를 끌어안고 울었다.

마음의 병이 질병으로

너에게는 좋은 세상을 보여줄게! 이런 마음가짐과 달리 육아생활은 평탄치 않았다. 유난히 울음이 많았던 아이. 잠이 많지 않았던 아이. 게다가 모유까지 잘 돌지 않아 스트레스는 극에 달했다. 이윽고 생후 50일이 되자 스트레스는 몸으로 드러나기 시작했다. 나는 머리부터 발끝까지 진물로 범벅이 되었다. 특히 얼굴은 간지러워 손을 가져가면 얼굴이 무너져 내리는 느낌이었다. 그때는 '모유가 최고'라는 생각을 갖고 있었다. 피부과 약을 먹으면 모유를 먹일 수 없다는 생각 때문에 진료를 차일피일 미뤘다. 한 달 정도 피부병과 지난한 싸움을 벌이다 정신줄이 탁, 떨어져 나갔다.

'신랑과 아이에게서 도망치고 싶어.'

'모든 것이 신랑을 만나 아이를 낳고서 망가진 것 같아.'

'그냥 이 세상에서 사라질까?'

외모는 마치 괴물처럼 보였고, 이번에는 생각을 잡아먹으려 했다. 아이를 위해 모유에 집착했는데 내 몸도 망가지고 아이에게도 집중하지 못하고…무엇이 잘못된 것일까? 그저 아이를 잘 키우고 싶다는 그 마음 하나뿐이었는데...그만큼 소중했던 너. 소중한 아기를 지키기 위해서는 모유에 집착할 것이 아니라 일단 아기를 지킬 힘이 있어야 했다. 하루라도 빨리 나아야겠다는 생각에 피부과에 갔다. 내가 건강해져야 한다. 건강에 도움이 될만한 방법은 다 시도했다. 이 또한 지나가리라. 그렇다. 시간이 지나면서 내 상태는 좋아졌다. 하지만 아이와 마주하는 스트레스 상황이 되면 어김없이 두드러기가 올라오고 몸이 가려웠다. 나를 알아야 했다. 어떤 상황이 나에게 스트레스가 되는지...

사회생활을 하면서 힘들었던 인간관계, 업무적인 스트레스, 그리고 육아 스트레스. 같은 듯 다른 느낌의 스트레스다. 회사 생활을 하면서 제일 힘들었던 부분은 '남들이 저질러 놓은 일'을 수습하는 역할을 내가 맡았다는 사실이었다. 그런데 육아야말로 뒷수습의 연속아닌가? 회사는 그만두면 피할 수 있다지만 육아는 퇴사도 없다. 여태까지도 내가 어떻게 손 써볼 수 없다고 생각되면 제어하려 하기보다는 도망치곤 했다. 새로운 것에 도전적이면서도 한편으로는 안정을 추구하는 내가 이상하다 생각했었는데, 내가 선택한 변화에는 적극적이지만 타인에 의한 변화에는 상당히 취약했다.

나는 이것을 어떻게 극복해야 할까... 앞으로 도망치지 말자고 다짐했다. 해결하지 않고 피하기만 하면 언젠가는 다시 만날 수밖에 없지 않은가. 그래서 나는 그 문제들과 마주하기로 했다.

이해와 관찰

여자인 엄마가 아들을 키운다는 것이 쉬운 일은 아니었다. 딸만 넷인 환경에서 자라다 보니 남자를 이해하기란 쉽지 않았다. 많은 육아서의 도움을 받았지만 〈최민준의 아들 TV〉를 보며 남자를 이해할 수 있었다. 그전에는 여자아이나 남자아이나 같은 아이로 바라보고 남자는 여자보다 느리다는 인식만 가지고 있었다. 아들에게는 '정확한 지침을 주고' 따르지 않을 경우 '행동으로 보여주는 행동 육아'가 필요하다는 것이다. 자기가 먹은 과자봉지를 치우지 않는 아들에게 영상에서 본 대로 "10초 안에 버리고 올 수 있나 볼까?" 하니 총알처럼 쓰레기통에 쓰레기를 버리고 온다. 자신의 능력을 인정받고 싶어 하는 아들. 잘한다는 칭찬이 듣고 싶은 아들.

아들의 본능, 심리를 이해하니 아들 육아가 수월해졌

다. 남편은 큰 아들이라 하지 않던가. 남편을 이해하는 데도 도움이 됐다. 상대방이 뭔가를 해주기 원할 때는 자신의 능력을 뽐낼 수 있도록 '승부욕을 자극하는 것'이 효과적이었다. 그리고 신랑에게 엄마처럼 이거해라 저거해라 잔소리하는 내 모습을 보는 것이 스스로가 불편했는데 그렇게 하지 않아도 되니 좋았다.

5살 때까지만 해도 아이 스스로 옷을 입도록 노력을 많이 했다. 옷 입으면서 딴짓을 하면 화를 내고 제대로 입지 못하면 답답했다. 5살 때는 안 하려던 것을 6살이 되니 스스로 했다. 칫솔질, 세수, 옷입기, 양말신기. 들어보니 6살 또래 아이들이 대부분 스스로 하려고 노력하고 있었다. 때가 되면 알아서 하는데 왜 지난 1년을 아이와 싸우며 보냈을까? 아이의 성장 시기에 따라 본능적으로 아이들은 배우려고 했고 그렇게 성장하고 있었다. 아이를 이해하고 관찰하면서 내가 해줘야 하는 것은 원할 때, 도움을 필요로 할 때 도와주는 것뿐이었다.

육아는 기다림

우연히 접한 육아 영상에서 부모가 해결해 주지 말고 아이 스스로 자신의 감정을 알아차릴 수 있게 아이를 기다려주라고 했다. 그전까지는 아이에게 생긴 문제를 대신 해결해 주기 위해 고군분투했는데 그냥 기다려주면 된다니...

"어? 근데 이게 진짜 되네."

대신 30분, 1시간이라는 시간을 아이 앞에서 기다려야 했다. 울음소리에 유독 약한 나였기에 처음에는 많이 힘들었지만 아이가 자신의 감정을 이해하는 시간이 늘어날수록 울거나 떼쓰는 횟수도 줄어가고 있었다.

아이를 기다리는 시간을 갖다보니 아이뿐만 아이라 내 감정도 이해하고 기다리는 시간이 필요하다는 것을 알았다. 사실 나는 다른 사람들에게 감정 표현을 안 하는 사람이다.

'내 인생인데 다른 사람들한테 징징대면 안돼. 민폐야.'

'나한테 좋은 일이지 다른 사람에게 얘기하면 잘난척하는 것처럼 보일 거야.'

이런 생각을 갖고 있었기에 표현을 안 하고 있었다. 그러다 불만이 쌓이면 상대에게 화산 폭발하듯 쏟아버리고 인연을 끊었다. 그렇게 쏟아낸 것이 미안하기도 하고 앞으로 그 사람을 상대할 자신이 없었기 때문이었다. 육아를 하면서 생긴 아이와의 갈등은 결국 나 자신을 돌아볼 수 있는 계기가 되었다. 아이가 감정을 추스를 수 있도록 기다리는 시간을 통해 나도 내 감정을 이해하고 표현하는 법을 배우게 되었다.

아이를 낳고 알게 된 엄마의 마음

엄마는 무능력한 아빠에 대해 늘 이야기하시곤 했다. 나를 비롯해 언니나 동생도 아빠를 두둔했는데 엄마는 그런 우리를 못마땅해 하셨다. 우리가 봤을 때 아빠가 적극적으로 돈벌이를 하신 건 아니지만 계속 일은 하고 계셨기 때문이다. 그런 이야기를 듣고 자라다 보니 나라도 돈 많이 벌어서 엄마에게 갖다 드려야겠다고 생각했지만 막상 시작한 사회생활은 그렇지 못했다. 처음 직장에 들어갔을 때는 월급이 적으니 엄마에게 용돈 드릴 여유가 없었다. 아니, 그런 핑계로 드리지 않았다. 큰돈이 들어가거나 집안 행사가 있을 때 언니들 대신하여 내가 계산을 하곤 했는데 그걸로 내 역할을 충분히 했다고 생각했다. 우연히 회사 동료를 따라 뮤지컬을 보고 나서부터 뮤지컬의 매력에 빠지게 되었는데 그 이후로 회사를 다니며 받은 스트레스를 뮤지컬을 보면서 해소하다 보니 월급의 반 이상을 그곳에 지출하고 있었다. 돈이라는 것을 모으기 시작한 것도 일본으로 어학연수를 가겠다고 마음먹은 순간이었는데, 그때도 필요한 돈만 겨우 모아서 갔다. 회사에서 하는 업무와 달리 내 생활의 회계는 엉망이었다. 아이를 낳기 전까지는 엄마를 챙기기보다는 나 살기가 바빴다. 내가 돈 씀씀이에 기준이 없는 것처럼 엄마도 돈 씀씀이에 대중이 없었다. 돈을 못 벌어오는 아빠도 그렇지만 기분대로 돈을 쓰는 엄마도 문제라 생각했다. 엄마는 사람들에게 가난한 사람처럼 보이기 싫어 체면상 쓰는 돈이 많았는데 그런 엄마가 문제라 생각했다. 나 먹고 살기도 힘든데 돈 욕심이 없는 아빠 그리고 내가 보기에 정작 필요한 것보다 쓸데없는 데 돈 쓰는 엄마를 보고 있자니 한숨이 나오고 인생이 더 불행하게 느껴졌다.

아이를 낳고 내 마음을 이해하면서 습관적으로 충동적으로 불필요한 소비를 많이 하고 있다는 것을 알게 되었다. 쓸데없는 지출과 맞바꾼 물건이 집안에 쌓이고 있었다. 아이를 낳고 정신적으로 육체적으로 많이 힘들었다. 그때야 엄마의 지나온 마음이 느껴지기 시작했다. 22살 어린 나이에 난폭한 아빠를 피해 도피성 결혼을 했지만 넉넉하지 못한 생활과 그리고 아이 넷.

지금은 인터넷이라도 발달해서 내가 원하는 것과 궁금한 것을 찾아가며 육아를 해결해나가지만 그때는 그런 것도 없었을 텐데 어떤 마음이었을까?

엄마는 살기 바빠서 그런 여유도 없었다고 했다. 문방구, 분식, 아이스크림 장사, 호떡 장사 등 업종변경을 하며 집안의 생계를 책임지느라 그런 사치도 부릴 수 없었다. 그런 엄마에게 아이 하나 키우면서 투정 부렸던 게 너무 미안해졌다. 물건을 살 때의 행복감은 잠깐이지만 마음의 행복은 오래가는 법이다. 공허한 엄마의 마음을 따뜻하게 채워주는 딸이 되기로 했다. 마음이 채워지면 불필요한 것들과 자연스럽게 헤어질 테니깐 말이다.

● 일곱번째 이야기 ●
43살, 나는 어떤 삶을 원하는 걸까

나와의 대화가 먼저

사람을 만날 때나 내가 원하는 것을 얻고자 할 때 중요한 것은 '내 마음을 아는 것'이다. 내 기준이 확실하게 있어야 그것이 가까이 왔을 때 알아볼 수 있다. 내가 무엇을 좋아하는지, 어떤 사람을 좋아하는지 모르면 그 사람이 곁에 있어도, 기회가 다가와도 알아볼 수가 없기 때문이다. 인생을 살아가면서 가장 기본이자 알아야 할 것은 바로 '나'를 아는 것이었다.

학창 시절 건축설계사가 되고 싶었던 건 우리 집을 예쁘게 설계해서 갖고 싶었기 때문이었다. 집을 갖는다는 건 돈으로 살 수 있는 것이었기에 내가 꼭 건축설계사가 되어야 하는 건 아니었다. 내가 원하는 많은 돈을 벌기 위해서는 월급으로는 부족했다. 또한 나는 업무에 대한 스트레스로 즉흥적으로 돈을 많이 쓰다 보니 돈이 모이지도 않았다. 월급만 바라볼 것이 아니라 투자나 재테크, 다양한 경로를 통해 수입원을 늘려야 했는데 그때는 회사원 아님 개인사업 둘 중 하나를 선택해야 한다고 생각했다. 우리가 원하는 것을 이루기 위해서는 먹고, 입고, 자고 기본적인 의식주가 해결된 상태에서 시작되어야 한다. 먹고 사는 것이 빠듯한데 한가로이 큰 꿈만 쫓아서는 원하는 것을 갖기 힘들다.

큰 비전과 달리 아등바등하고 있는 현실을 볼 때마다 내뿜는 한숨이 내 꿈과 나를 점점 멀어지게 만들었다. 큰 목표를 두고 작은 것부터 매일매일 일상에 스며들게 해야 한다. 생활비에 쪼들리지 않는 선에서 수입이 안정적으로 들어올 때 또 다른 시도들을 한 가지씩 해나가면서 이뤄나가는 것이 필요했다. 무엇인가를 떠나 그들을 따라 한다고 해도 나와 맞지 않으면 성공하기 힘들다. 우리가 돈을 버는 방법은 세상에 정말 다양하게 존재한다. '나에게 맞는 돈 버는 방법'을 찾기 위해서는 우선 자신이 뭘 좋아하고 잘 하는지 알아야 하고 호기심이 생기는 일이라면 도전해 보는 용기도 필요하다. 낯선 일이라도 꾸준히 하다 보면 익숙해지고 잘하게 되니 잘하게 될 때까지 포기하지 않는 사람이 되는 것이다.

내 능력의 한계가 두려움의 원인

회사를 다닐 때 타인의 영향을 받는 것이 힘들었다. 체질적으로 회계업무를 좋아했지만 불쑥 튀어나오는 일들을 처리하는 것이 힘들었다. 우선 내가 그걸 어떻게 처리해야 하는지 몰랐다. 회사에 배울 사람이 없었다. 혼자서 찾아내고 공부해서 하곤 했는데 그때마다 시간 낭비가 심했고 부족한 내 능력이 드러나는 것 같아 일에 대한 의욕은 점점 사그라들었다. 독학으로 알아낸 것이다보니 '이게 맞는 걸까?' 늘 노심초사였다. 나에 대한 확신이 부족했다. 회사에서 맡은 이 업무가 어느 정도 실력의 사람이 몇 명 필요한지 몰라서 혼자 담당하다가 결국 힘에 부쳐 그만두면 그 자리에는 2명이 들어와 있었다. 업무시간이 모자라 회사에서 동료들과 사담을 하지 못했다. 아니, 하고 싶지 않았다. 나는 그동안 잦은 이직이 회사의 문제라고 생각했다. 사람들의 문제라고 생각했다. 내가 나온 그 회사들은 얼마 못 가 사업을 철수하거나 규모가 작아졌기 때문이다. 하지만 그 회사에서 오래 버티지 못한 것은 내 능력의 한계가 드러났기 때문이란 걸 최근에야 깨닫게 되었다. 누가 시켜서 일하는 것이 아닌 주체적으로 일을 찾아서 하다 보니 사장님의 인정과 주목을 받긴 했지만 내 능력이 과대평가된 것 같아 두려움이 생기면서 그 자리를 벗어나고 싶었던 것이었다. 잘하고 싶은 내 마음과 달리 체계가 잡히지 않은 시스템 사이의 거리가 일하는 내내 나를 더 불안하게 만들었다. '인정받고 싶은 욕구'와 '스스로를 믿지 못하는 내 마음'이 그렇게 만든 것이었다.

대면보다는 비대면

사람을 대하는 것이 이렇게 힘들다면 '산으로 들어갈까?'하는 고민도 심각하게 해봤다. 사람이 없는 곳으로 가면 사람들과 부딪혀서 생기는 문제가 없어지지 않을까 하는 생각에서 말이다. 사람들과 어울려서 일하는 것보다는 혼자서 주어진 일을 하는 것이 훨씬 편했다.
결혼할 즈음 블로그를 통해서 체험단을 하며 생활용품을 무료로 받거나 식당에서 음식을 무료로 제공받으며 수익을 조금씩 올리기 시작했다. 우연찮게 글들이 사람들에게 노출이 되기 시작하더니 '네이버 애드포스트'를 통해 금전적인 소득도 조금씩 생겼다. 블로그 이웃을 맺지도 않았고 소통도 하지 않았다. 그리고 댓글에 대한 답변도 내 기준으로 필요한 사람들에게만 남겼다. 그렇게 해도 수입이 조금씩 늘어갔다. 비대면으로 소통하지 않아도 수익은 점점 커졌고 조금 더 벌고 싶다는 욕구가 커질 무렵 '검은 제안'이 들어왔다. 글과 사진만 올려주면 5만 원을 지급하겠다는 제안을 받은 것이다. 절대 중복되는 사진과 글은 제공하지 않는다고 했다. 중복되는 사진과 글의 노출은 '블로그 저품질'에 걸려 사람들에게 노출이 되지 않기 때문이었다. 그렇게 다른 사람이 준 글과 사진을 올려주는 것만으로 20분 만에 5만 원을 벌었다. 시간당 5만 원도 아닌 20분에 5만원 말이다. 그때까지만 해도 블로그 지수를 올려놓은 내 시간과 노력들을 하찮게 생각하고 있었다. 그렇게 건수가 많아지다 결국 일이 터졌다. 갑자기 내 블로그에 들어오는 사람들 수가 현저히 줄어서 원인을 찾아보니 받아다 쓴 사진과 글 중에 중복되는 것이 있었다. 업체는 '나 몰라라' 하고 이럴 경우가 생길까 싶어서 블로그에 글을 올릴 때 나름대로 약간의 편집과 글 톤을 바꾸어 썼지만 나는 되돌릴 수 없는 추락을 하고 있었다.

사람을 상대하지 않지만 도움을 줄 수 있는 일

블로그 저품질에 걸린 이후로 한동안 네이버 블로그를 쳐다보지도 않았다. 리뷰 남기는 것이 즐거워 하루에도 2~3번씩 올렸던 나인데…내가 필요해서 남긴 글들이, 기록하고자 남겼던 글들이 남들에게 도움도 되고 내게도 수익이 되는 일이어서 재밌게 했었는데, 그 일을 손 놓은지 1년 반이 되어간다. 다시 하려고 해보아도 좀처럼 방문자 수가 늘지 않았다. '어쩌다 운 좋게 블로거의 생활을 누릴 수 있었나 보다.'하고 포기를 했다.
하지만 곰곰이 '내가 할 수 있는 일이 무엇일까?' '나에게 잘 맞는 일이 뭘까?' 몇십 번을 곱씹어 봐도 즐겁게 할 수 있는 일은 블로그만큼 좋은 것이 없었다. 다시 0부터 시작하기로 했다. 블로그를 좀 안다는 생각도 내려놓기로 했다. 블로그 좀 해봤다는 사람들 말대로 기초부터 다시 하기로 했다. 머릿속으로만 생각하면 자꾸 딴 길로 새는데 생각을 글로 꺼내놓으면 실타래처럼 엉켜있던 생각들이 한 줄로 풀리기 시작했다. 다시 내 길이 보이기 시작했다.

나와 같은 고민을 하는 사람들에게

하고 싶은 게 없을 때 우리는 움직이지 않는다. 먹고 놀고 자고 이런 것도 잠깐 한때나 즐겁지 매일 시간과 돈이 넘치는 일상에서 매일 같은 생활의 반복인 경우 지루해지고 똑같은 일상이 되기 마련이다.

자신을 성장시키는 동력은 과거의 경험일까 미래의 목표일까? 나는 지금 나 자신의 성장에 주목한다. 성장하기를 바라지만 움직이지 않는 내 모습을 보며 무엇이 문제일까 생각해 본다. 빅터 프랭클은 저서 〈의사와 정신〉에서 "인간이 행복하고 건강하게 살려면 반드시 미래에 성취하고자 하는 목적이 있어야 한다"는 연구결과를 제시했다. 내가 무언가를 하고자 의욕이 넘쳤던 시기엔 일이 뜻대로 안 될 때마다 주어진 환경을 탓했다. 그 누군가를 탓하는 것, 무엇인가를 탓하는 것은 지금 나에게 주어진 문제를 해결하는 데 도움이 안 된다. 하지만 힘들 때마다 과거의 감정들이 나를 붙잡았다. 그런 과거의 감정은 글쓰기를 통해 해소되었고 다시 살아갈 용기를 주었다. '나라는 존재'를 데리고 잘 살아가고 싶은 사람들에게 앞으로 나아갈 수 있는 다양한 방법을 제시해 주고 싶어졌다. 기록을 못하는 사람이지만 나의 다양한 시도와 결과를 기록으로 남기기로 했다. 내가 성공한다면 그 누군가도 나를 보며 자신을 성장시킬 수 있을 테니.

• 여덟번째 이야기 •

44살, 늦었지만 늦지 않았다

앞으로 나아가기 위한 추억 되새기기

마흔이 넘어 아이를 출산하고 육아를 하면서 하루하루 달라지는 체력과 기억력으로 모든 것을 늙어서라는 나이 탓을 했다. 나이 들어서 새삼스레 무엇을 시작한다는 것이 두려웠고 안정적인 생활 속에서 굳이 도전을 할 필요가 없었다. 지금 이 평화로운 시간들이 좋았다. 하지만 내 마음속 어딘가에서는 불안해하고 있는 것이 느껴졌다. 넌 더 무언가를 원하고 있잖아. 이렇게 하루하루 보내는 것이 아쉽잖아... 하고 말이다. 나라는 사람을 그냥 이렇게 주저앉히고 있을 수 없었다. 나를 성장시키고 싶었다.

'너는 커서 어떤 사람이 되고 싶니? 무엇을 하고 싶니? 너의 하루를 어떻게 채워가고 싶니?'

나에게 계속 말을 걸었다. 내가 선택한 길을 나아가면서 포기하고 싶을 때 내가 누군가의 따뜻한 말속에서 희망을 가졌던 것처럼...

"지금 많이 힘들지?"

"괜찮아, 지금 충분히 많이 아파해도 좋아. 너의 미래는 성공이 기다리고 있으니 지금 그 마음을 네가 충분히 다독여줘."

라고 다정한 한마디를 건네주는 사람이 되고 싶었다.

서툴지만 글을 쓰기 시작했다. 쉽게 써지지 않는 글이었지만 일상적인 글부터 떠오르는 생각들을 글로 쏟아내는 작업을 하다 보니 어렵게만 느껴졌던 글쓰기가 조금은 가벼워졌다.

내가 경험했던 그것들을 적어내면 비슷한 상황에 있는 사람들이 공감하고 위로받았다. 내가 그랬던 것처럼, 과거를 떠올리며 쓴 글을 보면 그때는 정말 치열하게 애쓰며 살았고 힘든 기억들 뿐이다. 이제는 과거의 경험이 힘든 기억보다는 그 경험들이 지금의 나를 만들어 주었던 자양분이 되었음을 알 수 있었다. 죽음을 생각할 정도로 힘들었던 그 시간들이 지금은 그럴 정도는 아니였는데...하며 허탈한 웃음을 짓는 경우가 많았다.

자기 마음을 몰라주면 고생한다.

글쓰기를 하는 것이 중요한 것이 아니었다. '진짜 내가 원하는 것이 무엇인가.' 생각하는 시간이 필요했다. 생각이 꼬리에 꼬리를 물어 주체할 수 없이 커져버려 감당이 안 될 때, 생각이 떠오르지 않을 때, 아무 말이나 생각나는 대로 적다 보면 내 마음이 드러나는 글들이 하나씩 써지기 시작했다. 그렇게 꺼내 놓은 글들 속에는 내가 진짜로 원하는 것들이 들어있었다. 지금 많이 힘들고 괴롭고 외로운 당신에게 있어 그 일이 인생을 짓누르고 있는 가장 큰 바위 같지만 미래의 내가 보면 모래알처럼 작게 보이는 것들이다. 이 괴로움마저도 먼 훗날에는 웃으며 넘길 수 있는 에피소드가 될 것이다.
그럼에도 내가 잘 이겨냈네! 하고 말이다. 내 앞에 드러난 문제가 있다면 피하지 말자. 결국 그것이 내가 풀어야 할 숙제이기에 맞닥뜨렸을 때 당차게 마주해야 한다. 언젠가 그 일은 다시 또 다른 모습으로 마주치게 되어있으니 피하지 말고 해결하고자 하는 마음을 갖자.
앞으로 나이를 생각하지 않기로 했다. 하고 싶은 것, 배우고 싶은 것이 있으면 마음이 이끌리는 대로 행동하기로 했다. 체력이 필요하면 운동으로 체력을 다질 것이고 기억력이 필요하면 외워질 때까지 계속 반복해서 외울 것이다.

나에게 확신을 주는 말

바보 빅터 책에 나오는 '바보 빅터'와 '못난이 로라'는 훗날 멘사 회장과 유명 동화 작가로 변한다. 자기 자신에 대한 믿음이 얼마나 중요한지, 타인이 아닌 자기가 자신에게 건네는 말이 얼마나 중요한지를 알 수 있다.
예전에는 불공평한 세상을 탓하며 살았다. 내가 아는 세상은 아빠, 엄마로부터 전해 들은 세상, 미디어에서 얘기하는 세상 등 남들이 이야기해 주는 세상이 전부였다. 만들어져 있는 세상에 내가 맞춰서 살아야 한다고 생각했다. 어릴 때 나의 성장과정을 보면 부모님과 주변 사람들의 경험을 나의 경험에 더하기했고 그것이 옳다며 믿고 자랐다. 그리고 그것이 내 삶의 기준이 되었다. 우리가 하는 말과 행동은 마음을 그대로 드러내게 되어있다.

육아: 어린아이를 기름

아이를 키우면서 깨달은 것은 겉모습은 어른처럼 보이나 내 안에는 미처 다 자라지 못한 아이가 있었다는 것이다. 내 안에 미처 자라지 못한 나를 다시 키워야 했다. 사랑으로. 그래야 나도 우리 아이가 원하는 세상을 살 수 있도록 안내해 줄 수 있을 것 같았다. 그동안 내 삶이 고단했던 이유는 내 안의 내가 하는 이야기를 외면하고 살았기 때문이었다. 육아에 대한 스트레스는 그렇게 나와 마주할 시간과 기회를 주었고 그때부터 천천히 나를 알아가기 시작했다. 세상의 편견들로 눌러 놓았던 나의 가능성을 펼쳐보기로 했다. 자기 확신과 믿음으로 자신의 세상을 펼쳤던 이들의 생각을 담고 다시 자라기로 했다. 그래서 책을 읽고 또 읽었다. 타인의 생각으로 가득 찼던 머릿속을 비우고 내가 채우고 싶은 생각들로 채워 넣었다. 내가 원하는 세상을 담았다. 중간 중간 미디어와 세상으로부터 원치 않은 정보들이 들어왔을 때면 비우고 다시 채웠다. 그런 식의 반복이었다. 과거의 좋지 않은 경험과 느낌이 내 삶을 지배하지 않도록 미래의 나를 통해 현재를 살아가기 시작했다.

청소와 정리를 하다.

나는 정리를 못하는 사람이다. 생각도 물건도. 쌓이기만 할 뿐 없어지지 않았는데 삶에 기준이 없었기 때문에 '언젠가 쓰임이 있겠지.'라는 생각에 높이 쌓아두기만 했다. 그렇게 쌓인 물건은 다시는 쓰일 일이 없었다. 내 생활패턴과는 다른 물건들이었기에.

생각도 마찬가지였다. 내가 해야 할 일에 집중을 못 하고 여기저기 기웃거렸다. 내가 알고 있는 '얕고 넓은 정보'는 어디 가서 "그렇지." 라며 맞장구쳐 줄 정도의 지식이었지 그것으로 내가 먹고 살 수는 없었다. 가야 할 한 가지 길이 보이지 않았기에 여기저기 손을 뻗었는데 그런 경험이 하나로 남을 수 있는 것은 기록, 글이었다.

매일 아침 아이를 등원시키고 운동 삼아 집을 정리한다. 예전 같았으면 완벽하게 하고 싶은 마음에 어설프게 끝날 것 같으면 시작도 안 했을 텐데 지금은 하고 싶은 만큼만, 할 수 있는 만큼만 한다. 그렇게 하다 보니 운동할 시간이 없어서 못했다는 생각도 들지 않고 집안도 정리할 수 있어서 기분이 좋아졌다. 기분이 좋아지다 보니 매일매일 그렇게 '작은 청소'를 하고 있는 내가 있었다. 전에는 운동을 한다고 1시간 동안 걷기 운동을 하고 나간 김에 밖에서 점심을 먹고 또 커피까지 마시고 나면 3~4시간이 훌쩍 지났다. 그러면 곧 아이가 유치원에서 돌아올 시간이 되었고 글을 쓸 시간은 없었다. 집 안에서 운동겸 하는 청소는 나에게 시간적 여유를 가져다 주었고 나는 매일 글을 쓰기 시작했다.

고마워요, 내게 손 내밀어 줘서

다사다난했던 나의 20~30대를 지나 40대를 앞두고 신랑을 만났다. 신랑 덕분에 조금은 여유로운 생활을 할 수 있었고 귀여운 나의 천사, 아들도 만났다.
정신적으로 힘든 일을 겪으면서 돈, 건강, 정신 등 내가 집착했던 모든 것들로부터 한결 가벼워진 생활을 할 수 있게 되었다. 무엇보다 중요한 것은 '편안한 내 마음', '나를 위하는 마음'이 중요하다는 것을 깨달았다. 나를 충분히 이해해 줄 때 타인을 위한 마음도 우러나온다는 것을... 나에게 와준 큰 천사, 신랑에게 감사하다는 말을 전하고 싶다. 고맙다고, 내게 손 내밀어줘서.
신랑은 매주 월요일이면 퇴근길에 시댁과 친정에 전화를 걸어 안부를 묻는다. 시아버님이 돌아가시고 나서 시골에 혼자 계시는 시어머니 걱정이 되서 시작된 습관이라고 했다. 나는 원래 연락을 자주 하는 사람이 아니라 신랑처럼 부모님께 전화를 자주 하지는 못하지만 신랑을 보면서 부모님을 대하는 마음을 보고 배우는 중이다. 내가 잘 하지 못하는 것을 잘 하는 사람. 그 사람을 보고 성장하는 중이다.

미래의 내가 지금의 나에게

미래의 나는 사람들에게 자신의 능력을 최대한 끌어내고, 원하는 바를 이룰 수 있도록 도와주는 강의와 책을 쓰는 사람이 되어 있어. 5년 전만 해도, 평범한 내가 글을 쓴다고? 나도 그걸 의심했어. 처음에 글을 쓸 때는 한 단어 끄집어내는 것도, 한 줄 써내려가는 것도 힘들어서 글을 쓴다는 게 정말 곤욕이었거든. 그런데 매일 습관처럼 하다 보니 일상이 되었고, 내 생각을 거침없이 글로 표현하는 사람이 됐어.

사람들과 불편한 관계가 되는 게 싫어서 '내 생각을 숨기고 조용히 있던 나'에서, 서로가 원하는 것을 찾아내고 '공감하고 응원해 주는 따뜻함을 나누는 사람'이 되었지.

작가라는 타이틀을 위해 나는 책 한 권을 쓰기로 했고, 그에 맞는 목차를 정했어. 소제목에 맞춰서 글들을 채워나가기 시작했지. 정해진 제목에 맞게 글이 써지지 않을 때는 생각나는 대로 글이 써지는 대로 글들을 써 내려가기도 하고 말이야. 작가가 되기 위해서는 매일 한 글자라도 쓰는 게 필요했거든. 아무것도 하지 않은 채로는 작가가 될 수 없으니까. 큰 것에서 점점 작은 것으로, 내가 할 수 있는 것들로 일상을 채우다 보니, 나는 미래의 나와 가까워지고 있었던 거야.

사람답게 사는 것. 사람들에게 따뜻함을 전해주고 싶었어. 내 일상을 아름답게 가꿀 수 있도록 도와주고 싶었지. 내 일상을 다스리는 게 쉬울 것 같지만, 사실 행동으로 옮기기란 쉽지 않아. 세상을 살아가는 방법은 간단해. 내 마음이 편안한 대로 선택하고 그 길을 계속 걸어가는 거지. 그렇게 하기 위해서는 무엇이 올바른 길인지 기준이 필요하고 내가 원하는 것이 무엇인지 나를 잘 이해하는 시간이 필요해. 그게 말처럼 쉽게 되진 않지만, 처음에는 낯설고 서툴러서 쉽게 포기하고 싶어지더라도, 매일 하나씩 해나가다 보면 어느새 자연스럽게 하고 있는 나를 발견하게 될 거야.

엄마를 안아주는 것, 사랑한다고 말하는 것, 신랑에게 고맙다고 표현하는 것 등 감정 표현에 서툰 내가 나의 마음을 상대에게 전달하는 건 쉽지 않았어. 어린 시절 상대의 눈을 보며 얘기하는 게 힘들었지만 신랑의 눈을 보며 이야기하는 게 자연스럽게 된 것처럼 모든 것은 연습할수록, 매일 행동할수록 별것 아닌 게 되더라. 타인의 생각이 아닌 내 생각으로 살아간다면, 고단했던 삶이 깃털처럼 가벼워지는 그 순간이 올 거야. 가볍게 날자. 내 세상으로!

다시, 물들이다

나를 이해하기 전까지는 모든 게 남 탓, 환경 탓이었다. 나를 마음 아프게 한 그 사람이 밉고 나를 힘들게 하는 세상이 싫었다. 그렇게 외부의 요인에만 원인을 돌리며 하루하루를 보내다 보니, 내 마음속에는 불만과 불행이 가득 쌓여만 갔다. 하지만 이제는 그 모든 것이 내 안에 있다는 사실을 깨달았다. 내가 보는 세상은 나의 생각과 기준으로 판단하는 것이기 때문이다.

아이를 낳기 전까지 비 오는 날을 좋아하지 않았다. 비에 젖은 옷을 입고 집까지 걸어가는 것이 싫었고, 집에 도착해서 샤워를 하는 것도 귀찮았고, 여유 없는 신발에 젖은 신발을 말려야 한다는 사실도 운동화가 마르지 않으면 젖은 신발을 신고 학교에 가야 한다는 것도 싫었다. 먹구름이 잔뜩 낀 하늘에 온 집안이 컴컴하니 내 기분까지 우울해졌다. 나에게 있어 '비 오는 날'은 우울함 그 자체였다. 그런 날에는 언제나 집 안에 틀어박혀 있거나, 밖을 나가야 할 때면 우산을 들고 불쾌한 기분으로 길을 걸었다.

지금은 비 오는 날을 (여전히 좋아하지는 않지만) 즐길 줄 알게 되었다. 따뜻한 커피를 마시거나 책을 읽거나 라디오를 듣거나 나만의 방식으로 조금씩 즐기게 되었다. 나쁜 감정의 기억을 좋은 감정으로 다시 물들이는 중이다. 내 앞에 펼쳐지는 것들을 어떤 자세로 받아들이고 해결하느냐는 나의 몫이다.

새드엔딩과 해피엔딩은 내 손에 달려 있다. 내가 어떻게 이야기를 써 내려가느냐에 따라 삶의 결말이 달라질 수 있음을 깨달았다. 비 오는 날, 나를 기분 나쁘게 만들던 흙냄새와 빗소리는 비 오는 날에만 할 수 있고 즐길 수 있는 또 다른 일상을 보낼 수 있게 해주는 선물이 되었다. 이 모든 것이 나의 선택이라는 것을 알게 되었고, 그 선택이 나를 어떻게 변화시키는지를 경험하게 되었다. 주변에 좋은 사람이 없는 것이 아쉬웠던 시절도 있었지만 '나부터 누군가에게 좋은 사람이 되어야 한다.'는 생각에 마음공부를 하고 있다. 그리고 타인에 앞서 먼저 나 자신에게 잘해줘야 한다는 것을 깨닫고 친절을 베풀고 사랑한다고 아낌없이 얘기해 주고 있다. 또 지금은 가까운 곳에 롤 모델이 없더라도 나와 결이 맞는 사람들의 영상이나 글을 쉽게 접할 수 있고 그들의 긍정적인 에너지를 받을 수 있으니 얼마나 좋은 세상인가! 어디에 있건 내가 있는 곳이 명당이며, 내가 만나는 사람들이 다 귀인이다. 내가 있는 이 공간을 내가 머물고 싶은 공간으로 꾸미고 내가 만나는 사람들을 소중한 사람으로 맞이해보자. 이 세상은 나의 태도와 마음가짐에 따라 달라진다. 스스로가 긍정적인 에너지를 발산할 때, 주변 사람들도 나에게 긍정적인 영향을 미친다. 그렇게 나의 변화가 주변을 변화시키고, 더욱 밝고 따뜻한 관계를 만들어갈 수 있는 것이다. 이제는 삶의 모든 순간을 감사하게 받아들이고, 나의 선택에 책임을 지며 살아가고자 한다. 내가 내린 선택이 나를 더욱 성장하게 하고, 나의 삶을 아름답게 만들어줄 것이라는 확신이 있기 때문이다.

비가 오는 날을 탓하지 않고 비 오는 날을 어떻게 잘 즐길지, 즐거움을 찾는 사람, 삶의 주인공은 바로 나라는 사실을 잊지 말자. 매일이 완벽하게 이루어지지 않더라도, 부족한 나를 발견하더라도 말이다.

에필로그

2022년 10월, 한 커뮤니티를 통해 우린 처음 만나게 되었다. 한 해가 지나 〈나다움코칭〉 커뮤니티를 만들게 되면서 성장에 목마른 4명의 여성은 함께 책을 써보자는 이야기를 나누었다. 〈4인 4색 커리어 이야기〉라는 가제만 세우고 빈 페이지를 각자 분량에 맞게 채워 나가자는 약속만 남긴 채, 그렇게 '책쓰기 프로젝트'는 시작되었다. 살아가다 보면 책을 쓴다는 것, 글을 쓴다는 행위는 사치일 때가 많았다. 때론 생업을 이어가느라 바빴고, 자녀 양육으로 시간 할애가 힘들었고, 건강 상의 이슈도 있었고, 무기력감으로 책을 쓰는 것 자체가 지긋지긋하게 느껴지기도 했다. 그럼에도 우리는, 끝까지, 서로를 다독이며 책을 완성했다. 1주일에 1번, 각자 작성하기로 한 책 분량을 업로드하고 온라인 모임을 통해 서로의 글에 대한 온기를 나누었다. 글을 쓴다는 것은 나를 드러내는 것이기에 벌거벗은 느낌이 들 때도 있고 지나온 과거가 내 가슴을 후벼 파는 듯한 아픔이 느껴질 때도 있었지만 각자 글을 통해 진심으로 울고, 기뻐하고, 감동을 받았다.

이 책은 각기 다른 4명의 여성 커리어 이야기이다. 여기서 말하는 커리어란 단순한 직업, 직종을 의미하는 것이 아니라 한 사람이 살아온 인생의 모든 여정, 삶 자체를 의미한다. 각 사람이 걸어온 숭고한 삶에 대해 마음껏 박수 쳐 주고 싶었다. 누군가의 삶과 비교하거나, 동경하거나, 나를 초라하게 느끼기보다 삶 자체를 돌아보고 그 속에 쌓인 보물을 발견해주고 싶었다. 이 책을 읽는 또 다른 누군가에게 전해본다. 커리어의 본질은 '삶의 이야기'라고, 내가 걸어온 삶 자체가 의미 있는 것이라고, 앞으로의 삶을 마음껏 살아달라고.

Special Thanks to,
〈나다움코칭〉커뮤니티를 만들고 커리어 코칭을 통해 다른 사람의 인생을 긍정적으로 변화시키는 것에 관심이 많은 박경은 작가, 여자 군인의 삶을 살아오다 새로운 커리어에 도전하는, 책과 글을 사랑하는 문학소녀 이정윤 작가, 경력단절 여성이 되어 프로 N잡러에 도전하고, 쇼핑몰 CEO가 된 고군분투 인생을 살아온 용기 있는 임수정 작가, 수많은 커리어 전환을 하고, 가정을 꾸리고 아이를 낳은 이후에 '진정한 나'를 발견하고 있는, 따스함을 갖춘 안서은 작가에게 고마움을 전한다.

_저자 일동